创新力

创新力：从思维到能力的企业增长之路

混沌学园◎编著

中信出版集团 | 北京

图书在版编目（CIP）数据

创新力：从思维到能力的企业增长之路 / 混沌学园
编著 . -- 北京：中信出版社，2021.11（2023.8 重印）
ISBN 978-7-5217-3466-9

I. ①创… II. ①混… III. ①企业创新－研究－中国
IV. ① F279.23

中国版本图书馆 CIP 数据核字（2021）第 171231 号

创新力——从思维到能力的企业增长之路
编著者： 混沌学园
出版发行：中信出版集团股份有限公司
（北京市朝阳区东三环北路 27 号嘉铭中心 邮编 100020）
承印者： 中国电影出版社印刷厂

开本：880mm×1230mm 1/32 印张：11.75 字数：274 千字
版次：2021 年 11 月第 1 版 印次：2023 年 8 月第 2 次印刷
书号：ISBN 978-7-5217-3466-9
定价：68.00 元

服务热线：400-600-8099
投稿邮箱：author@citicpub.com

目　录

Part 2

创新力模型

前言
创新从这里走向大发展

创新研究的里程碑

《创新力》这本书之所以会诞生，是缘于混沌学园一直以来的创新学科建设和中国企业创新实践，我们深刻感受到中国的创新来到了一个时代的重要节点——需要从少数人参与到多数人参与，需要从个别现象到普遍规律，需要为创新走向大发展提供理论和方法论支持。

这本书在创新这个领域可以说是一个不大不小的里程碑，它把对创新的讨论推向一个新阶段，为的是在创新的重要意义已经明确的今天，帮助更多的企业和个人搞清楚创新要如何真正落地生根、发展壮大。具体来说，《创新力》在创新这个领域有三个重要的里程碑意义。

从“事”到“人”，从客体到主体

第一个里程碑意义，是将创新从客体探讨推进到主体探讨，也就是从“事的探讨”推进到“人的探讨”。“创新力”就是创新的能力，探讨的是创新的人应该具备怎样的能力，创新的组织应该具备怎样的能力。创新的人和组织是创新的主体，创新这件事是创新的客体。人决定事。

正所谓事在人为、人在事先，创新这件事情如果要发扬光大，就需要从针对创新这件事情进行研究，推进到对创新的人和组织进行研究，也就是研究谁能创新。要知道，任何一个要普遍发展的事物，都必将经历从对这件事情的明晰，到对做这件事情的人的明晰。只有当更多能够胜任的人涌现出来，这件事情才能有大发展。比如上一个时代，中国现代企业管理的大发展，是先经历了对管理这个课题的重视，再依仗对管理者胜任力（领导力）的明确和提升得以普遍实现的。

创新正处于这样一个关键阶段。虽然从国家到地方、从企业到个人，都已经明确知晓创新时代来临、创新是必然发展趋势，但创新这件事情仍然步履维艰，在大多数企业中难以为继。虽然很多对创新的研究告诉我们，创新应该是怎样的、我们应该如何做，但是这些普遍流于理想化，说起来都很好，一做就处处碰壁。如果创新要走向大发展的轨道，现在需要的是从客体到主体的思想进化，需要从“创新要怎样”到“创新的人、创新的组织要怎样”的思考进化。明确了创新主体的能力标准，就可以有章可循地去选拔、培养、发展能创新的人，调整、改造和构建能创新的组织，他们就能自发地去开展有价值的创新。

从随机过程到清晰的方向

第二个里程碑意义，是将创新从随机过程，推进到有清晰的方向。《创新力》给出了明确的创新的价值来源、努力方向、组织原则，可以作为操作创新的方向指引。

以往很多对创新的研究和讨论，最后都归于难以捕捉的幻影，靠创意、灵感、头脑风暴、意外等灵光乍现，然后告诉企业和管理者要创造一个开放、轻松、活泼、宽松、包容的环境，让大家能有更多的灵感。本质上，这都是将创新归于随机过程。基于此，让创新发生发展的方法，就是给这种随机过程提供可以海量尝试的宽松环境，随机过程总有成功的，只要你试得够多、点子够多。这种思想，可以说只能在极少数企业中运行，对于绝大多数企业来说，这是毒药。没有价值方向的随机过程，成功率是很低的，这样做大概率会消耗企业的资源，但不能带来明确的增值。虽然不创新是等死，但我们也不要因为乱创新而找死。

混沌学园的创新研究和实践表明，创新是有方向的，不是随机的。掌握创新的方向，约等于有创新的能力。具备这个能力，创新成功率会有大幅提升，而且创新的成功是可持续、可重复的。

从个人英雄主义到组织可调用的能力

第三个里程碑意义，是让创新摆脱对超强个人的依赖，将创新能力扩展为组织可调用的普遍能力。《创新力》提出了创新型组织的方向、标准和模型，给出了可普遍使用的创新型组织的建设原则和方法。

一谈到创新，以前大家看到的往往是强悍的个人英雄。这些人大多是成功创新的企业的一把手，乔布斯、马斯克、贝佐斯、张小龙、雷军等等。他们的确有极为强大的创新能力，还有鲜明的个人魅力，更有对组织的巨大影响力，于是我们要向这些个人英雄学习。然而，除了崇拜以外，大多数人都难以学习这些个人英雄，他们太遥远了。大多数企业管理者看到这些榜样也无从下手，一个大英雄搞定大组织，这当然是小概率事件。那么，对于由普通人组成的普通组织来说，创新就不能做了吗？其创新能力就必然比那些有个人英雄的组织差吗？

混沌学园的研究表明，创新型组织是有章可循的，是可以普遍实现的，而且是未来很多企业发展的必经之路。即使是曾经依靠个人英雄得以创新成功的企业，也必将朝这个方向发展，让创新从个人英雄主义转化为组织能力。对于多数大中型企业来说，创新能力是可以成为长期存在的组织能力的，这种能力也是可以随着组织需要而调用的能力，就像上一个时代的领导力一样。而具备这种能力的组织，也是市场上具备更强竞争力的组织。

一套关于创新的重要问题的解答

《创新力》希望对大家关于创新的一些疑惑和问题，给出相对明晰的解答。正像在混沌学园学习的同学常常说的“走进混沌是为了走出混沌”。在本书中，你会看到对以下几个核心问题的答疑解惑。

创新的本质，价值、挑战、大原则

本书的第一部分，对创新的本质，进行全面和深刻的解读。

在第 1 章，我们对创新的价值、创新的挑战进行本质揭示。我们从经济学角度和商业经营角度，对创新客体，也就是创新这件事做了剖析，拈出了创新的价值来源，这就让我们在进行创新时有迹可循。

在第 2 章，我们从生命科学的底层理论出发，对创新主体做了剖析，进而从大的有机体和有机组织的进化中找到了创新主体的大原则。这使得我们对创新者和创新型组织有了更加底层、更加有深度的认知基础，进而从大的时空观、发展观、历史观上把握住创新发展的大趋势。

创新人才及所需要的创新能力

本书的第二部分，是对人的创新力的探讨。

第 3 章提出了创新力模型，对创新人才需要的能力做了定义和解读，并给出了培育创新人才的方法。同时，本章对创新力模型的根基做了解析和呈现，包括创新的价值来源分析和以生命科学为基础的心理学分析。

随后的第 4~7 章，分别对创新力模型中的四项能力做了阐释。

创新型组织

本书的第三部分，是对创新型组织的探讨。

第 8 章提出了创新型组织的模型，对一个有创新能力的组织从外在标志到内在要求都做了清晰的界定，第 9~13 章阐释创新型组织的不同方面。

本书的第四部分给出了几种创新型组织的典型形态，让企业可以直接参考借鉴。

数字化与创新

本书还对当代的大趋势之一——数字化做了深层次的解读。我们从生命科学和有机世界进化方向的角度，分析了数字化升级的根本价值和大方向，同时对数字化如何才能真正对组织产生价值，给出了方向性、原则性的指导建议。

如何应用本书

我们希望读者能够从《创新力》这本书中获得价值，最好能够有汲取、有应用，真正帮助个人和组织创新发展。从应用的角度，我们认为本书对大家有以下三个层次的帮助。

第一，让大家有方向可循。本书能够让大家看到创新不是模糊而随机的东西，创新是有方向的，创新的能力是有方向的，创新的组织是有方向的。有了方向，就有了目标和可走的路径。创新力模型和创新型组织的模型，都是方向明确的参考。

第二，提供大原则、思考方式。通过阅读这本书，你会发现创新和传统管理是不同的发展模式，其思考和做事的大原则和方式是不同的，掺杂在一起是不可行的。书中给出了清晰创新模式的根本原则，创新者和创新型组织的外在标志和内在能力，如果你能够理解掌握这些大原则，你将是创新真正的主人。

第三，提供方法、参考做法。本书也讲了如何发展人的创新力和创新型组织。关于创新力的每一个能力，都有混沌学园研究多年的创新思维模型作为可习得的方法，学习这些方法，能有效提升人的创新能力。本书的最后部分还给出了典型的创新型组织形态，可以作为企业的参考。希望这些都能够帮助读者去真正应用。

总之，经过多年对创新学科的研究、教学和实践，我们发现创新真的是一件艰难但值得去做的事。如果你想把创新做好，是有难度的。但是你想把创新做得比别人好，则不太难。因为大家普遍在创新方面做得不好，大部分人都没有掌握创新的能力。周围每个人进行创新都还在“掷骰子”时，你如果能成为一个明白人，那么脱颖而出就是一件容易的事。本书希望在创新时代的早期，也就是现在，帮助更多的人成为那个创新的明白人。

Part 1

创新的本质

第 1 章
创新的价值来源

从客体视角看创新，是什么让创新真正有价值？

创新是时代的主旋律

新时代特征：多变不确定，前方无参照

创新无疑是这个时代的主旋律，是上至国家、中至企业、下至个人都在提倡的主题，近些年尤其被浓墨重彩地宣传和鼓励。但是，说和做是两回事，说的人多、认可的人多不意味着做的人多。创新是件大好事，但它是不是必要的事，是不是大家都能做的事，到目前为止并没有完全理清楚。在 21 世纪初，创新对于大部分企业和大部分人来说，一直处于“说起来重要，做起来次要，忙起来不要”的可有可无的地位。近些年，创新被党中央反复强调，也被越来越多的企业和企业家反复强调。从势能来看，它又有了前所未有的重要性、必要性和紧迫性。在今天这个时代，我们到底应该如何理解创新、应对创新、实践创新？这关系到我们当下和未来的发展甚至生存问题。

本书希望在不确定的时代，在“创新”这个大主题上给大家带来确定性，明确告诉每位读者创新的价值、本质、对人和组织的要求，以及如何进行创新。

创新是重要且必要的，是每个人都能做的，只要你具备创新力。

创新力是当代的核心竞争力，想把创新做好不容易，但想做得比周围的人好不难，因为创新力在中国刚刚起步，先走一步就会领先众人。

创新不是某个问题或某些问题的需要，创新是时代的需要。创新不仅仅解决某些特定问题，不仅仅是战略、营销、产品、运营的创新，我们生活的这个时代随时都在产生各个领域的问题，它们都需要创新解决方案。是变化带来了问题，解决问题需要创新。

中国的发展迈进了一个新的阶段，这一阶段有两大特征。

第一是变化多且充满不确定性。变化给企业和个人都带来了巨大的压力。VUCA这个词越来越多地被提起。VUCA是volatility（易变性）、uncertainty（不确定性）、complexity（复杂性）、ambiguity（模糊性）的缩写。VUCA时代等于多变的时代，也就是说我们进入了更多变化、更快速变化、更加不确定的时代。

第二个特征是，中国以及中国企业前方无参照。也就是说，我们没有了可以简单模仿的标杆，中国企业直接模仿国外先进经验的时代一去不复返了。中国企业一方面必须摸着石头过河，另一方面也需要敢为天下先。

这说明什么？经验时代结束，创新时代来临。中国企业的经营，进入了边观察、边分析、边决策，边试验、边验证、边调整的创新发展时代。

改革开放前30年，中国的经济发展一路向好，变化快速，趋势稳定。但是近几年，变化趋势已经不稳定，一切充满了不确定性。2020年这个特殊的年份又将变化放大，尤其是将负面的变化放大到极致。中国已然进入了改革开放的深水区，粗放发展和模仿复制的模式已经不可持续，这对企业和个人都产生了深远的影响。在快速变化、不确定的环境下，企业原来的经营方法和经营智慧已经难以适应，这就需要升级。升级的方向，就是创新。

多变时代，解决复杂问题靠创新

习主席多次在讲话中，对这个时代的背景进行了透彻深刻的解读，并做出了高屋建瓴的指导，比如在浦东开发开放30周年庆祝大会上的讲话："……放在中华民族伟大复兴战略全局、世界百年未有之大变局这两个大局中加以谋划，放在构建以国内大循环为主体、国内国际双循环相互促进的新发展格局中予以考量和谋划，准确识变、科学应变、主动求变，在危机中育先机、于变局中开新局。"①

面对多变而不确定的时代，我们不能沿用原来的成熟经验简单应对。时代需要的创新者，要"准确识变，科学应变，主动求变"。有识之士，应该争取做到在多变和不确定的环境中，科学应变，在危机中育先机，主动求变，于变局中开新局，在改变中创造新的价值。

---

① 新华网，2020年11月12日，http://www.xinhuanet.com/2020-11/12/c-1126732554.htm。

在多变的新常态下，谁是生存能力最强的人？谁是最被迫切需要的人？怎样才是竞争力强的企业？是具备创新力的人，具备创新力的企业。创新，是这个时代的必需品，创新的价值，可以理解为：

创新，能应对不确定的环境，解决复杂问题。

创新者，是能应对不确定的环境，解决复杂问题的人。

创新力，即创新者所具备的创新能力，是能应对不确定的环境，解决复杂问题的能力。

企业需要在原有领导力和执行力组合的基础上，具备创新力，将管理者和员工尽量培养成创新者（见图 1-1）。在原本确定的环境中，管理者只需要带好队伍实现既定目标，员工只需要执行到位达到指定业绩。而在当下不确定的环境中，无论是高层、中层还是员工，都会碰到各种变化，变化会催生各种复杂问题。什么是“复杂问题”？其具有以下特征：重要不简单；动态变化；没有确定的

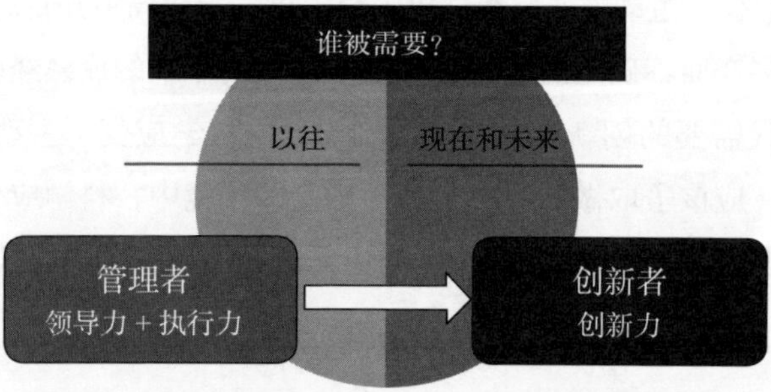

图 1-1　多变时代对人能力要求的变化

解法和标准答案。简单一句话，复杂问题就是靠“模仿”解决不了的大问题。在当下这个时代，我们每天都被这样的问题包围，这些问题需要有创新能力的创新者去承担、思考、应对和处理。所以说，在多变的当下，创新力是必需的能力。

创新有风险

虽然创新很重要、很有价值，但创新也很难。创新，是典型的“难而正确的事情”。为了能够胜任创新，我们需要看到、看透和直面创新的挑战，理解它难在哪里，方能有针对性地解决。

创新从行为上看，就是改变。改变带来的挑战，是风险。一旦改变原有做法，那么必然会带来投入和消耗，包括人财物的投入、时间的投入，还有人们心智的投入。改变当然也会带来价值的变化，但价值可能增加，也可能降低。而且，投入是马上发生的、确定发生的，但价值的改变是滞后的、不确定的。

如果从创新的底层本质来看，创新所要做的是应对和处理不确定性，将其转化为确定性。那么不成功的行为改变，不但不会降低不确定性，反倒可能增加不确定性。因此，创新不能乱来，不能只凭一腔热情猛打乱冲。创新需要抵抗风险，增加确定性，提升成功的概率。

创新的误区

创新要改变，但不能没有方向地随机改变。创新要有人做，但不能对做创新的人没有要求。创新要有不确定性，但不能只靠灵光乍现的所谓灵感。这里要提出很多人理解的创新误区，包括很多“创新专家”的误导，如果信以为真，会害了我们，害了企业。

误区一：创新要进行头脑风暴，要思维发散，创意越多越好。创新不是随机去寻找的，随机不会带来价值的增加，反而会造成巨大的浪费。低质量的创意越多，就会浪费越多的资源，尤其是智力和决策资源。如果只靠发散的、随机的畅想，创新也就成了随机的、碰运气的行为，而碰运气是不可持续、无法复用的。这就是为什么你听过很多创新的方法，它们解释了某个人、某个企业的成功，但你仍旧无法应用。随机的方法，总会有成功的样例，但运气是不能复制的。

误区二：创新要人人做，鼓励每个人多出创意。创新是难而正确的事情，因此需要有创新能力的人，这个能力虽然是可以习得的，但大部分人暂时不具备。没有创新能力的人，可能做得越多反而产生越多的负面影响。很多人的创意点子，不但不会增加价值，反而会减值，给企业和自己带来损害。我们需要对创新的人有要求，需要他具备创新能力。

误区三：创新来自灵感，感性的人善于创新。大家常常误以为创新来自某个灵光乍现的奇思妙想，就像艺术家搞创作。灵感更容易出现在感性的人的头脑中，所以感性的人善于创新。事实并非如此，大部分创新成功的人是理性的人，他们的创新不是依靠艺术家式的灵感，而是来自理性的思考，来自思维能力和认知。

误区四：创新是丰富的，需要具备尽可能多的元素，考虑尽可能多的方面，有尽可能多的形式。一提起创新，常人总以为是花样多、元素多，不断地做加法。我们常常会听人说“可以这样做”“可以那样做”“可以加上这个”“可以有那个”。但是，真正成功的创新，增加的是价值而非花样。好的创新常常是做减法，把关键的价值放大，避免没价值的要素产生干扰。

总之，简单而浅层次的想法，是不能产生成功的创新的。创新是有层次、有深度、有难度的工作，需要有能者居之。

创新的定义

宏观定义：要素的重新组合

从经济学的角度，创新有其明确的定义。经济学家熊彼特在《经济发展理论》一书中，对创新做出了解释。在他看来，创新不是发明创造，从无到有做出些什么来。创新也不仅仅是天才的事，需要依靠天赋：

创新，是旧要素的新组合。

这个定义的关键价值，在于把原本属于天才的“创新”，变成可解构、可习得、可执行的创新，这是熊彼特的重大贡献。创新的关键不是发明出什么东西，而是将既有要素重新组合起来的那个思维和思想。[①]

从熊彼特的角度来看，是市场在对全部企业中不断发生的要素

① ［奥］约瑟夫·阿洛伊斯·熊彼特（Joseph Alois Schumpeter),《经济发展理论：对于利润、资本、信贷、利息和经济周期的考察》(*The Theory of Economic Development*：*An Inquiry into Profits*，*Capital*，*Credit*，*Interest*，*and the Business Cycle*），首次出版于 1912 年。

组合做出选择，不断优胜劣汰，让优质的新组合替代落后的旧组合。这就是市场经济向前发展、可持续发展的根本原理。但是作为一个企业，怎么做才能成为被市场选择的那个玩家？怎样才能让自己做出最有价值的组合？从微观来看，一个企业、一个个体的创新又是什么呢？

微观定义：有价值的改变

从微观来看，要素的重新组合其实就是改变。既然在众多玩家当中被市场选中的创新，才是成功的创新，那么市场又是如何做选择的呢？其实很简单，市场只看价值。无论如何改变，不管是怎样的新组合，谁能够产出更大的价值，谁就能成功。这样看来，企业和个人要做的，就是尽量让自己做的改变带来更多的增量价值。如果仅仅有改变，没有增量价值，即使再惊世骇俗，也不会被市场选择。

因此，我们对创新下一个大家可以理解的微观定义：

创新，是有价值的改变。用英文来表达，创新是“change for good”。

创新是改变，但一般的改变不是创新。基于此，为了能够让创新真正为我们所用，真正帮助我们适应时代、解决问题、持续发展，我们就必须找到一个核心问题的答案：是什么让创新有价值？

企业经营的目的在于生存发展，而创新是途径，不是目的。我们不能为了创新而创新。与此同时，在当下和未来的经营环境中，创新又是大势所趋，是企业必须要做的。因此，我们必须搞清楚，到底创新是如何产生价值的，是如何帮助企业具备更好的生存度、帮助企业有更好的发展的。在这个基础之上，企业才能明白到底应该如何做，如何发挥创新的作用，在创新这项时代必需品上有自己的抓手，成为创新的主人。在创新时代，这是每个企业都需要思考和探索的课题。

创新实践的三个层次

我们对创新的意义、价值、挑战都有了理解，也对什么是创新有了答案。接下来，我们就要关注如何创新的问题，也就是创新的实践，以及怎样的实践才能产出更大的创新价值。

创新实践，从外在到内核依次有三个层面：创新成果、创新行为、创新思维（见图 1–2）。顾名思义，已经得出来的创新就是

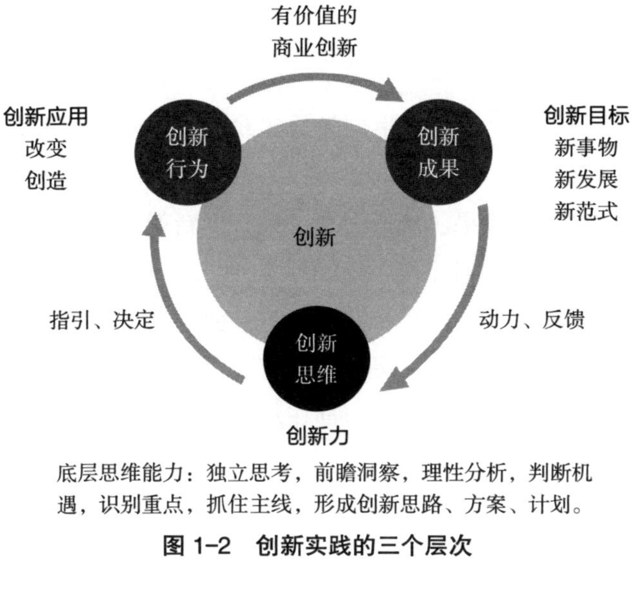

图 1–2　创新实践的三个层次

创新成果，产生创新的行为是创新行为，创新行为背后的思维是创新思维。这三个层面中，创新思维是最核心的，是创新价值的来源。创新行为受创新思维指引，而创新成果是创新行为的外在产出。

创新成果

人们常常理解的创新，是外在显现出的成果。一个新的事物出现，就会让大家认为这是创新。从字面理解，所谓“创新”，不就是创造出新的东西吗？确实如此。从成果来定义，创新就是产生新事物、新发展、新范式。比如，新的发明、新的技术、新的产品等都是新事物，新的增长、新的业务、新的市场拓展等都是新发展，而新的管理模式、新的商业模式、新的产业模式等都是新范式。

创新行为

创新行为，也就是产生创新的实践行为。创新行为决定了创新是如何做出来的。有效的创新行为带来有价值的商业创新，从而产生好的创新成果。从行为来定义，创新就是改变、创造。改变与继承相对，意味着与原来不同，改变或打破原有的旧事物、旧秩序、旧模式。而创造与空白相对，创造意味着原创性地研发、开创、实现新事物。改变更多是“破”，创造更多是“立”。无论是商业、企业还是其他领域，都在从“破”到“立”的循环往复中向前发展。

创新思维

创新的最内核，是创新思维，也就是决定行为的内在思维。创新思维决定创新是如何思考、如何想出来的。人类的行为，都是由思维决定和指导的。创新行为是改变与创造，它与沿用、继承、抄袭是正好相反的，也就是说，如果跟原来一样，就谈不上创新。因此，人类思维中，经验、复制、模仿、归纳等由过去要素决定未来做法的思维方式都不是创新思维。那么，从思维来定义，创新就是独立的、前瞻性的、带有逻辑演绎和推理的思维。用大家容易理解的说法，就是“以独特的视角看问题”“以发展的眼光看问题”“以侦探般的推理来分析问题”。

大众对创新的认知主要停留在表层，也就是创新行为和创新成果。人们常常是看到了创新的成果以后，才对创新有所了解。比如，阿里巴巴做了支付宝、阿里云，于是大家认为这就是创新。对创新更进一层的思考，会追溯到创新的行为，看做哪些事情能够带来创新。比如，阿里巴巴在做创新的过程中有一些与众不同、改变常规的行为，诸如做产业分析、MVP（最小化可行产品）测试、快速迭代等，这些会被总结归纳为创新。

而决定着行为的创新思维，是最深层次的创新，也是对创新产生决定性作用的核心。为什么创新者会有那些行为？是因为他们具有创新思维，通过思考、判断、决策、验证，决定采取一系列的创新行为。而且，创新思维的根本是思维结构，不是思维的结果。早在 2009 年，马云就做出了要做阿里云的决策，这个决策极具创新价值和前瞻性。其关键不在于“要做阿里云”这个思考的结果，而在于他是如何思考的，在于他的思维方式。这是马云高于其他人的关键能力，是真正的创新力。

创新思维、创新行为和创新成果三个层面之间，是相互影响的循环关系。创新思维，引导和决定着创新行为；创新行为，产生有价值的创新改变，产出创新成果；创新成果，是企业创新的目标和成果，它是创新思维的动力，也给创新思维以实践反馈。

创新成果：企业创新的外在表现

首先，我们要看一下企业创新的外在表现。理解创新在企业中有哪些应用，发挥哪些作用，有助于企业对自身创新的必要性、创新可产生的价值有清晰的认知。在此基础上，创新在企业中才有用武之地。

创新成果分类

企业能够应用创新带来有意义的改变与发展，而且创新成果能够作用于企业经营的不同领域。创新成果包括技术创新、产品创新、营销创新、运营创新、组织创新、战略创新、商业模式创新等。

技术创新

技术创新主要是技术领域的研究、探索、开发、改进、升级等，更多是由技术研发人员完成。技术创新可能给企业、行业甚至是整个市场带来巨大的价值，是商业创新发展的原动力之一。比如芯片技术的创新发展，对数字产业的发展可能产生革命性的影响。如果华为攻克了芯片技术难关，整个中国的数字产业就可能彻底摆脱美国的遏制。技术创新，往往难度大、风险高，对于大多数企业来说，不一定能真正参与到技术创新当中，更多是他人技术创新的应用者和获益者。

产品创新

产品创新主要是产品的设计、开发、制造、服务等的创新。在互联网公司中，产品创新多由产品部门来完成，而在传统企业中，产品创新可能由市场部、研发部、设计部、工程部等部门来完成。产品创新，是当代企业最具价值的创新，是满足用户需求、赢得市场的主要战场。近年来，快速崛起且能保持领先的优秀企业，大多依靠卓越的产品创新，如打造出抖音的字节跳动、打造出荣耀手机的华为、打造出钉钉的阿里巴巴等。

营销创新

营销创新主要是市场营销、品牌营销、渠道营销等的创新。营销创新多由市场部门、品牌部门、销售部门来完成，在互联网企业中，多由增长部门来完成。营销创新，是中国多年以来更迭最快速、反应最敏捷、产生最多成果的创新领域。如果没有跟上营销创新的步伐，企业很容易错失机会、失去用户，被对手赶超甚至甩开。对新流量、新渠道、新形式的识别、判断和使用，是营销人员的关键功课，也是他们的噩梦。为了跟上发展，他们不能对这些新变化视而不见，必须不断地在越来越分散、越来越多样的营销通道上探索和尝试。同时，在有限的财力和时间资源的制约下，他们还必须有独立的思考和清晰的洞察，找到真正有用、有潜力的通路，形成将投入产出比最大化的方案。营销人员需要成为营销创新的操盘手和高手。

运营创新

运营创新的范围很广，主要是因为运营这个词有非常宽泛的含义。在传统企业，运营主要指的是让一家公司运转起来，更多是对分工、流程、制度的管理。在互联网企业，运营主要指的是产品和技术以外的运转，更多是对人的服务或管理。这里所指的运营创新，主要代表互联网企业的运营创新，传统企业在运营方面的创新包含在后面要谈到的组织创新中。运营创新，往往由运营部门、社群部门来完成，主要在用户运营领域开展创新。运营创新和营销创新有时候有所重叠，区别在于运营创新更重企业与用户、用户与用户之间的长期关系，而营销创新更重企业与用户的短期接触和买卖交易。

组织创新

组织创新主要是针对组织架构、人才架构、激励机制等组织功能的创新。表面上组织创新应该由组织发展部门、人力资源部门、企业大学等单元来完成。实际上，组织创新需要由企业或业务单元的最高领导来主导，因为组织创新都是由公司业务发展的需要决定的，是被动的创新而不是主动创新。组织创新的诱因主要有二：一是出于业务新发展的需要对组织有了新的要求，比如小米为了实现智能硬件的快速布局而采用了小米生态链这种新的组织形式，打破了企业的边界；二是由于组织和人员结构、文化、士气等出了问题，不适应时代、企业生存发展的需要，从而必须做出新的改变，比如美国通用汽车的组织重组，再如华为每隔几年就要做的组织变革。

商业模式创新

商业模式创新主要是针对整个商业价值链、价值产生和交换结构的创新。商业模式创新主要由企业或业务单元的负责人、创业企业创始团队、企业新业务操盘团队来完成。商业模式创新，是将价值要素按某种方式重组的模式创新，可能形成价值组合的结构化改变，从而带来大幅度的效率提升、成本下降，进而使企业获得市场上的成功。比如以滴滴为代表的网约车模式，让出租车行业效率大幅提升，无论是司机端还是乘客端都获得了更高的效率、更低的成本、更大的便利，由此获得了巨大的市场成功。

战略创新

战略创新主要是在企业战略上改变对原有战略的延续，重新制定新战略的创新。战略创新主要由企业决策层来主导、由战略部门和各业务部门协同完成。企业战略是企业发展和资源投入的大方向，对于企业来讲是最重要的顶层设计。企业的战略创新，探讨的就是企业要不要换方向、有没有要去的新方向，是企业适应时代要求、适应市场变化的主动性创新探索。错失了战略上的创新机会，很可能会忽视时代和市场改变所带来的挑战和机遇，这是企业僵化甚至衰老的征兆。所以，战略创新是企业最高级、最重要、最需要警惕和投入智慧的创新。

从创新成果入手，为时已晚

如果在创新成果这个层面用力，你关注的一定是表象，是已经跑出来的模式。比如商业模式创新，一个模式出现，大家都认定只要做这个模式，自己就是在创新。这种情况下，我们很容易走到模仿、跟风、抄袭的老路上，盲目地做某些流行的事，会丧失独立思考能力，并最终成为分母之一。有了团购模式，就产生了千团大战；有了共享经济，就产生了满地共享；有了直播模式，所有人都做一样的直播带货。真正的高手，绝不会停留在创新成果这个表象上，也不会照搬已有的模式。他们一定会探求模式的本质，找到从表面上看不到的核心关键所在，在这个核心上做出不同的突破。

因此，从创新成果上去用力，是后知后觉：我们只能看到别人的创新成果，却不会实践。

创新行为：企业创新的行为实践

创新的行为造就了创新成果，是创新实践的过程。当我们看到创新成果的时候，创新已经是过去时了。智者会拨开表面、抽丝剥茧，看创新成果的背后是怎样的做法，这些做法有没有规律可循，能否找到一些指导未来创新的方法论。

创新行为的程度：渐进式创新、突破式创新

不是所有的创新行为对用户和企业的增长或盈利都有同等的作用。不同程度的创新行为会带来不同程度的创新成果价值。从创新行为的程度来看，创新可以分为两种：渐进式创新和突破式创新。

渐进式创新（第一曲线创新）

渐进式创新也叫持续改善、连续性创新、第一曲线创新，指的

是在原有模式、原有业务、原有产品的基础上一点点地改进。比如3M公司在原来便利贴产品的基础上，推出一种新型的彩色便利贴，这就是一种渐进式创新。渐进式创新，能够提高客户满意度，增加产品或服务的功效，并由此产生正面的影响力。同样，渐进式创新能够提高企业的生产效率并降低生产成本。但渐进式创新对企业收入和盈利状况的影响力是很小的，对企业增长的影响力也是很小的。

对致力于开拓新市场和开发新产品的企业来说，不断改进是获得成功的关键要素。这些企业都认识到，无数次的渐进式创新是整个创新过程必不可少的一部分。在互联网时代，更是强调持续地迭代改进是必须的。但是缺乏前瞻性的渐进式创新，不能适应时代的变迁和市场需求的代际变化，而这两种变化在当下变得更快、更剧烈、更频繁了。

突破式创新（第二曲线创新）

突破式创新，也叫颠覆式创新、非连续性创新和第二曲线创新。突破式创新是从一个经济结构向另外一个经济结构的转换，是一种非连续的创新，这种创新往往能够带来指数级增长。发明“创新”这个词的经济学家熊彼特甚至断言，这种非连续性创新，才是经济发展的唯一因素。这种创新不是在原有道路上一点一点做得更好，而是跃迁式的创新。熊彼特做过这样一个形象的比喻：“不管把多大数量的驿路马车或邮车连续相加，也绝不能得到一条铁路。”这句话几乎可以作为创新的广告语。在熊彼特看来，创新是一种“革命性”变化，只有将“马车经济”变为“火车经济”，才能带来经济的本质性增长。

对于企业来说，突破式创新往往意味着与原有业务有较大的不同，要么是发现和进入新市场，要么是应用新技术、推出新产品，总之是带来了企业本身商业结构的改变。比如，阿里巴巴兴起于to B（面向企业）业务，甚至将此业务单独拆分赴香港上市。此后，阿里巴巴找到了第二曲线——to C（面向消费者）的淘宝。当C端市场越做越大，越做越好，与B端市场发生了较为激烈的资源竞争时，非连续性由此而生。在此情况下，马云毫不犹豫地选择了淘宝，为阿里巴巴后来的高速增长打下了基础。

腾讯也是如此。腾讯的起家业务是PC（个人计算机）端的即时通信软件QQ，到了移动互联网时代，腾讯又打造了“现象级产品”微信。微信并不是对QQ的渐进式创新，而是独立发展出来的，专门针对移动互联网而生。这样革命性的产品才能抓住革命性的时代机遇。

创新行为的方法

企业创新发展，需要长期的创新能力，背后是创新行为的方法。创新行为的方法又可以分成两大类：创新流程法和创新要素法。

创新流程法

创新流程法，是创新从无到有的实践步骤，能够帮助企业有章可循、有步骤地开展创新。这就像其他领域工作的流程，有了流程就有了可预期、正规化的工作，企业创新就不再是有一搭没一搭的松散工作，不再是靠直觉或灵感的偶然事件。换句话说，有了创新流程，创新就融入了公司所开展的经营活动中。正如宝洁前CEO（首席执行官）雷富礼在其创新著作《游戏颠覆者》中所说的那样：

“我在宝洁的主要任务就是让创新融入宝洁所开展的一切活动。”①

创新流程法，本质上就是打造创新价值链。创新与企业运营一样，具有自己的价值链，这条价值链涵盖了一个新事物从无到有再到产生价值的整个过程，它是每个创新所共有的。创新价值链包括四个关键组成：创意（idea）、方案（solution）、实现（work out）和持续改进（improvement）。创新价值链的运转，就是源源不断推动员工迸发创意，并通过群策群力的无边界讨论将创意转变为可实施的方案，通过执行该方案将创新成果商业化，创造出经济效益和组织效益，并在后续进行持续的迭代改进。

在创新价值链的基础上，不同场景的创新领域，都总结和提炼出了相应的方法论。最经典的是生产制造领域的 PDCA（计划、执行、检查、处理）循环和产品设计领域的产品创新方法（常叫作设计思维，但本质上主要是流程而非思维）。

事实上，企业创新的各种流程法，虽然呈现形式不同，但内核都是一样的，都是基于创新价值链，也就是一个不确定的事物，界定问题、分析问题、找到方案、实践并改进的过程。

创新要素法

创新要素法，是企业创新需要考虑和执行的不同方面的集合。针对不同应用场景的创新，所要考虑和操作的要素不甚相同，所以会有不同的创新要素法。典型的创新要素法有近年来很多人学习的商业模式画布。商业模式画布是亚历山大·奥斯特瓦德（Alexander

---

① ［美］拉姆·查兰（Ram Charan），［美］阿兰·乔治·雷富礼（A. G. Lafley），《游戏颠覆者》，机械工业出版社，2011 年。

Osterwalder）、伊夫·皮尼厄（Yves Pigneur）在《商业模式新生代》中提出的一种用来描述商业模式、可视化商业模式、评估商业模式以及改变商业模式的框架。商业模式画布由九个基本模块构成，涵盖了客户、提供物（产品 / 服务）、基础设施和财务生存能力四个方面，以此可以方便地描述和使用商业模式，来构建新的战略性替代方案。①商业模式画布，能够帮助创始人、高管、业务带头人等，厘清商业模式创新需要考虑的各个方面，找到既能有所创新又能综合成立的商业模式。

另外一种较为重要的创新要素法，是对创新者行为特质的指导方法——创新者的基因。创新领域大师、哈佛商学院教授克莱顿·克里斯坦森（Clayton Christensen）生前与另外两位专家杰夫·戴尔（Jeff Dyer）、赫尔·葛瑞格森（Hal Gregersen），经过八年研究，写成了《创新者的基因》一书。他们试图全面了解创新者，努力揭开善于创新的创新者有何特点，他们创造的创新型企业又有何特点。通过大量的访谈，克里斯坦森的团队提取了这些创新者的共性，发现他们在创新时，有着相似的行为，从中得出了关于创新者特有能力的结论，并形象地称之为“创新者的基因”。他们总结出了组成“创新者的基因”的五项基本创新技能：联系、发问、观察、交际、实验（见图 1–3）。②

---

① ［瑞士］亚历山大·奥斯特瓦德，［比利时］伊夫·皮尼厄，《商业模式新生代》，机械工业出版社，2011 年。

② ［美］杰夫·戴尔、赫尔·葛瑞格森、克莱顿·克里斯坦森，《创新者的基因》，中信出版社，2013 年。

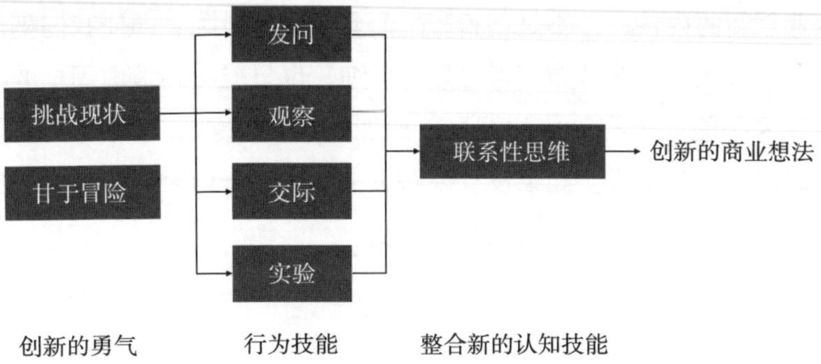

图 1–3　创新者的五项基本创新技能

克里斯坦森团队的研究非常有价值，他们主要通过归纳总结，得出了创新者在行为上的共性，对其他企业和个人有很大的借鉴和学习价值。这五项技能中，大部分是行为技能，也就是说，创新者更多地做了发问、观察、交际和实验。但是，这些行为技能，在非创新领域也用得很多，不一定是创新者真正有区分度的技能。尤其是后三项技能，它们也是领导力和执行力的通用技能。其实，在中国企业中，这三项技能并不稀缺，反而很多人都比较擅长。如果一项能力，创新者和非创新者都很擅长，它就不是创新力的核心。

所以，正如前文谈到的，最大程度影响创新，使创新产生价值，区分创新度高低的，是创新思维。《创新者的基因》对创新思维能力的探索还远远不够，这为后来的创新研究和实践者留下了空间。

从创新行为入手，很可能是低水平重复

创新行为的方法有很多，我们可以从中找到规律，遵循规律，应用这些方法来实践企业创新。但是，创新行为的方法也没有触达

企业创新的内核，并不是创新产生商业价值的根源。即使我们把创新设计方法和商业画布用得再熟、再细，也只能达到考虑周全的程度，未必能产生有价值的洞见。而能够让这些创新行为有价值的，是底层的创新思维。如果没有创新思维，从创新行为到创新成果的过程和循环，很可能只是低水平重复。

陷入行为细节，价值有限

在创新行为这个层面用力，你会跟随创新方法的步骤或者要素来操作。大部分人在一步一步把框架填满的同时，也往往跳不出思维局限，缺乏全局视角。正是由于创新行为的方法就是从行为出发的，所以范围常常是限定的、微观的。比如，用商业模式画布做出来的商业模式，基本上就是一个要素俱全但很常见的模式，很难做出较大程度、较大价值的创新。再比如，按创新流程法（设计方法）做的创新，如果没有深入的创新思维，也往往只是对原产品的渐进式改进而已，没有结构化的价值改变。而这些渐进式创新，对企业增长和发展的价值是很有限的。

行为无方向，不能提升创新成功率

创新行为提供了操作的框架，用这些框架，人们可以多动手做，做得多了，创新成果自然会多。但是，由于创新价值并不来源于行为层面，所以每次行为的增值概率即成功率并不会提升。这就像你知道了掷飞镖的步骤，想要投中靶心，可以不断重复该步骤，总会有一次投中。但与此同时，脱靶的次数也会提升，墙面会千疮百孔。

因此，在创新行为层面用力，是先知后觉。也就是我们知道了表面方法，可以通过多做变成熟手。但是我们没有领悟到真谛，不知道怎么做好，无法变成高手。

创新思维：创新的价值来源

创新型企业和一般企业最大的不同，就在于创新思维。因为真正为创新带来智慧的，就是创新思维。很多不创新的企业在行为和结果两个层面也可能做得很好，这样的企业往往管理到位、执行力强、有目标有结果。创新型企业具备别人不具备的创新力，根本区别就在于其有较强的创新思维能力，能够不依赖于传统经验、不依赖于对别人的模仿、不依赖于旧思想，独立思考，前瞻洞察，理性分析，判断机遇，识别重点，抓住主线，形成创新思路、方案、计划。

创新型企业最核心的独特能力，在于创新思维。企业创新与不创新，最大的区别在于创新思维。创新思维能力，是最根本的创新力。

为什么说创新思维是创新价值的来源？

如果我们把创新作为一项工作或项目来看待，它确实是通过创新行为实现的。但是，前文曾谈到，从行为动作层面来看，创新就是改变和创造，改变和创造未必带来增值，反而可能带来负面影响。因此，创新行为不一定会产生有价值的创新，从创新行为到创新成果的转化，不是必然的导出，而且风险很大。真正指导创新行为的根源还是人的智慧，也就是创新思维。比如，在移动互联网高速发展时期，大家都认为电商领域的发展已经尘埃落定，没有大机会了，大多数企业都在不断发展电商的各个细分领域，都在用创新行为的各种方法做改善。黄峥却有着不同的眼光和思路，他通过逻辑分析得出中国的流量有了新的分布趋势，三、四线城市和乡镇的需求还未被满足，且新的流量在向微信平台聚集，这里是新的电商机遇。有了这些创新思维的指引，加上行动，才有了快速崛起的拼多多。如果没有这些理性的分析、动态的判断、深刻的洞察、前瞻性的推演，就不会有一个这么大价值的创新——拼多多，而只会有一些电商小领域的小创新。所以说，创新价值的最大源泉，是创新思维。

以创新价值链为例，从另一个角度来看创新实现的过程，真正属于创新的是前半部分。创意、方案、实现和持续改进四个步骤中，后面两步其实不是创新的核心。即使不做创新，做一般的工作，也要用到后面两个步骤。实现和持续改进，其实代表的是“执行力”；而创意和方案，才代表“创新力”。创意和方案是否有价值，是否有大价值，取决于创新思维。比如，很多公司在设计产品的时候，都会聘用设计公司 IDEO 或者用 IDEO 的创新设计方法。但是，用这套方法做出 iPhone 手机的，只有苹果公司。大家用的行为步骤是差不多的，而苹果的不同之处，在于乔布斯的思想，在于他能够看到别人看不到的东西，这是思维的优势。

创新思维解决什么问题?

企业创新有很多应用场景，战略、商业模式、组织、产品、营销等各个方面，都能够产生创新。但还是那句话，这些都是创新的外在表现，创新的关键在于能够产生什么价值，而不是为了创新而创新。创新是改变和创造，那么，是怎样的改变，怎样的创造？这是创新思维要解决的问题。

如果用传统方法，不创新也能解决问题，创新就没有必要。如果没有增值，那么为什么要改变呢？无论是产品创新、营销创新还是其他创新，其背后的创新思维都是要增值，要解决原来难以解决的问题。创新思维的价值，主要体现在两个方面：创造性地解决问题，探索和抓住新机会。

创造性解决问题

VUCA 时代的我们处于不确定性很强的环境中，很多新问题出现，也有很多老问题用老办法不能解决。原来的办法行不通，就需要找到新办法，这就是创造性解决问题。这需要我们具有创新思维，能够在动态变化中，界定问题、分析问题、解决问题。

比如，企业如何获客，这是一直存在的问题。随着时代的变化，获客的通道和方法也一直在变化，原来的很多方法都越来越没有效果，跟风抄袭别人的做法也难以成功。原有的投放电视广告、搜索关键词等方法逐渐失效，随大流去搞直播带货也可能雷声大雨点小。那么，如何找到新的办法，就是创新思维要解决的问题。

探索和抓住新机会

创新思维发挥更大价值的方向，在于探索和抓住新机会，获得大幅度的提升和增长。新机会往往得益于时代发展的机遇、行业发展的机遇、市场发展的机遇、技术发展的机遇，是随着时间演化出来的，往往是原来不存在或者大家没有发现的。这需要我们具有创新思维，能够在动态变化中，分析变化趋势、识别市场机会、判断进入时机、洞察核心要素、抓住关键主线、制定创新方向和方案。

探索和抓住新机会的创新能力已经是中国那些保持可持续发展的企业必须具备的能力。有了这样的能力，它们才能在时代变迁中得以生存发展。比如互联网行业的阿里巴巴集团，从 B2B（企业到企业）领域电商，到 B2C（企业到消费者）领域的淘宝、天猫，到电子支付领域的支付宝，再到企业服务领域的阿里云和钉钉，不断地看到、找到和抓住新机会。再比如食品行业的洽洽，通过动态分析判断，看到随着中国消费者对食品的需求升级，坚果领域有着巨大的市场机遇，而且能够沿用自身的核心能力，于是洽洽抓住新机会，推出洽洽坚果，实现了第二曲线的创新增长。2019 年，洽洽坚果类产品营收 8.25 亿元，同比增长 64.2%，其中主打的小黄袋每日坚果实现收入 7.5 亿元，同比增长约 76%。

从创新思维入手，才能做出高价值的创新

创新的三个层面，是创新成果、创新行为和创新思维。作为企业，你的精力和能力放在哪里，才能得到有价值、高价值的创新呢？我们跟那些创新领先的企业相比，主要差在哪里呢？结论是，创新思维。

高价值的创新，都来自创新操盘者和核心团队的思维。是创新思维带来范围的扩大、维度的升级、空间的拓展、价值的重构，而这些结构化重组才是高价值创新的来源。

以美团为例，虽然外界认为美团和王兴以地推、执行力著称，

但他们最大的优势还是思维能力，是王兴的战略眼光和他的大局观。毫不夸张地说，正是因为王兴对团购这个业务思考得足够深，美团才能脱颖而出，成为最后的赢家。当年团购兴起的时候，大量其他团购网站做的都是实物团购，也就是卖东西，比如化妆品、服装等等。而王兴对团购的理解和其他人不同，他给美团的定位是本地生活服务商。所谓的本地生活服务，就是我们很熟悉的那些线下服务，比如餐饮、电影、KTV、美容美发等等。王兴认为如果不能形成长久的竞争优势，任何短期的快速增长都是没有未来的。做实物团购，除非在选品、价格、物流等方面都有非常明显的优势，否则长期来看怎么可能打得过淘宝？果不其然，淘宝后来推出聚划算，其他的团购网站迅速被灭掉。但美团在不同的路径上站稳了脚跟，并已经构筑了自己的优势。

再以美团后来的送餐业务为例。美团在送餐这个领域是后来者，而且是众多后来者之一。王兴和他请来的 COO（首席运营官）干嘉伟看好这个领域，对送餐领域做了深入的分析思考。彼时正是 O2O（线上到线下）火热的时候，全行业都在打补贴战。但干嘉伟跟其他同行有着不同的思维。其他送餐平台都在补贴消费者，而美团补贴的是商家。这是什么逻辑呢？干嘉伟经过思考，洞察到送餐平台这个商业模式的核心要素是平台上的好商家，而且要成为独家。也就是说，消费者是否选择一个送餐平台，关键看他们想吃的、常吃的商家在不在这个平台上，这是平台长期存在的基础。短期给消费者补贴，不能形成长期优势，一旦停止补贴，消费者就会离开。所以，美团要做的是补贴商家，让商家在美团上成为独家。于是，美团的打法是，把好商家一整天的外卖买断，然后用补贴让这些外卖快速成交。表面上，是消费者享受了补贴，但本质上补贴是给了商家，使之成为独家。一段时间下来，消费者就会发现只有美团平台上才有他们想吃的商家，就产生了对美团的黏性。这让美团在众多送餐平台当中脱颖而出，奠定了胜局。

由此可见，大家的商业模式都是公开的，行为看似也差不多，而背后的胜负手、真正的价值高低在于创新思维（见图 1-4）。

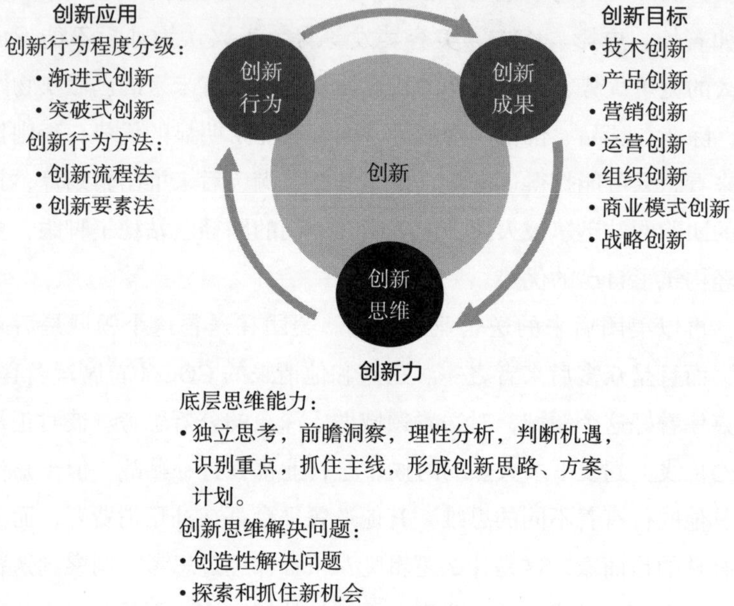

图 1-4　创新思维所能解决的问题

第 2 章
创新进化论

主体视角看创新——一切生命体进化发展的本质

本章，我们要从创新发展的主体来探讨创新的本质。所谓主体，就是做创新的人和组织。要让创新真正成为普遍发生的事情，让普遍的创新带来大的发展，我们就必须厘清创新的主体应该是怎样的。什么样的人能做创新？创新对他们有什么要求？他们如何对创新发挥作用？他们又从创新中得到什么？这些问题如果得不到解答，创新就是一件跟绝大多数人完全没有关系的、“挺好的”却是“别人的”事情。

创新，对于其主体来讲，是为了发展，不管是个人的发展、企业的发展还是国家的发展。创新求发展，是一件意义极其重大的事情。既然如此，那么我们首先需要搞清楚几个问题：

创新与发展是什么关系？

是不是不创新就不能发展？

创新是发展的最优模式，还是有更优的模式？

要把创新做好，需要我们进化出什么能力？

这些问题都是本质问题，我们不能用腾讯是怎么做的、阿里是怎么搞的来解答。我们必须用足够底层的逻辑，才能得出足够正确的结论，大方向才能大致正确。这就像哥伦布发现新大陆，最重要的不是胆子大、一意孤行，也不是因为有人去过美洲让他看到，而是他脑子里有一个底层逻辑——地球是圆的。有了这个逻辑基础，他才能够推导出往西边走的大方向是正确的。

既然创新是为了发展，而发展的主体，要么是人，要么是企业或组织。那么，不管是人还是由人组成的组织，不管是小团队、企业、社团还是国家，都是有机体组织形态在不同领域的延续，都遵循着生命科学的底层原理。从学科之间的上下游关系来看，这样的理论追溯也是非常合理和有意义的。创新是经济学和商学概念，而经济学和商学的上游学科，就是生命科学。上游学科的理论，是可以成为下游学科的基础，能够覆盖和指导下游学科的。

创新即是如此，人和组织的创新都是为了适应多变和不确定的环境，而生命科学中就有适应多变和不确定的规律。在多变和不确定的生物进化环境中，适应和发展是有机体的核心，几十亿年的生物进化过程中所蕴含的规律是最为底层、最为本质、最为普遍，也最为持久的规律。因此，要探讨创新和发展的本质，必须追溯到底层的生命科学。

接下来，我们将从生命科学的底层理论出发，来推导出创新和发展的源头，看看从生命科学的大尺度来看，我们要顺应的是怎样的进化大趋势。

生命体的生存与进化

生命以负熵为生

有机生命体生存与进化的本质是什么？

细菌、植物、动物、人都是有生命的、活的有机体，都遵循有机生命的第一性原理。那么，有机体与无机物的根本区别是什么？生命的本质是什么？“活着”到底是什么呢？

1943 年 2 月，物理学家、诺贝尔奖得主埃尔温·薛定谔（Erwin Schrödinger）在都柏林三一学院发表了题为“生命是什么？”的系列演讲，并于后来整理成书。薛定谔提出生命的第一性原理：

生命以负熵为生。

这就是生命、有机体与无机物的根本区别。

熵，是一个物理学概念。最初由鲁道夫·克劳修斯在热力学第二定律中提出。简单理解，熵就是无序的程度。熵增是宇宙万物发展的自然倾向，从有序到无序，最终到“无序的最大化”，即衰败灭亡（熵寂或最大熵）。

根据熵的定义，负熵就是有序。生命体的神秘之处就在于，从生命体这一系统来看，它违背热力学第二定律。薛定谔说：“想要活着，远离最大熵，生物就需要不断从环境中摄取负熵。生物以负熵为生。”[①] 也就是说，生命体必须持续与无序做抗争，塑造自身的

① ［奥］埃尔温·薛定谔，《生命是什么》（*What is Life?—The Physical Aspect of the Living Cell*），首版出版于 1944 年。

秩序系统，如神经系统、新陈代谢系统、免疫系统等这些有序系统，才能保持“活着”。

信息和秩序：负熵的本质

如果说生命以负墒为生，而负熵就是有序，那么，有序背后的决定因素是什么？是什么让生命系统得以有序生长？

根据保罗·戴维斯（Paul Davies）在《生命与新物理学》一书中的观点，所谓负熵（有序），就是能量加信息。[①]也就是说，能量加信息便会带来有序，从而造就生命体的生存与发展。

怎么理解？

毫无疑问，万事万物都有能量，都在吸收和释放能量。无机物有能量，有机体也有能量。但是，无机物所蕴含的能量是耗散无序的，因为背后没有一个统一的运作机制在支配着这些能量。支配能量的运作机制是什么？就是能量背后的信息。

信息是事物的运动状态和变化的反映，是事物之间相互联系和相互作用的表征，它是具有“因果关系的力量”。因此，从更本质的层面来说，是信息带来了秩序。它也是区别有机体和无机物的根本因素。

举例来说，人活着就需要能量，这是毋庸置疑的。但是，不加选择地吸收一切能量，人是不能活的。人要依靠有条件的能量，有信息内涵的能量。

什么是有信息内涵的能量？我们的周遭环境中，能量无处不

---

① ［英］保罗·戴维斯，《生命与新物理学》，中信出版社，2019 年。

在，阳光中有能量，燃料中有能量，电源中有能量。人类是不能随意摄入这些能量的，我们不能通过吃燃料、插上电源去补充能量。对于人的生存来说，这些就是没有信息的能量。

人作为生命体，必须补充有信息的能量，信息就是其他有机物中所携带的。比如肉类、蔬菜等，这些食物本身就带有生存所需要的信息，是有信息内涵的能量。长期演化下来，人类也获得了关于食物的更加确定的信息。同时，这些携带信息的食物，也规定了人作为生命的生存和发展方向。而这，就是有序的方向。

至此，我们可以用一种更加通俗的说法来解释负熵：负熵，就是能量加信息，而能量加信息便会带来秩序。也就是说，所谓生命以负熵为生，指的是生命在能量和信息这两条腿的组合前行中得以生存发展，从而走向有序和繁盛。

如此看来，生命与非生命在能量方面并没有本质的区别。有机体能够吸收、存储和消耗能量，无机物也可以吸收、存储和消耗能量。因此——

> 将生命和非生命区分开的就是信息。如果说，非生命、无机世界的本质是能量，那么，生命、有机世界的本质是“能量＋信息”。

确定性：信息和秩序带来的价值

如上所述，信息，是重要且神奇的，在现实中扮演着物质和能量的角色，尤其是在生物体中。如果存储在生物体 DNA（脱氧核糖核酸）中的信息发生了变化，就可能产生变异的后代，并改变进化的进程。信息对我们这个世界产生着巨大的影响，这不是在所谓"信息时代"的现代才发生的，而是从生命开始的第一刻就在发生。信息，是一种独立的存在，是具有"因果关系的力量"。

信息量化和科学化的关键里程碑是克劳德·香农（Claude Shannon）奠定的。香农的思想对生命科学产生了巨大的影响，可以径直触达薛定谔的问题"生命是什么"的核心。香农对信息做出了数学上的定义，他的定义引出了一个关键的概念，也是本书最重要的概念：不确定性。

简单来说，当你获取信息时，你正在学习之前不知道的东西，因此你对这个东西的不确定性就降低了。假设你在抛硬币，硬币会落到正面或反面的概率各占 50%。在它落地之前，你完全不确定结果是什么。当你看到结果（信息）时，不确定性随之降低。

从某种意义上讲，信息和熵是一体两面，或者说两者就是一回事。信息是你知道什么，熵是你不知道什么。也可以说，信息就是负熵，增加负熵就是增加确定性。①

如此看来，负熵的增加就是信息的增加，而信息的增加就是不确定性的降低和确定性的增加。

生命的最大秘密，就是熵减，就是不确定性的减少和确定性的增加。这便是生物进化和发展的本质。

---

① ［美］克劳德·香农，《通信的数学理论》（A Mathematical Theory of Communication），1948 年发表在《贝尔实验室技术杂志》第 27 卷上。

生命体的进化发展趋势

充满生命的有机世界，一直在进化发展。因为生命以负熵为生，负熵是生命体的最大利益，所以有机世界的进化方向就是负熵升级，也就是要持续做熵减，不断增加确定性。可以说，熵减是生命的进化发展方向，亦是其总体发展观。因此，生命体要发展，既可以选择减少不确定性，也可以选择增加确定性。这就导致了两种进化发展的方向，也对应着生命体的两种发展模式：

发展模式 1，即应对更多的不确定性，让其减少，转化为确定性。

发展模式 2，即放大原有的确定性，让其增多，产出更大的确定性。

生命科学意义上的创新

重新看待创新

对于有机生命世界，到底什么是创新？从生命科学的角度，创新就是生命体的发展模式 1，即“应对更多的不确定性，让其减少，转化为确定性”。

这是对创新最底层、最本质的解释，它建立在整个生命科学基础上，涵盖整个生命范畴，当然也能覆盖任何生命主体（人、组织……），在任何领域（科学技术、商业……），针对任何对象（产品、营销……）。

与创新相对的，是生命体的另一种发展模式——模仿，即“放大原有的确定性，让其增多，产出更大的确定性”。

因此，生命体的两大发展模式为创新发展模式、模仿发展模式。无论是生命个体发展，还是代际繁衍，还是生物物种进化，都遵循着这两种发展模式。

从生命个体发展来看，以人的成长为例，我们既有处理不确定性的能力，也有放大确定性的能力。在年龄小的时候，以创新发展模式为主，将更多的不确定性转化为确定性。我们习得信息、知识、技能，形成自己能够反复应用的确定性。随着年龄的增长，人就以模仿的发展模式为主，将自己一生所学尽量复制。

从代际繁衍来看，DNA 是繁衍的核心。DNA 要复制以保持相对的稳定，确保确定性。同时，DNA 还要创新，即有一定概率发生变异，来应对不确定性，以适应环境的变化和竞争。

再从物种进化来看，占据生存发展优势的物种就是这两个发展模式的领先者。在模仿的发展模式上，细菌无疑是进化的领先者。它们能够以高效的方式进行模仿复制，创造最大的确定性。在创新的发展模式上，人类是当仁不让的领先者。人类由于无与伦比的神经系统，能够应对和处理最大程度的不确定性，将其转化为难以想象的确定性。可以说，细菌和人类是世界上最成功的两大物种，只是成功的发展方向不同。

生命体发展的两大能力：创新力和模仿力

我们将有机体追求负熵的运作能力，称为生命力。对负熵即确定性的追求，使得有机体从两个方向谋求生存与发展。因此，维持生命力需要两个方面的能力，分别对应两个发展模式。

创新力，即应对和处理不确定性的能力，对应创新发展模式。

模仿力，即强化和放大确定性的能力，对应模仿发展模式。

生命体的创新力（也可称为活力），能够让其具备对不确定性的适应力，尤其在变化的、未知的环境中至关重要，否则机体组织就会由于不适应环境而衰亡。

生命体的模仿力（也可称为定力），能够让其将已经掌握的确定性固化下来，并扩大为最大利益。如果没有模仿力，生物就会变化过度，导致确定性下降，最终在折腾中衰亡。在稳定的、已知的环境中，模仿力让有机体的适应力增强。

创新与模仿，在生命发展中孰先孰后?

既然生命的发展模式就是创新和模仿，生命的发展能力就是创新力和模仿力，那么我们就要进一步问，哪个为主，哪个次之呢?

有机生命的创新和模仿是并存的，它们保证了生命在平衡中生存发展。创新过大就会造成过多不确定性，有机生命体就会在瞎折腾中“找死”；模仿过多就会保守过度，有机生命体就会对外界变化失去适应力，进而在变化和竞争中“等死”。创新力和模仿力所占比重的多少，要看有机生命体所应对的环境及其自身的发展阶段。

有机生命体自身发展早期，创新力占的比重大。就如一个孩子，面对着从未见过的世界，需要应对最大的不确定性。随着年龄增长，他已经将很多不确定性转化为确定性，这时创新力占比下降，模仿力占比上升。直至年老，创新力已经趋近于零，他完全依靠已有的确定性而活。

另一方面，不管有机体发展到什么阶段，只要环境多变，就需要提升创新力占比来应对不确定性。这就像一个生活在20世纪90年代的中年人，本来已经可以依靠已有的确定性生活，但国营工厂下岗潮的突然出现，使得他必须靠创新力来适应这样的变化。他可能要南下深圳去尝试融入市场经济的环境，这就需要他展现出处理不确定性的创新力。如果他无法焕发创新力，那么他就会被变化的时代淘汰。

如果把中国市场当成一个有机生命组织，那么这个组织的熵减能力是非常强大的。自改革开放以来，中国市场不断地发展，其本质就是将越来越多的不确定性，转化为越来越多的确定性。在这个过程中的不同阶段，“创新”与“模仿”分别表现出不同的先后顺序和价值作用。

首先，中国对外开放，将西方已经验证的确定性引入国内，如市场制度、企业组织制度、新技术、新模式等，这个阶段更多的是模仿。同时，中国又在处理内部大量的不确定性，比如经济体制改革、科教兴国等，以激发市场经济的活力，逐渐将大量的不确定性转化为确定性。两者互相配合，中国市场的生命力随着确定性的快速增加而急剧生长，实现了令全球瞩目的发展。

进入21世纪，在原有发展模式的基础上，中国市场又开始面对一个巨大的不确定性——互联网。中国市场拿出了旺盛的创新力，应对、接受和处理了这个巨大的不确定性，将其转化为巨大的确定性，产生了互联网思维、互联网模式、互联网产业以及“互联网 +”等等。这一次的创新（无序向有序、不确定性向确定性）升级，几乎是与全球最领先的美国同步的，领先于其他任何国家。这一步重大的创新升级，加之原有的发展模式，使得中国经济直接走到了世界领先的位置。

与中国市场相反，很多国家的市场不仅没有熵减，反倒在熵增。比如，欧洲国家越来越封闭保守，只是在消耗百年前积累下来的确定性，社会和市场活力下降，不善于应对和处理不确定性，不能适应变化的时代和环境。比这更严重的是那些经历混乱和战乱的地区，基本的确定性都保证不了，变得越来越无序和不确定，熵增得一塌糊涂。

创新的价值与度量

我们常说，创新要有价值，不能创新了半天不带来增值反倒带来损失。那么，这个价值是什么呢？是钱吗？如果仅仅是钱，那么在科学上创新成功的人，是不是没有在商业上创新成功的人有价值？显然不是。金钱只是创新价值的一种度量，而且是片面的度量。

从生命科学的意义上说，创新增加价值的本质，是负熵，也就是将不确定性转化为确定性。为什么有些改变能够带来价值提升？因为它们将没有价值的“不确定性”，转化为了有价值的“确定性”。那些没有带来价值提升甚至损失了价值的改变，就是因为不能带来有价值的确定性，甚至由于是低水平的改变而带来了更大的不确定性。

创新价值的高低，就在于能把多大的不确定性，转化为多大的确定性。

从这个本质逻辑来看，那些伟大的科学家无疑是创造价值最大的人。他们将世界上最大程度的不确定性，通过科学创新转化为最大程度的确定性。例如，牛顿把运动和力的不确定性，总结成了确定的原理并抽象成经典的力学公式，让全世界都可以对运动和力展开确定性的研究、预测和应用，给全人类带来了巨大的确定性。工业革命、蒸汽机、现代企业组织等等，都是牛顿力学带来的巨大价值。

以生物学为例，原来的博物学家面对物种的不确定性，选择将物种进行现象归类，写成百科全书一样的目录。虽然他们处理了很大的不确定性，但是产出的确定性不大。而达尔文面对生物物种巨大的不确定性，找到了一个简单清晰的规律，形成进化论学说，产生了一个巨大的确定性。这使得全世界都清楚了解了物种间的联系和进化规律，并能指导后来生物学的研究探索。因此，达尔文一个人的创新力和创新价值，可能要超过以前所有博物学家的总和。

时代选择：创新是第一发展观，创新力是第一发展动力

从历史发展来看，历史在变化与不变的交替中前进。

在确定性强、变化不多的时代，模仿就是社会发展的主旋律。“先进”经验会越来越广泛，“光荣”传统会越来越稳固。每件事情

都有标杆和最佳实践，每个问题都有最佳答案。每个人要做的，是不断逼近这些“模仿对象”，争取能够成为他们。

在多变的、不确定的时代，创新就是社会发展的主旋律。老一代的经验和传统由于不能适应变化而被抛弃，旧观念由于阻碍新发展而被放弃。新的探索和发现被提出，新的改变和创造得以实现。开创性的英雄人物在创新中脱颖而出，引领人们创造新的事业、新的模式、新的方向。

那么，变化时代和不变时代，谁的比重大呢？这决定着创新和模仿，哪一个才是我们的主要发展观。客观上讲，小的变化一刻也没有停止，不存在不变。所以，我们这里讨论的变化，是指大变化或者多变化。

从大历史的角度来看，在越远古的时代，“不变”的比重越大，在越近的时代，“变化”的比重越大。如果将时间尺度放到工商业时代以来，那么可以说：变化是常态，不变是暂态，我们当下所处的时代，就是多变且不确定的时代。

时代的车轮已经停不下来，各行各业都有创新者主动求变，带动了一波又一波的变化。可以说，我们已经进入创新时代。

创新，是第一发展观

创新是一种发展观，不管是个人、组织还是国家，创新都是其发展的方向。创新，不仅仅是简单的商业行为，还是我们在各种事情上的指导方向，可以说是我们的总体发展观。

模仿与创新，并没有绝对意义上的好坏，它们是生命体对环境的适应策略。当环境相对确定，应对环境的模式也得到了验证，那么模仿和复制已经成熟的模式是最佳策略。当环境不确定、多变时，生命体需要对变化有所应对，那么改变和创新就成为必要的策略。

在原来的时代，模仿比创新更为重要，也更为有效。中国的各行各业、各种事物，以前都可以找到别人做得更好的标杆和成功经验，且多数都来自欧美发达经济体。我们要做的，就只是模仿、借鉴、学习。在工商业中，西方管理学标准覆盖了企业管理的方方面面。无论是管理者还是组织，只要按照这些套路去做，就能见效。基于此，我们只需要把事情做好，把团队领导好，让员工们努力去做。我们所需要的能力，也只是管理者的领导力和团队的执行力。

新常态下，我们所面对的是不确定的环境和前方参照的缺失，需要的是创新发展观。中国的各行各业、各个领域、各项大事，都已经走在了世界的前列，已经找不到明显领先于我们的先进标杆和经验了，模仿确定性的机会已经没有了。大到行业，小到每个岗位，我们随时会碰到前所未遇的问题，而且找不到明确答案。对于每个人和每个组织来说，首要的问题是适应变化，做判断、做决策，找到方向，将不确定性转化为确定性，这些都需要创新发展模式，需要创新力。

时至今日，中国走到了熵减的新阶段——创新时代。一方面，原来相对于中国先进的、已验证的确定性已经很小，我们难以靠开放引进来实现确定性的增加。另一方面，原来国内发展模式所带来的确定性也固化了，已经难以应对更多的不确定性。如今，中国市场到了需要新发展模式的关键阶段。一方面，需要尽量增加活力，发现、应对、处理和转化更多的不确定性。活力源自中国社会的多方面，可从科学、技术、企业、市场等去探索未知，转化不确定性。另一方面，需要对外开放，扩大熵减，但与原来的方向相反。我们要将中国已经领先的、已经验证的确定性，扩散到更大的范围，扩大确定性。同时，输出中国的活力，帮助更多国家处理不确定性。这样，既保持了中国作为有活力的生命体的熵减，又带动更多国家进行熵减。

创新力，是第一发展动力

既然创新是第一发展观，那么要实现创新发展，当然就要大力建设和提升创新力。

创新力，就是当代的核心竞争力。新时代的到来并没有改变竞争的事实，反而加深了竞争的程度。如果说在确定的环境中，大家有标准，竞争的是资源，是领导能管能激励，是团队能拼能打，那在当代不确定的环境中，大家没有明确的标准和方向，竞争的就是在变化中解决复杂问题的能力，即创新力。

创新人才，是第一发展资源

既然创新是第一发展观，创新力是第一发展动力，那么具有创新力的人才就既是创新发展的大脑，又是创新发展的双手，是创新力的施展者，是第一发展资源。

人与人之间的竞争，关键在于创新力。被优秀的企业需要，是一个人具有职场竞争力的体现。腾讯、字节跳动这样的优秀企业招募哪些人，留下哪些人呢？是在多变的环境中，能独立思考，找到办法解决复杂问题，带来确定性的人。

创新型组织，是第一发展主体

最后，组织是创新发展的实践主体，是创新人才的舞台，组织自然要跟上创新发展的要求，要能够让创新人才发挥出最大的创新力，进而整体提升企业应对不确定性的能力，这便是创新型组织的价值所在。所以说，创新型组织，是第一发展主体。

我们所说的创新型组织，绝不是为了创新而创新、为了变革而变革的组织，而是为了给企业提供创新发展的组织能力而存在的。一方面，它要有应对外在不确定环境的强大适应力，另一方面，它还要有转化、增加、创造更多确定性的内在活力，这也同时提升了它对外在变化环境的适应力。

提升外在适应力和内在活力，打造创新型组织，提升企业创新力，增强竞争力，将是未来企业发展的第一方向。关于创新型组织，我们将在本书第三部分做专门论述。

综上所述，任何有机生命体的发展逻辑都是统一的，那就是"生命以负熵为生"，发展就是熵减升级，就是要持续带来秩序和确定性。创新，就是处理和转化不确定性，带来确定性的过程。创新力就是处理和转化不确定性的能力。不管是对个人、企业还是国家来说，创新都是由生命的第一性原理导出的底层发展观，创新力就是我们要修炼的能力。

Part 2
创新力模型

第 3 章
人的创新力

创新需要什么样的人?

本章我们将针对创新主体之一——人来做探讨，关注怎样的人是适合创新、胜任创新的，抓手是人的创新能力。我们将给出人才的创新力模型，向你揭秘创新人才应该具备怎样的创新能力。

创新力模型的基础，一方面是基于第一章关于创新的宏观和微观定义，从创新价值的来源进行探讨，另一方面是基于第二章关于生命科学和有机体的发展理论，从创新进化发展的角度来深入探究。最后，将两个维度的探究，汇合于人类心智即心理学，从人的心智中找到创新力的根源。混沌学园的研究已经不局限于领导力时代的心理学基础（行为学派和性格特质学派为主导），而是与时俱进地借用了近些年来心理学的最新发展。具体来说，我们融入了脑神经科学、认知科学、基因遗传学、进化心理学等多领域学科的研究，以期能够从本质上帮助大家了解不同创新水平的人，创新能力的高低差异到底在哪里。

人的能力升级

创新力是创新发展的能力，是一种通用的、普遍适用的、独立存在的能力，它在一切有机生命中都存在，只是多少的问题。

创新力，是应对不确定性，将其转化为确定性的能力。换句话说，创新力就是人应对不确定性和处理变化的能力。创新力强的人，能够很好地适应变化的时代，识别和判断变化的影响，应对变化的挑战，做出更好的决策和行动。

显然，这给我们提出了更高的要求，与我们从小受的教育反差很大。因为我们接受的传统教育并不是在多变和不确定的时代背景下的。传统教育体系告诉了我们一切问题的标准答案，让我们努力记忆、计算，在考试中争取无限接近那些标准答案，从而得到更高的分数。

变化时代，人的能力升级迫在眉睫。当代及未来，创新是时代的核心发展观，创新力是时代所需人才的核心能力。

创新时代下，每个人、每个组织都需要跟上时代的步伐，适应时代的要求。在多变而不确定的环境下，原有的发展模式已经无法适应，不能持续。支持原有发展模式的能力，也已经不能完全适应现在的要求了。新时代提升了对每个人、每个组织的要求。有识之士需要在领导力之外，将创新力作为自己的核心能力。领先的企业，需要在管理者的领导力和团队的执行力之外，建设创新力。

人的创新力是发展的原动力

创新不仅仅是简单的商业行为，它是我们在各种事情上的指导方向，可以说是我们的总体发展观。创新力，作为人和组织的一种能力，则是我们的第一发展动力，是一切发展的原动力，这可以从历史发展和人的发展中看出端倪。

历史发展：将不确定性转化为确定性的时代车轮

历史发展给我们带来了很多宝贵遗产，带来了我们现在的美好生活。一代一代的人类群星带领人类文明发展，推动历史车轮向前。这一切的本质，是将不确定性转化为确定性，为人类文明增加价值。

造福人类的、推动人类进步的增量价值，都是从不确定中汲取的。而从确定性中产生的价值，都是存量价值的复制而已。比如抗生素的诞生，是弗莱明等生物学家，从对抗生素完全的不确定，通过研究、思考、分析、假设、验证等智慧处理过程，逐步得到了抗生素的成分、工作原理、合成方法及大批量制造方法等，获得了对抗生素的确定性。至此，抗生素成为人类文明的一部分，且是有巨大价值的部分，它让整个人类不再惧怕细菌感染，大大延长了人类的平均寿命。其他推动人类文明进步的大事和伟人，都是如此。

时至今日，这个向前的车轮还在继续运转，而且越来越快。我们正处于互联网时代，互联网作为人类文明进步的体现，也经历了从不确定到确定的转化过程。互联网一开始是一个谁都不知道会怎样的新生事物，它的一切都是未知的、不确定的。随着一代两代互联网人的探索、尝试、思考、创业、迭代等智力投入和实践，我们逐步得到了关于互联网的确定性。我们知道了互联网发挥价值的要素和规律，知道了流量、产品、用户这些关键要素，知道了如何运营互联网公司。现如今，任何一个要从事互联网的人，都能很快获得这些确定的知识。而这些确定性，都是当初那些互联网创业者和研究者从不确定性中创新出来的。而那些人，也就成为后来人们所说的“互联网大咖”。

所以说：创新力是人类向前发展的原动力。

人的发展：将不确定性转化为确定性的成长

每个人的发展，也遵循这个大原理——将不确定性转化为确定性。

从人的成长来看，一个人从小到大的成长，就是在不断地将更多的不确定性转化为自己可以掌握的确定性。一个婴儿带着部分的确定性（遗传基因）来到这个充满不确定性的世界。他在成长中将原来对他来说不确定的事物，纷纷转化为他的确定性。他了解和适应父母、家庭、朋友、周围环境之后，又不断地扩展他所面对的不确定性，逐渐了解和适应学校、城市、国家。为什么我们要读书学习，为什么学习能力强的人发展潜力更好？因为，通过读书学习，我们可以超越自己的亲身经历，通过间接信息增强自己处理不确定性的能力。我们不用去到英国，也知道英国的资本主义如何运转。我们即使不能穿越到清朝，也知道鸦片战争是如何影响中国的历史进程的。

我们的人生就是不确定性和确定性的组合，两者的比例也在变化。随着年龄的增长，我们会积累足够的确定性，足以让我们过上正常的生活。很多人在此之后就大幅减少甚至停止对不确定性的接触和处理。也有一些人还在不断进行对不确定性的探索，并持续将其转化为自己的确定性。人生的高下之分，就是这样产生的。而更加关键的是，两类人处理不确定性的能力——也就是创新力——的差距会越拉越大。

一旦环境有了大的变化，创新力弱的人就会迅速显出不适，容易跟不上时代而被淘汰。

一个人是否青春，在于他还能不能处理不确定性；一个人是否衰老，在于他是否完全活在原有的确定性中。

在人类历史的各个阶段，推动历史车轮向前的那些杰出的人类明星，不管是思想家、哲学家、科学家、政治家、艺术家还是其他人，都是他们所生活时代的创新者，是具有强大创新力的大师。他们既生活于变化的时代，也参与甚至创造了进一步的改变。大家耳熟能详的伟大人物，往往都是变革时期的人，正所谓时势造英雄。而在确定的时代，我们能记起的历史人物很少。因为，人们会感恩和纪念那些推动历史车轮向前的人，不会留恋那些跟我们一起坐在历史列车上只是座位比我们高一些的人。

创新力的源泉：人类心智

人的创新力来自哪里？什么是人的创新力？这个问题解决了，我们就能够有目的、有方向地塑造和提升我们的创新力。

既然创新力是应对不确定性，将其转化为确定性的能力，那么我们就要看，人类的什么是用于应对和处理不确定性的。也就是说，创新力从人的内在来看，是哪些能力，是什么让我们有能力处理不确定性呢？

这要从人类的心智系统中来找答案。不管是不确定性还是确定性，都是信息的表达，而人类处理信息的核心就是心智系统。最新的研究将心理学、脑科学、遗传学和进化论四种学科的前沿知识结合起来，对人性和人类心智有了更加透彻的理解。

世界顶尖的语言学家、认知心理学家、曾被评为21世纪最伟大的思想家之一的史蒂芬·平克（Steven Pinker），在他的著作《心智探奇》中对心智做了如下定义和论述："心智是一套由计算器官组成的系统，它经自然选择的设计来解决我们祖先在茹毛饮血的生活中所面对的那类问题，具体包括：理解和操控物体、动物、植物以及他人。这个定义还可以细解为几个论断：心智就是大脑所做的事情。具体而言，就是大脑加工信息，而思考也是一种计算。心智的组成部分是模块或心理器官，每个模块都经过专门的设计而成为人与世界互动的某一方面的专家。模块的基本逻辑是由我们的基因图谱所规定的。其操作被自然选择所塑造，来解决漫长的进化历史中我们祖先在游牧采摘生活中遇到的问题。我们祖先碰到的各种问题其实是他们基因所面临的一个大问题的一些子任务。这个大问题就是以最大化的数量将基因复制到下一代。"①

心智不是大脑，而是大脑所做的事情，但不是大脑所做的所有事情。心智是大脑做的有意识的事情，给人带来心理感受、反应和行动内驱力，从而解决生活中遇到的问题，在漫长的进化中实现基因存续的终极目的。

---

① ［美］史蒂芬·平克，《心智探奇——人类心智的起源与进化》（*How the Mind Works*），浙江人民出版社，2016年。

理性与感性

人的心智从功能和结构上都可以分成两大部分：感性和理性。从人们通常的理解来看，感性就是偏向感官的、情感的、情绪的心智，理性就是偏向理智的、逻辑的、推理的心智。

从脑神经科学来看，感性和理性分别是由大脑的两部分来负责的。人无意识的部分、关乎基本生存的信息控制，都在脑组织的最内侧、最核心的脑干、小脑。人的感性则由脑组织的杏仁核、下丘脑、纹状体调节。人的理性则由大脑最外侧的大脑皮质负责。

从进化的大尺度来看，感性和理性分别对应大脑进化的两个阶段。低等动物在面对小信息量的情况下，脑组织进化出感性系统，用以趋利避害，对外界刺激给予应对。感性系统能够帮助动物提升生存能力，比如当面对外界的危险，感性系统能够感知到危险，产生恐惧的意识，从而形成逃避的内驱力，促使逃避的行为。从神经科学的实验中我们发现，人的感性系统与老鼠等低等级的动物是高度相似的。所以，感性系统是人类从远古祖先（甚至都不是猿类）那里继承的。

理性系统是动物面对大信息量，处理信息并更加聪明应对的系统，能够帮助动物生存并且生活得好一些。理性系统能够根据不同的情况，分析问题和解决问题，碰到简单的、常见的问题能够高效地解决，碰到复杂的、陌生的问题能够灵活地解决。从脑组织的结构也可以看到进化的痕迹，最早进化的部分（无意识系统）在最内层，最后进化的部分（理性系统）在最外层。

人在处理信息并做出反应的时候，既可以用感性，也可以用理性。比如，当我们在路上因为不小心与人碰撞而产生矛盾，此时这个外界刺激会激发大脑处理。当感性系统占主导时，感性系统会识别对方对我们有威胁，迅速产生暴力欲望，并显现愤怒的情绪。行为会被驱动，以语言甚至肢体动作来进攻对方，吵架甚至动手打架就可能发生。当理性系统占主导时，理性系统会以价值观、逻辑来推理自己的风险、收益。理性系统会告诉我们，这是一件小事，发生冲突对双方，尤其对自己一点好处都没有，对方也不是要刻意伤害自己，所以最好的对策就是离开，最多说句："不好意思。"

感性系统是在更原始的时代和环境下的求存系统，所以它处理的是更加恶劣、更加严酷，也更加简单的环境和问题，反应会迅速而激烈。感性系统当今仍然在发挥重要作用。如果有人举刀朝我走来，我会立即识别危险，产生恐惧，拔腿就跑。因为生命是可贵的，一旦犹豫可能就受到不可挽回的伤害，感性系统迅速而激烈的反应有利于保护自己。

而理性系统是在更近期的时代和环境下的求存系统，它处理的是更加文明、更加舒缓和更加复杂的环境和问题，反应舒缓而理智。理性系统在当今时代发挥着更多、更加合适的作用。如果有人批评我，我不会立刻怒发冲冠地回击，而是会更理性地思考，分析对方为什么要批评我，是我的问题还是对方故意刁难。即使要回嘴，也要用有修养的、文明的、适度的语言，不会说脏话骂人。

在我们的意识中，感性系统产生"我想要"，理性系统产生"我需要"。而我们每个人就在"我想要"和"我需要"的双重作用、相互制衡、综合影响下，过着我们的生活。

逻辑推理是理性系统的核心能力

理性系统要更为复杂，功能更为强大，涉及逻辑、推理、归纳、演绎、对象、关系、性格等。正因为理性系统相对感性系统功能要强大得多，所以其耗能也要多得多。因此，动物的本能会尽量用感性系统解决问题，而人类由于驾驭了谷物，有了碳水化合物这种高能量食物，能够更多地调用理性系统，从而在信息处理能力（也就是智慧）方面远远超越其他动物。

强大的理性系统，让我们几乎可以将我们所能接触的任何信息，从不确定变成确定。从“生命以熵减为生”的角度来看，理性是最高级的熵减系统，能处理最大程度的不确定性（熵增）。

理性系统的核心能力就是逻辑推理。有了逻辑推理，我们能够处理任何信息，只要我们认为有必要。逻辑推理能够让人类在大信息量的环境中处理纷繁复杂的事情。

当我们的祖先在丛林里看到地上的动物脚印时，他们能够通过脚印的形状推理出这属于哪种动物，通过脚印的深浅推理出动物的重量，通过脚印的方向推理出动物行走的方向，通过脚印的清晰程度推理出动物已经离开多久、距离多远。当人判断出这是一只雄性成年老虎，而且刚刚离开不久，他必须马上提高警惕，或者赶紧离开。

人通过逻辑推理过程，就可以应对生活中所有的事情，无论这个事情是一般的、常见的还是特殊的、少见的。

人的心智当中，逻辑推理有两大类思维模型，即归纳类比思维和相对关系思维。

所谓类比思维，包括对比、归类、类推等思维，是人脑中最简单的关系模型，也是最省能量的。我们的已有认知中已经有了很多对事物的分类，也就是既有的确定性。那么，当我们面对一个需要判断的事物或信息时，最简单的办法是直接将其与既有的认知相比较。如果对得上，就可以直接得出结论了。类比的思维，是人类理性系统针对确定性最有效的处理系统。

相对关系思维，就超出了简单的是或不是的思想判断，而是要使用更加丰富、更加深刻的逻辑关系，也就是相对关系。如果判断的事物对象不能简单地与我们的逻辑奇点做类比，我们就开始思考其是否与逻辑奇点有其他的逻辑关系。所谓逻辑奇点，就是一个一般性的大前提，是逻辑推理的出发点。基于逻辑奇点进行推导，从一般原理推演出特殊情况下的结论，即逻辑演绎（见图 3-1）。相对关系的演绎思维，是人类理性心智中，处理不确定性的最强能力系统。

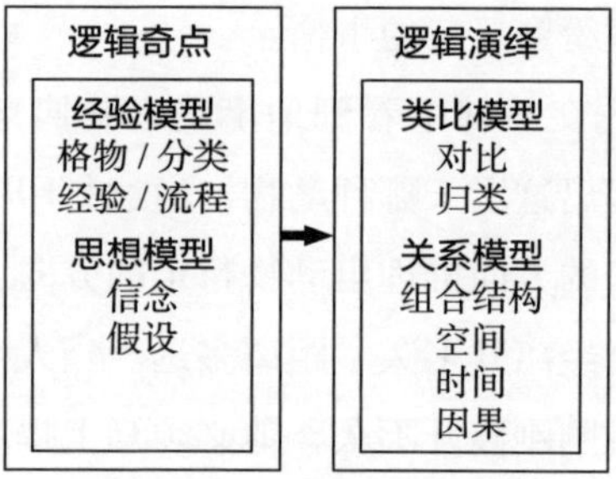

图 3-1　心智推理的过程

说到这里，终于触达创新力在人身上的核心了，总结一下：

创新力是应对不确定性，将其转化为确定性的能力。

相对关系的演绎思维，是人类理性心智中，处理不确定性的最强能力系统。

因此，相对关系的演绎思维能力，就是人的最主要的创新力。

用好演绎思维，就是基于部分的确定性，对不确定性的信息进行逻辑关系判断，并据此进行演绎推理，最终得出确定性结论。演绎推理能力强的人，能够驾驭更长的逻辑关系链条，处理更大的不确定性。因此，可以说创新力强的人，就是演绎思维能力强的人。

创新力的提升方向：人类心智拉伸的四个维度

创新力强的人，会朝哪个方向去思考问题呢？如果有明确的方向，那么我们每个人就有了提升创新力、掌握创新力的抓手。为了找到这些方向，我们还要从人类心智的底层原理入手。

人类心智中，相对关系的演绎思维有四个维度，这也是形成我们世界观的四大方向，它们是物质（要素）、时间、空间和纯逻辑（见图 3-2）。

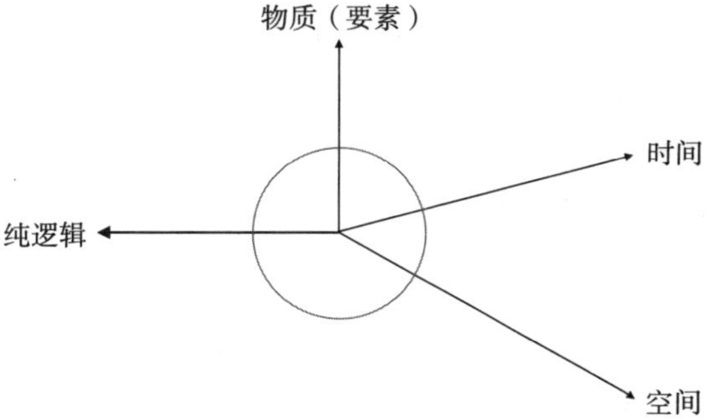

图 3-2　人类心智中演绎思维的四个维度

物质（要素），是第一个思维方向。也就是“还原论”所讲的，总体与部分的关系，要素与要素的关系。总体是各个部分要素的组合，部分要素又是总体的拆分，这就是结构关系。例如，桌子可以拆分成一个桌面和四条桌腿，桌面和四条桌腿可以组成一个桌子。组合结构与归类有很大区别。组合关系中，总体与部分、部分与部分之间不一定是同类关系，比如桌子和桌腿不是同一类别，桌面和桌腿也不是同类关系。

时间，是第二个思维方向。时间逻辑，就是我们有时间观念，能够识别事物之间的时间先后关系。我们心智当中有系统的时间逻辑模型，比如过去、现在、将来，再比如之前、之后、同时。我们的心智中还有对时间的系统划分，如年、月、日、时、分、秒，再比如春、夏、秋、冬。时间逻辑能够帮助我们推理下一步、未来会发生什么，我们要做什么。

空间，是第三个思维方向。空间逻辑，既包括事物与事物之间的空间关系，也包括事物与整体的空间关系。比如，一个事物与另一个事物的上下左右前后关系、远近关系。我们还能够在脑中构建空间范围，并识别事物在这个范围中的位置，是中心还是边缘。我们还能构建有方向的路线，有起点，有目的地，并动态地识别自己处于路线的什么阶段和位置。

纯逻辑，是第四个思维方向。最简单的是因果逻辑，这是人类心智基础逻辑模型中很高级的模型，它帮助我们识别事物之间的因果关系。通过因果关系的推理，可以从因得到果，从果归到因。人类因此可以有更强的处理信息和做出应对的能力。有了因果逻辑，人们才能推理出农业生产的方法，知道春天种下种子才能在秋天有收成，知道要浇水施肥才能有更好的收成。因果逻辑是人类能够延迟满足的心理基础，我们之所以没有直接把种子都吃了，是因为我们通过因果逻辑获知种子种在地里能有十倍百倍的回报。有了因果逻辑，人们就可以对想要的结果，提前针对原因有所作为。人类最高的智慧就在于能够追究终极原因，分析因果逻辑链条，找到解决问题的根本原因，并就此从根本上找到解决方案。

这四个维度的思维，是每个人都有的思维，也是我们日常使用的思维。它们是人类心智系统的一部分，只是每个人在这四个方向上的思维有多有少、有深有浅，也就是说思维能力不同。

历史上杰出的人类群星的过人之处就在于创新力，其本质就是心智在四个维度上的拉伸超出常人。常人虽然也在这四个维度上思考，但思考范围小，局限于舒适区里，目光短浅。而人类群星能够跳出舒适区，努力拉伸自己的思考方向，看得细、看得远、看得深、看得透。

创新力模型

创新力是有方向的四项思维能力

混沌学园基于对创新本质的研究和探索，对基础学科、基础理论进行研究发展，提出支持创新发展的创新力模型。创新力模型，正是沿着人类理性推理心智的拉伸方向，由四个思维能力组成（见图 3–3）。

创新力模型，包括组合思维能力、进化思维能力、差异思维能力和破界思维能力。分别对应人类心智拉伸的四个方向。

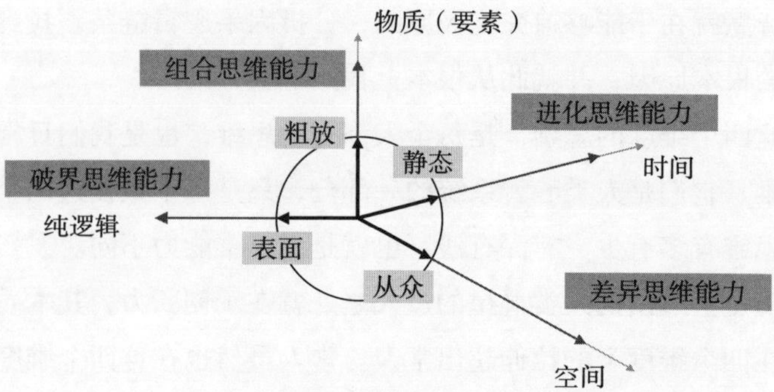

图 3-3　创新力的本质是心智拉伸

组合思维能力，是沿着物质（要素）维度思考的能力。组合思维能力弱的人，往往看问题粗放而模糊。而组合思维能力强的人，往往看问题细致而锐利，目标清晰且能够抓住对实现目标最重要的关键要素，抓到关键要素之间的联系，形成创造性的新组合。例如，化学学科以及门捷列夫开创的元素周期表就是运用这种思维。

进化思维能力，是沿着时间维度思考的能力。进化思维能力弱的人，往往具有静态思维，看问题短视。进化思维能力强的人，往往具有动态思维，以发展的眼光看问题，具备前瞻性的预测能力，站在未来看问题，以未来的终局来看现在的布局。例如，生物学以及达尔文开创的进化论就是运用这种思维方式。

差异思维能力，是沿着空间维度思考的能力。差异思维能力弱的人，往往看问题狭窄且从众，容易局限于大家都看到的、小范围的空间。差异思维能力强的人，往往能独立思考、有大局视野和判断能力，站在高处看问题，以广阔的全局来看局部的重点。例如，军事学科及大军事家们的战略部署就是运用这种思维方式。

破界思维能力，是沿着纯逻辑维度思考的能力。破界思维能力弱的人，通常局限于表面因果逻辑，就表面问题找原因。破界思维能力强的人，往往具备深挖问题的思维，他们不仅看因果逻辑，还能应用假设与推论逻辑，从根上思考大问题，打破原有的边界，产生颠覆性的成果。大思想家和科学家，如爱因斯坦、麦克斯韦都具备这方面强大的思维能力。

在商业领域，那些人类群星，也往往是思维能力强的人。尤其是能够保持长期、持续、多周期商业成就的人，必然不是依靠随机的尝试和好运气，而是能够多次成功应对变化，从不确定性中找到确定性。不管是任正非还是马云，无论是马斯克还是贝佐斯，他们所依靠的是能够识变、应变和求变的创新力。

创新的能力化转向

关于创新、创新力的定义，可以从表象层、本质层和能力层三个层次解释。

创新的表象层：有价值的改变

创新是指通过改造旧有事物、改变旧有经验等行为，创造出有社会价值的新事物、有益于发展的新范式的突破性活动。创新活动往往能解决重大的复杂问题，其所带来的新事物，能给人类整体带来新福祉，其开拓的新范式，能给人类发展带来新方向。

创新的本质层：创新思维指引创新行为

创新的根本决定因素是思维模式。本质上，创新是一个由创新思维指引创新行为，进而产生创新成果的过程。创新思维是规划创新行为时的思考方式，它既指引了创新行为的正确方向，也规定了创新行为的模式。创新思维的显著特征，是能够理性、动态、关联地看问题，即在动态变化环境下，对事物相关关系进行把握。

创新的能力层：创新思维能力

创新力是创新思维的显性化能力表现，是我们在生活、工作中，有意识地运用创新思维的能力水平。通常情况下，这种能力表现为能够将创新思维模型化、框架化，并内化到潜意识层面灵活调用。创新力主要包含组合思维能力、差异思维能力、进化思维能力、破界思维能力等多重能力模型。在实际情况中，不同的人会表现出不同的创新力倾向。

创新力的效果衡量

从功效上来讲，创新力即创新能力，是用以提升创新成功率的。也就是说，创新力能够更高概率地从不确定性中找到确定性，在不确定性中找到增值的方向，并提升增值的效率。创新力让创新有方向性，带来有序的、指向确定的改变，避免无序的、随机的不确定性改变。

什么是成功的创新？——增值击穿阈值

什么是成功的创新？这是关键问题。我们不能等到创新业务已经成功上市、有巨额盈利才能说它成功，也不能任由其随意尝试、不断发散。从本质上讲，我们不能完全按确定的成熟业务标准来判断创新业务，也不能任由创新的事物一直处于不确定性中。

创新，是有价值的改变，但价值提升多少才算成功的创新呢？显然，仅有一点点的价值提升是不够的，它不足以弥补之前的投入和承担的风险。因此，创新对提升的价值有一个数量级的要求，要能过一个门槛才能算成功。用混沌学园常用的词，就是要击穿阈值。

阈值是什么？当然，不同项目的阈值表象会不同，有的是产品 MVP 跑通，有的是业务有收入，有的是用户数。这里我们要探讨的是阈值的本质逻辑。我们使用阈值进行判断，阶段性地做定性的评判，进而做出下一步决策。简单来说，就是要看：创新的早期，怎样算是有所小成；创新的中期，怎样算有所中成；创新的后期，怎样算有所大成。

从基本的商业逻辑来说，阈值起码要让我们的投入产出是划算的。如果投入少，那么阈值也低。如果投入多，那么阈值也高。

从创新价值的本质——处理不确定性，将其转化为确定性来看，阈值的本质是可持续的确定性。通俗地说，我们得出了确定性的认知，这个认知是确定可行的、可以持续指导后来发展的。

比如，我们经过努力尝试和验证，得出了产品的 MVP，证明这个产品的基本用户价值是成立的，那么这个产品就可以基于这个价值做后续的发展、放大、增长。这就是一个可持续的确定性。再比如，某个新业务的某主打价值受到某细分人群的认可，并且我们知道为什么，那么，这也是一个可持续的确定性。相反，一项创新成果不管从表面上看是很好还是不好，如果我们没搞明白为什么，那就没有获得确定性的认知，它就不是一个可持续的确定性。只有带有确定性的价值，才是真正的击穿阈值的价值。

创新力推动我们持续击穿阈值

创新力是增值的方向，也指引我们要突破阈值（见图 3-4）。创新力是人类心智的拉伸，用来应对和处理更大的不确定性，并尽量将其转化为更大的确定性，而足够的确定性就是阈值。随着创新力带着我们向前思考和行动，创新者将一个阶段的不确定性转化为阶段性确定性，再基于本阶段的确定性，进行下一阶段的创新发展，进一步转化更大的不确定性并放大已经成形的确定性。不管是商业还是非商业，可持续发展就在这样的循环中向前推进。

创新力就像力学中的力一样，带有方向性，其方向指向增值。创新力推动有价值的改变，以击穿阈值为标志，获得一个又一个进阶的确定性，促成成功的创新成果。

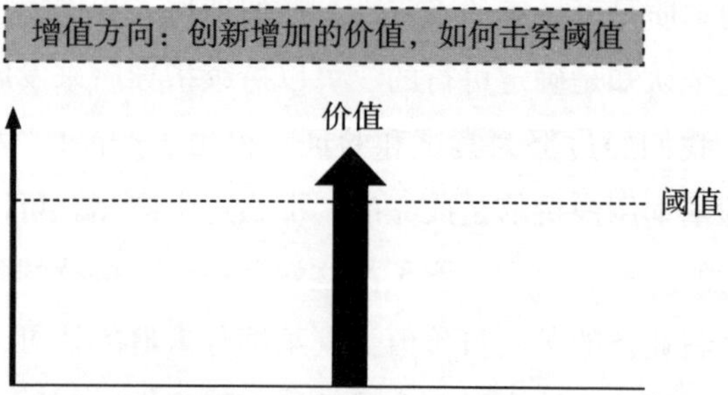

图 3-4　创新的方向是增值

顺应进化趋势：昨天的高能创新力可能是明天的基本功

人类群星的高创新力，可能是我们今天每个人都需要习得的能力。这就应了那句话："昨天的上限，就是未来的底线。"这也是生命进化的趋势，生物链顶端的发展一直遵循着负熵持续提升的大趋势。也就是说，占据支配地位的物种，能够不断地应对和处理更大的信息量和不确定性。

当下这个时代，人类处理确定性的价值，已经越来越多地被各种自动化机器取代。原来由知识工作者所承担的很多部分，如记忆、计算、操作电脑等，已经不具有高价值，因为这些工作已经是确定的了。

高价值的工作、高价值的人才，必然可以超越原有的确定性，处理更大的不确定性。那么，在时代趋势和竞争加剧的背景下，处理不确定性所需要的创新力，不仅是精英们需要的，也是更多普通人所需要的。

接下来的第 4~7 章，我们将分别对创新力模型中的四项能力做进一步阐述。创新力是每个人都已经装载的能力，只不过有的人能力很强，而大部分人能力很弱。阅读后面这四章，你能理解这四项能力是如何产生创新价值的，如何使用这些能力，如何习得或提升自己的创新力。

第4章
组合思维能力

洞察价值的能力，重点思考，价值重组

组合思维能力的定义与原理

具有组合思维能力，代表我们的思维能朝精准的方向思考，做拆解、分析，同时识别并抓住重点，从而找到新的价值组合。埃隆·马斯克是这方面的代表，从生产电动汽车到造火箭，他都是用旧要素组成新组合的思路，成功找到新的组合方式，实现了别人难以想象的创新。

组合思维能力的定义

组合思维能力是最基本的创新力，就是洞察价值的能力。

组合思维能力，是揭开表面，拆解要素，多维度分析，识别重点，重构价值组合的思维能力。

组合思维能力的作用，就是实现“旧要素，新组合”的创新，而这是创新的最基本形式，也是创新之父熊彼特最基本的思想。组合思维，也是最通用、最常见的创新思维，“颠覆式创新”之父、哈佛商学院的克里斯坦森教授指出，“联系思维是形成创新想法的关键技能”，组合思维与联系思维本质上也是同构的。

把不同要素重新组合，这样的思维并不罕见，很多商业专家也提出了类似的思路。除了克里斯坦森提出的联系思维以外，以意大利文艺复兴时期的美第奇家族命名的美第奇效应，也说到了将不同领域、不同方面的要素交叉组合的理念。日本知名战略专家大前研一也曾提出，创新就是用旧有要素重新组合。但到目前为止，几乎没有人说清楚到底要怎么组合，仿佛是把各种不同的要素交叉组合在一起就神奇地产生了成功的创新。大部分创新专家把希望寄托于头脑风暴，寄托于让很多不同的人在一起发散讨论，然后收集大家的点子。这就将创新归于一种难以捉摸、充满偶然的碰撞，无法形成一种能力。而事实上，真正为企业带来显著增长和发展的创新，几乎没有源自大家的头脑风暴的，大多发起于开创者的思维中。

组合思维，不仅仅是把各个要素重新排列组合那么简单，而是需要清晰的逻辑分析、严谨的要素拆解、深刻的洞察。组合思维有基本的思维模式，一般是先拆解，再分析轻重缓急，找到关键要素，最后围绕关键要素重新组合各个要素。

组合思维不是撒胡椒面，不是面面俱到，而是要抓重点、抓主线、抓主要矛盾。在创新领域，组合思维的重点是通过拆解，找到最为重要的单一要素。这个单一要素，就是随时间和环境变化最快、影响最大的要素，需要我们重点投入资源去抓住和最大化其价值，甚至投入所有资源。

组合思维能力的代表：埃隆·马斯克

埃隆·马斯克是具有组合思维能力的代表人物，从造电动汽车到造火箭，他都用“旧要素，新组合”的思路，找到新的组合方式，实现别人难以想象的创新。

特斯拉在早期研究电动汽车时遇到电池成本居高不下的难题。一辆电动汽车至少需要85千瓦时的电池，而当时储能电池的价格是每千瓦时600美元，这便意味着在每辆特斯拉电动汽车的成本中，电池的成本将超过5万美元。如此高昂的电池成本，导致特斯拉第一款电动汽车Roadster的整车成本为12万美元。这一难题给当时的特斯拉带来极大的困扰，马斯克是如何解决这一重大难题的呢？

他做的第一步便是要素拆解。他对电池的材料进行拆分，从元素层面将其拆解为碳、镍、铝、钢等不同材料。拆解之后，马斯克发现如果从伦敦金属交易所分别购买这些材料，每千瓦时仅需花费82美元的成本，约为电池总成本的13.7%。换言之，电池成本高昂的直接原因，并不在于原材料，而在于原材料的组合方式。要想有效降低电池成本，则必须改变现有的原材料组合方式。

于是，马斯克的第二步便是寻找新的程序，将电池重新组合。为此，他与松下公司达成合作，采用松下18650钴酸锂电池的管理程序，重组特斯拉电动汽车的电池，并取得了巨大的成功，一举将电池成本降至全行业的最低水平。在此基础上，特斯拉新车型Model S顺利下线，在美国上税后的价格为63570美元，让人惊叹。

组合思维能力的数学原理

组合思维从数学上看是最大数思想，组合思维指向增值击穿阈值的方向，它有两种做法和表现。

一种做法是找到一个最大、最能够击穿阈值的单一要素，然后把资源都投入这个单一要素，力出一孔，迅速地击穿阈值（见图4-1）。

增值 =*max*（*A, B, C, D,...*）

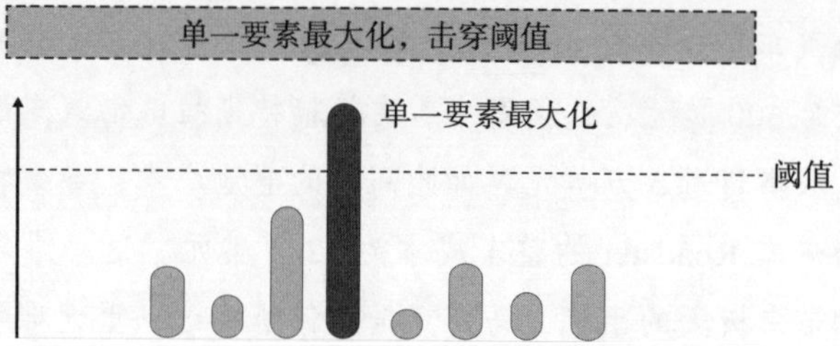

图 4-1　组合思维能力的数学原理一

另外一种增值的做法就是，将已有要素重新组合出一个能够击穿阈值的新要素体，然后迅速地击穿阈值，打开局面（见图 4-2）。

增值 =*max*（*A+B, B, C, B,...*）

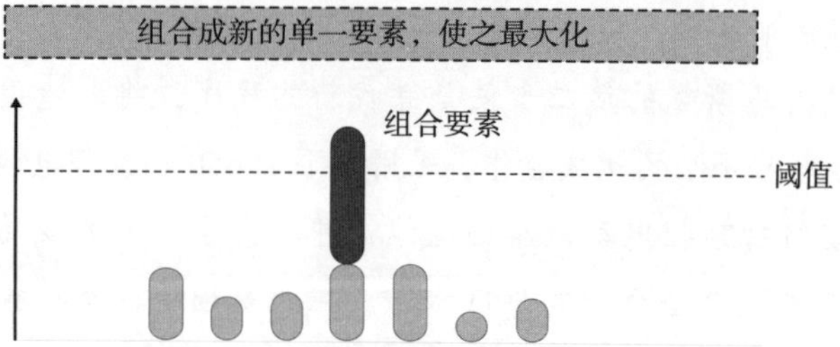

图 4-2　组合思维能力的数学原理二

从外部视角来看，所有的创新结果都是变革性、颠覆性的，但是如果从内部视角看，创新结果的发生都是渐进性、局部性的。这种渐进性的变化都是以某个要素的突破或者若干要素组合而成的要素体的突破为标志，而这个突破就是阈值的突破。

组合思维和传统思维的对比

组合思维这种在新组合中抓单一要素的思维方式与传统商业管理思维有巨大的反差（见图 4-3）。

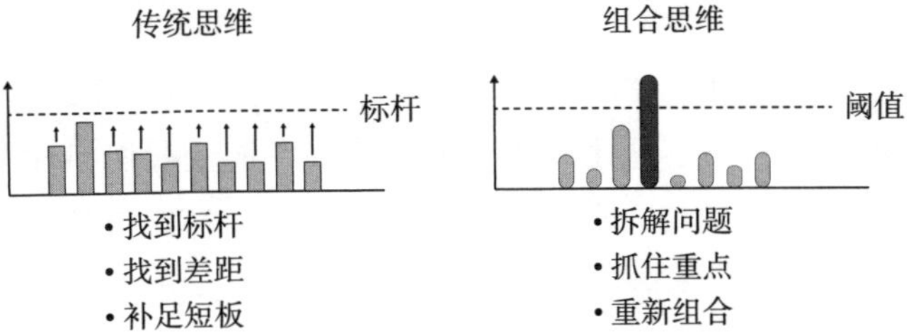

图 4-3 组合思维与传统思维的对比

传统商学院和咨询公司有一个利器，叫作标杆。每个商业领域，都有做得最好的标杆。把标杆的各个方面提取出来，然后大家照着做，就能解决问题。这就像 20 世纪 90 年代华为把 IBM 当成标杆，全面模仿 IBM 的做法一样。

所以，传统商业管理的基本做法是：

第一步，找到标杆。

第二步，找到差距。

第三步，补足短板。

然而，这种做法已经难以适应新常态的需要。首先，多变环境下到底谁是标杆很难讲。再者，由于变化太快，我们没有时间补齐一个一个短板。即使补上了，时间窗口也早就不在了。而且，在这个时代，跟标杆一模一样的企业是没有前途的。我们把腾讯抄一遍，也变不成腾讯，反倒会害了自己。

有创新力的企业和人，解决问题用的是创新思维，那是底层思维能力——通过逻辑分析和推理，找到时间要素和其他要素的联系，抓到变化中的抓手，组合出解决方案。

所以，组合思维者通常这样解决问题：

第一步，拆解问题。

第二步，抓住变化。

第三步，重新组合。

这种方式，特别适用于当今的环境。它能让我们抓住关键点，打出我们制胜的长板。在快速变化的环境中，补短板是杯水车薪，打长板、打单点，才是制胜之道。但是，打什么长板、打哪个单点，不是标杆能告诉我们的，也不是过往的经验能告诉我们的，而是由我们自己的思维得出来的。

总之，创新力是一种底层思维能力，其中最基本的就是组合思维能力，它能帮我们应对 VUCA 环境，面对复杂问题，找到创造性解决办法。

组合思维能力的作用

组合思维能力可以帮助我们实现增值，其效果是非常显著的，从创新的两个层次的价值来看，其作用为：

解决复杂问题——清晰梳理复杂问题，高效达到目标。

寻找新机会——创新改进原有业务，夯实第一曲线；快速破局新兴业务，发展第二曲线。

解决复杂问题：清晰梳理复杂问题，高效达到目标

组合思维最直观的应用场景是解决一个复杂问题，通过不断聚焦目标和拆解问题来找到解决问题的思路。在这个不确定性时代，问题往往纷繁复杂，牵扯面广，容易让人陷入僵局。具体来说，组合思维可以帮助我们解决以下问题：

如何准确定义目标？

如何以最有效的方式解构目标？

如何找到问题的关键突破口？

如何找到达成目标的新方法/新路径？

如何评估业务问题多个解决方案的优劣势？

如何聚焦业务重点，避免平均用力或用力方向错误？

如何提升团队成员独立思考、解决复杂问题的能力？

如何提升团队成员全局思考的意识和能力？

寻找新机会

改进原有业务，夯实第一曲线

创新不仅仅是发明创造，渐进性的改善也属于创新的范畴。在已有的业务曲线上寻找新的改进机会，不断夯实公司的已有业务基础和能力，是组合思维的另外一个应用场景。主营业务是公司赖以生存的基础，在主营业务发展过程中，公司也会遇到各种各样的问题，从而影响主营业务的增长速度。具体来说，组合思维可以帮助我们解决以下问题：

如何挖掘原有业务要素的新价值？

如何盘活企业已有生产资料的价值？

如何识别企业待利用的潜力资源？

如何识别造成业务瓶颈的关键要素？

如何梳理行业要素，识别自己的核心竞争力？

如何跳出原有业务惯性，看到用户新需求？

如何发现企业组织架构的问题，重整业务架构？

快速破局新业务，发展第二曲线

任何事物的发展都会经历一个由弱小到兴盛，再从兴盛到衰败的生命过程，所以在适当的时候开辟新的发展方向或者业务曲线就显得至关重要。同样，新事物的生长刚开始也要经历从弱小到兴盛的阶段，组合思维能够帮助我们完成这个阶段的过渡。这主要体现在通过已有要素的重新组合，形成能够击穿破局点的单一要素，助力第二曲线式的新业务的发展。具体来说，组合思维可以帮助我们解决以下问题：

如何识别行业发展新机会？

如何发现能够助力业务增长的新要素？

如何融合新要素，促进业务增长？

如何整合现有资源，创造新产品？

戴森的组合思维之路

2016年，戴森用400美元的超音速吹风机，赢得了全世界女人的芳心。戴森的网红产品还远不止吹风机而已，戴森已经通过创新，形成了自己丰富的产品矩阵。戴森的创始人詹姆斯·戴森爵士，因这些产品，从一个穷小子变成了英国首富。这一切都是怎样发生的呢？

早在上中学的时候，戴森就表现出了一些创新思维。他为学校设计过一款很特别的演出节目单。他觉得一般节目单太普通了，就将带有东方特色的卷轴这个要素融入，设计出了卷轴节目单。这就颇有点组合思维的味道了，也就是将其他领域中的现有要素，组合进自己的创意中。

到了大学毕业，戴森跟一位名叫杰里米·弗莱的工程师共事。当时他们接到了这样一个设计项目，甲方需要一种可高速运行，而且有足够的载重能力的小船。在陆地上，一谈到载重的交通工具，你大概率会想到卡车，那么将现有要素重新组合起来，也就是卡车与快艇组合，这种船的货仓方方正正，就像卡车一样，戴森将它命名为海上卡车。由于创意突出、性能优异，海上卡车销量很好，尤其受到海军的青睐。

戴森 21 岁就结婚了，跟妻子生了三个孩子，本可以从此快乐地享受生活。但是，要知道，即便在生活当中，具备创新能力的人也总有发现问题的眼睛和解决问题的思路。戴森夫妇买了房子，装修的时候，需要将一些装修物料用小推车运进房里。因为英国总下雨，院子里很泥泞，轮子窄的小推车容易陷入泥土。怎么办呢？找到可以使用的现成要素，重新组合起来。于是，球形轮胎 + 独轮车的组合就形成了这款创新产品——独球轮车。

戴森夫人用吸尘器打扫房间时，必须经常更换储尘袋。为什么总换呢？戴森经过观察发现，因为吸尘器的原理是将带有灰尘的空气吹过储尘袋，灰尘经过过滤被留在储尘袋里，干净的空气再吹出来。但是储尘袋上的网眼被堵住，会造成吸尘器吸力下降，就必须经常更换储尘袋。这个感受实在太差了。怎样解决这个问题呢？

一次，戴森路过一个伐木作坊，发现了一种旋风抽气装置。通过离心力将木屑甩到储尘桶的桶壁上，达到空气和木屑分离的目的，木屑由于重力落在储尘筒的底部，这样就不需要换储尘桶了。直升机的进气口过滤装置也运用了这一原理。戴森就将这种技术应用到了戴森吸尘器上。

所以戴森吸尘器又是一个组合创新，是伐木作坊旋风装置+储尘筒的组合体。这款吸尘器在20世纪90年代风靡英国，因其高效而时尚的设计，直到今天依旧是明星产品。

大胆想象一下，其实吸尘器和吹风机的原理还是挺类似的，只是风的方向不同，一个是吹，一个是吸。戴森利用汽车上成熟的涡轮增压技术，设计出了不带叶片的吹风机。另外，这款吹风机还利用了主动降噪技术，就是将噪声频率控制在人类能听到的声音频率之外。不管是涡轮增压技术，还是主动降噪技术，都是早已成熟的技术，而不是戴森的原创技术，但是戴森将这两种技术组合起来，就有了这款“网红”吹风机。

戴森的新产品——加湿空气净化扇也是组合思维的产物，它是涡轮增压装置+紫外线杀毒+加湿器的组合。依靠组合创新，戴森设计出了许多爆品。

我们似乎可以看出这样一个道理：一次成功或许有幸运的成分，一系列的成功背后则一定有逻辑。成就戴森的，就是组合思维的逻辑。

詹姆斯·戴森还将这种思维通过教育，传授给了他的儿子。他的长子杰克·戴森也是一位设计师，设计了一款戴森台灯。戴森台灯最大的卖点就是号称可以60年不换灯泡，这项黑科技依靠的是热管冷却技术，戴森台灯上有一根超长的散热铜管，这项技术从来没在台灯上被使用过，但却是笔记本电脑上的成熟技术。因此，戴森台灯实际上就是LED（发光二极管）+红外感应开关+笔记本冷却技术等几项成熟技术的组合创新。

可以说，组合思维已经成就了戴森父子两代人。难怪爱因斯坦曾经说，组合作用似乎是创造性思维的本质特征。

海底捞单点打服务

最开始的海底捞，只不过是四川简阳一条街上众多火锅店当中的一个。现如今，海底捞已经成为中国乃至世界知名的火锅品牌。

海底捞的创始人叫张勇，当他还在四川简阳街上创业的时候，他就在思考海底捞要如何从满大街的火锅店中脱颖而出。顾客怎么才能识别出海底捞？怎么才能记住海底捞？又怎么才能够不断重复地来海底捞？顺着这些问题，他拆解了很多餐饮要素，例如食材、口味、厨师、环境等等，但是在资源有限的情况下是不可能同时提升所有要素的品质的，他只能选择其中一个做到极致，然后迅速从众多的火锅店中脱颖而出。他发现，火锅的口味都差不多，食材也差别不大，环境也很难做出亮点，这些是普通的消费者很难区别出来的。最后经过慎重思考，他终于找到了一个可以突破的方向，那就是服务。因为当时大家不重视服务，甚至可以说没有服务，海底捞只要把服务做到最好、做到极致，就能够被客户迅速记住。

顾客发现其他店都平平常常，但是当他们走进海底捞，店里的每个服务生都有亲切的笑容，他们都会主动问好，送上一条热毛巾，上菜时还主动帮你下锅，店里还有免费的等位茶水和小吃、免费的美甲服务等等。这样的服务很容易让人记住海底捞，且下次还愿意来。有一本书叫《海底捞你学不会》，他们已经做成的这些成果、成熟的做法，你当然学不会。但是我们可以学背后的创新思维，那就是拆解要素、抓重点击穿阈值等组合思维的核心思想。

苹果 iPod 单点突破——主打硬盘空间大

20 世纪 90 年代末，年轻的 MP3 播放器市场状况堪忧。便携式 MP3 播放器早在 20 世纪 90 年代中期就已经出现了，但苹果公司发现市场上都是用户体验极差的产品，史蒂夫·乔布斯对这类产品直言不讳："都是垃圾。"

因为那个时代基于闪存的播放器只能容纳一张 CD 的歌曲，而硬盘播放器的容量要大得多，但相对来说体积比较大，也比较重，而且用户界面比较难操作，在滚动播放数千首歌曲时，无法很好地选歌。此外，大多数便携式媒体播放器（PMP）将音乐从电脑传输到播放器，使用的是的落后的 USB 1.1 标准，这使得用户传一首歌就需要等待 5 分钟，当传输上千首歌曲时，传输时间可能会长达数小时。

乔布斯敏锐注意到日本硬盘供应商开发了 1.8 寸硬盘，进而设计出的 iPod 存储容量超过当时同类产品的 10 倍以上。终于，2001 年 10 月 23 日，苹果公司揭开了第一款 iPod 的序幕，将 5GB 的音乐存储空间装进了一个不超过一张纸牌大小的白色盒子里。

生产苹果 iPod 的创新思维中，就有要素拆解、价值重组、抓重点的组合思维。

毛泽东的"集中优势兵力，各个歼灭敌人"

"集中优势兵力，各个歼灭敌人"是毛主席的一个重要战术思想，其中的一个表现是在战术的部署方面。当我军已经集中绝对优势兵力包围敌军诸路中的一路（一个旅或一个团）时，担任攻击的各兵团（或各部队），不应企图一下子同时全部地歼灭这个被我包围之敌，这样会导致平分兵力，处处攻击，处处不得力，拖延时间，难于奏效。而应集中绝对优势兵力，即集中六倍、五倍、四倍于敌，至少也是三倍于敌的兵力，并集中全部或大部的炮兵，从敌军诸阵地中，选择较弱的一点（不是两点），猛烈地攻击之，务期必克。之后，迅速扩张战果，各个歼灭该敌。①

组合思维能力的增值做法

具有组合思维能力的人或者说组合思维者，会有以下一些创新增值的做法：定义问题、解构问题、单点突破、价值重组。

定义问题：聚焦目标，拆解障碍

创新是为了解决问题，要解决问题，得先清楚这个问题到底是什么。也就是说，我们得先定义真问题。具有组合思维能力的人，往往擅长从细枝末节和限制条件中跳出来，不断追问解决问题的最初目标是什么？即所谓的“回到初心”。如果我们对于问题的理解和方向错了，那结果就是“差之毫厘，失之千里”。

定义问题可以从两个方面思考：一方面，这个问题是不是能够让我们达到目标的最优问题，它的解决是否会让我们更快、更好地达到目标；另一方面，为了解决这个问题，哪些障碍是我们必须清

① 毛泽东，《毛泽东选集》（第四卷），人民出版社，1991 年。

除的，哪些任务是我们必须完成的。用一个极简公式来表达就是：

真问题＝目标＋障碍

也就是说，定义问题就是明确你的目标以及达成目标的障碍。

以阿里巴巴为例，面对企业发展的问题，它的目标是：让天下没有难做的生意。而达成目标的障碍随时间的推移一直在变化。为了克服这些变化的障碍，它所提供的解决方案本身，就成了成就日后辉煌的一系列创新。

在实体店为主的时代，店铺租金过高导致天下有难做的生意，那么障碍就是店铺租金高，解决这个障碍的创新方案就是淘宝的“虚拟店铺”业务，店主可以在网上免费开店，这就向“让天下没有难做的生意”这个目标更近了一步。之后，在实现目标的过程中，它又遇到了新的障碍——在网上购物就需要网上支付，为了消除这一障碍，阿里又推出了一个创新方案——支付宝。再后来，网上经营的店铺有了越来越多的数据分析需求，它们需要知道自己的客户是谁，都有什么购买习惯等，有了准确的客户画像，才能让天下真正没有难做的生意，中小企业、中小卖家薄弱的数据处理能力就成了此时的最大障碍，阿里解决这个障碍的创新方案就是云计算。

由此可见，阿里从一个创新走向下一个创新并不是拍脑门想出来的，而是在不断地解决问题，也就是在确定目标之后，逐个克服达成目标过程中所遇到的障碍。这一过程，就形成了一个有章法的创新地图。

下面要谈的“解构问题”，其实就是拆解“障碍”，因为这个障碍才是关键问题。

解构问题：要素拆解，寻找最小可控单元

面对复杂问题时，组合思维者会有意识地对问题进行拆解，把复杂模糊的大问题拆解成可以着手的小问题。所谓解构问题，就是将问题障碍进行要素拆解，寻找到最小可控价值单元。拆分出最小单元是为了可控，不可控的解决方案没有价值。什么是最小可控单元？多小才算最小？

再次以阿里巴巴的创新为例，面对网上支付的障碍，我们不禁要问一些问题：这些障碍可控吗？支付困难究竟是什么？如何才能通过一系列的小改变达成一个让支付变简单的创新呢？

这就需要解构问题，将网上支付困难解构为“小问题”和“为什么”。解构小问题时可以用分类的方法，比如将支付问题分为买方付款问题和卖方收款问题。也可以用分步骤的方法，将支付问题分为支付前、支付中、支付后的问题。用哪种方法并没有一定之规，解构原则都是找到可控单元。

“小问题”：在没有支付宝的时候，网上支付可能会遇到需要先开通银行卡的网上支付权限、每次在不同的平台上购物都需要输入卡号、多张银行卡可能有不同的密码、在支付中不容易记忆等小问题，这些问题造成了网上支付的不方便。

“为什么”：网上支付困难主要是因为买方对卖方不信任，以及买方认为网上支付不安全。不信任表现在：买方付完款，卖方不发货怎么办；谁来为买方的支付背书。不安全表现在银行账户信息是否会丢失、是否被滥用等。

所有这一切，构成了解决网上支付困难这个问题的创新方向。支付宝最初的功能，就是围绕这个方向上没有解决的问题来设计的。

需要注意的是，我们解构问题的初心是寻找可控单元。那么在解构问题的时候，有以下两个注意事项。

第一，每个人的能力不同，解构出来的可控单元也不尽相同，一直拆到你可以直接对这个要素进行改善就好。

第二，要寻找组织内部的可控原因，而不是不可控的外部原因。比如你经营的商场里的玻璃门因为完全透明，导致小朋友撞了上去。如果你拆解出来的问题原因是小朋友迷迷糊糊没有注意安全，这就是组织外部原因，因为你没法控制小朋友不迷迷糊糊。所以，要去寻找来自组织内部的可控原因。

单点突破：抓关键要素，重点发力，击穿阈值

组合思维者面对一些棘手问题时，会有意识地抓关键要素。首先要看外部的宏观大趋势，找到十倍速变化的趋势要素借势而为，达到事半功倍的效果。其次要看和自己相关的环境要素，找到那些和自己紧密相关的重点要素。最后结合自己的核心竞争力，找到可以迅速突破的价值点，然后重点投入资源，击穿阈值，验证价值点。

价值重组：洞察要素之间的关系，聚焦目标，价值重组

组合思维者总是会聚焦目标，所有的动作皆围绕目标展开。因为目标是终点，我们只有以终为始地思考问题，才会始终有主线，不浪费资源。

组合思维者要善于洞察要素之间的关系，是因为重构要素之间

的关系是创新发生的一个重要方式。相对于粗放式的要素增加，要素之间的关系重构有“量不变但质变”的神奇效果。我们可以通过类比找到不同要素之间的规律性关系，然后把这种规律性关系应用到新的要素之中。

事物之间通过对比体现出来的差异性有助于我们洞察要素的多样化价值，而这种多样化价值的洞察会帮助我们根据新的目标，对要素进行价值重组，产出行之有效的创新方案。

习得组合思维能力的方法工具

创新力是一种能力，而具备这种能力的人，能够很好地应用创新方法，通过这些方法来实现创新，思维模型就是提高创新思维能力的方法。所谓思维模型，是人们界定问题、分析问题、解决问题时使用的思维框架，是思维结构，而非思维的内容。思维模型可以被用来解释客观世界的现象和规律，预测事物的发展结果，得出结论，帮助人们做决策。

创新思维模型，是获取创新力、发挥创新力的抓手，使得创新力可以习得、可以应用、可以提升和积累。由于创新思维模型是一种可普遍应用的方法，那么创新就不再是天赋，也不是天才的专利，而是所有企业、所有人才都可以通过学习来获得的。

混沌学园经过多年研究，提炼出了体系化的创新思维模型，分别对应着四大创新力。这些思维模型可以在日常工作和生活中被刻意练习和广泛应用。

组合思维包含两大思维模型，分别是组合创新和单点破局。组合创新是创新最基础的思维模型，是最适合初学者首先学习的思维模型。单点破局，是创新成功的最基本方向，通过聚焦单点，击穿阈值，让创新破局。

组合创新

这个思维模型的理论来源，是熊彼特。熊彼特在28岁的时候写了《经济发展理论》，里面提出的创新见解，叫创造性破坏，认为创新是旧要素的新组合。

创新的关键不是发明出什么，而是将既有要素重新组合起来的那个创意。

举个例子，有一个记者对王兴说，大家一直认为王兴没什么原创，美团也没有什么原创的东西。王兴就解释说："可能大家对创新的理解有点偏，比如你是一个作者，你写的每篇文章，哪一个字是你的原创？哪一个词是你的原创？你的创新，体现在对文字和词语的创造性组合之上。"

这句话非常经典，创新并不是从无到有创造出什么东西来，而是把既有要素重新组合起来，所以创新和发明是完全不一样的。

我们再看茑屋书店的案例。书店行业原本都很没落了，我们周围的书店一家又一家倒闭，但为什么茑屋书店在日本做得这么好，几千万用户购买了它的实体会员卡？原来，它是把书店和休闲结合在一起。人们去到店里，并不仅仅是为了看书，这是一种休闲方式，是一种文化，是一种享受的体验。与此同时，书店的会员卡业务是单独的，这张卡不仅可以在茑屋书店里使用，还能在别的很多地方使用，而这居然成了茑屋书店的主营业务。没错，几个不同要素的重新组合，造就了茑屋书店。

组合创新是把原本属于天才的创新，变成了“可解构、可学习、可执行”的创新，这是组合创新的特别美妙之处（见图 4–4）。通常我们想起创新，一般会说某个天才突然有了灵感，做了一些东西出来。但是这样归因是很肤浅的，同时也竖了一堵墙——创新是他们能做的，跟我没关系，我只做平凡平庸的例行工作就好了。组合创新把“天才的创新”那个黑盒子打开，让我们看清楚他们是怎么做到的，然后发现自己也可以做到，自己的企业也能做到。

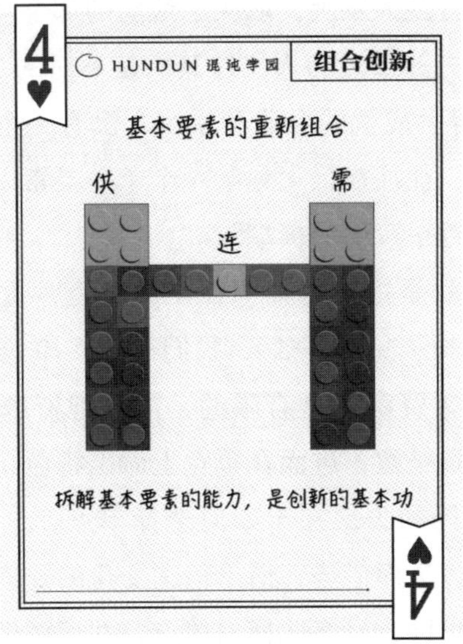

图 4–4　组合创新思维模型扑克牌

单点破局

单点破局是最能代表创新的思维模型。单点破局，就是识别关键的单一要素，全力以赴在单一要素上发力，击穿阈值，通过破局点。很多擅长创新的人，都善用单点破局的思维。用任正非的话说，叫“饱和攻击”。所谓饱和攻击，就是找一个最小的切口，然后力出一孔。他说，任何一个企业的资源都有限，最核心、最主要的战略方向确定之后，就要把所有的精兵强将、资源调上去，饱和攻击，聚焦在一点上，先在这一点上取得突破。

这与传统管理思想很不同。传统管理中，我们常听到一个模型叫“木桶理论”，即一个桶能盛多少水，取决于最短的那个木板。一个企业能有多大发展，取决于最弱的那个环节。在这种思维下，人们会默认去补最短的板，这其实是不对的。查理·芒格说过，“我最后发现取得大成就的企业和系统，没有一个是用木桶理论的。那些取胜的系统，往往在最大化某一个单一要素以及最小化所有其他要素上，走到近乎荒谬的极端”。

单点破局，就是把精力集中在一个点上，重点突破，击穿阈值，实现正向增长（见图 4-5）。我们有很多事情需要做，但是财力、物力、人力等资源都是有限的，需要把资源集中在一个点上，把某一个特点做到极致，进而在单点上做出特色，卓然而出。

应用单点破局的关键在于如何选择单点。这需要充分分析趋势和红利在哪里，进而借势、借十倍速变化的要素，并且根据自己的资源、优势、目标，最终选择出单点，并运用组合式创新的方法，全力出击。

比如，美团在 2012 年感知到移动互联网时代的到来，决定放弃 PC 端，全力进行移动手机端的业务拓展，技术开发、营销宣传等都专注在这里，实现了从 PC 端到移动端的业务转化，占住了发展先机。

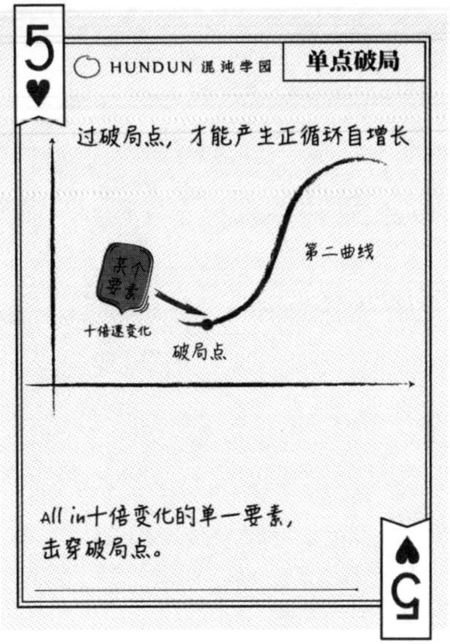

图 4-5　单点破局思维模型扑克牌

又如，江小白对喝酒场景进行细分，定位于年轻人，专注朋友小聚的场景，重点在包装表达上做突破，创造了很多与此相关的广告语。

第 5 章
进化思维能力

洞察时间的能力，动态思考，与时俱进

具有进化思维能力，代表我们的思维能朝着未来发展趋势，动态思考，用发展的眼光看问题。马云是这方面的代表，阿里巴巴总能领先时代的秘诀，很大程度在于前瞻性的眼光、对未来发展趋势的判断，从 B2B 到淘宝，再到阿里云等创新，都得益于跑赢时代的进化思维。

进化思维能力的定义与原理

进化思维能力的定义

创新力的第二项，是进化思维能力，就是“洞察时间的能力”。

进化思维能力，是超越静态，随时间发展向前看，动态分析趋势，识别发展潜力，判断发展时机，掌控发展阶段，选择发展轨道的思维能力。

进化思维的作用，是让我们能够“以发展的眼光看问题”，从而抓住随时间发展的创新机会。进化思维，让我们能够坦然接受变化、面对变化、应对变化，让我们能够识别变化带来的危与机。而且不仅看到一时的危与机，还要动态地看透现在的、未来的危与机。可以说，具备进化思维能力的人，往往是创新力极强的人，我们所熟知的创新代表人物都具有这种思维能力，如乔布斯、马云、雷军、张一鸣等。

进化思维的代表：雷军与小米

雷军和小米走在进化思维的道路上，总是能够抓住发展趋势。

公司初创，雷军打算从最擅长的软件领域出手，打一个开门红。当时横行手机市场的水货一般都是英文操作系统，需要转换成中文才能使用，这种做法，叫作刷机。为了提供与众不同的操作体验，当时刷机ROM（系统软件包）风行一时，但很多刷机软件都是个人和小团队做的，没有实力来真正做好底层优化。做最好的刷机ROM，是初生的小米团队首先想攻克的难关。有了小米这个名字，这款刷机ROM自然被称作MIUI。凭借出色的性能和美观的设计，MIUI聚集了越来越多的用户，呈现出指数级增长的态势。正是MIUI给小米积攒了第一批忠实的种子用户。

2009年，大势已来。全球范围内，智能手机销量较上年同期增长了3300万部。2008年，苹果在智能手机市场的占有率为8.6%，2009年，苹果将这一数字提高至14.4%。安卓手机则是2009年销量同比增幅最大的，其市场占有率提高了7倍，达3.9%。这年年初，业界期待已久的3G牌照终于发放，时任工信部部长李毅中亲手将牌照发到三家运营商手中，业内对3G时代充满想象，移动互联网的东风终于刮到中国了。雷军决定开始做手机，虽然过程中经历了很多坎坷，但是成绩有目共睹。2021年2月，小米手机的全球市场份额已经达到了13%。

2016年，随着移动互联网O2O大潮退却，一个新的方向逐渐显露出端倪，那就是互联网公司从线上走到线下，将虚拟经济与实体经济进一步结合，一些创新的生态开始出现，让虚拟经济对线下的资源与运营有了更大的依赖。这意味着，如果不往线下拓展，小米大盘的基本面不会再继续增长了，线下的市场份额也拿不到。从此，小米生态链开始诞生了，一路高歌猛进，仅仅2年时间，小米投资和孵化了220家生态链企业，其中100多家专注于智能硬件和生活消费产品。华米、云米等品牌均独立上市。在运动手环、空气净化器和平衡车等消费品类领域，小米生态链创造了多个世界第一。

2021年3月30日，小米集团发布公告开始造车。小米将成立一家全资子公司，负责智能电动汽车业务，首期投资为100亿元人民币，预计未来10年投资额为100亿美元。小米集团CEO雷军将兼任智能电动汽车业务的CEO。作为互联网时代绝对流量入口的手机，已经很难再继续扩张了。对小米而言，占总营收59%的手机业务遇到瓶颈，而其和AIoT（人工智能物联网）业务需要弥补智能设备、智能办公、智能家居之后的生态链最后一环：智能出行。因此，雷军说："我很清楚，这个决定意味着什么，我愿意押上我人生全部的声誉，再次披挂上阵，为小米汽车而战！"

推动人类社会发展的第一性原理是能量加信息。今天电动车正在取代燃油车，这是能源技术革命的必然；而真实世界的数字化、网络化、智能化，则是信息技术突破的必然。而信息和能量之间的融合创新则是未来新的发展趋势，小米智能电动汽车很可能处在“猪都能飞起来的新风口”，这是雷军和小米识别趋势和前瞻预测的进化思维的体现。

进化思维能力的数学原理

进化思维从数学上看是指数思想，进化思维指向增值击穿阈值的方向是，顺应趋势，应用发展最快的要素，将之和自身的优势结合起来，形成与时代发展相适应的竞争力。一旦突破阈值，便可呈现指数级增长（见图 5-1）。事物的发展速度不是线性平均的，而是不同阶段有不同的发展速度和特征，我们要清楚地了解我们的发展处在哪个阶段，然后顺着趋势的方向，把自身的发展不断从一个阶段推高至另一个阶段。企业的发展也是这样，一旦验证了需求，业务的增长将随着时间的推移和投入的增加不断持续增长，并且这种增长是指数级的增长。

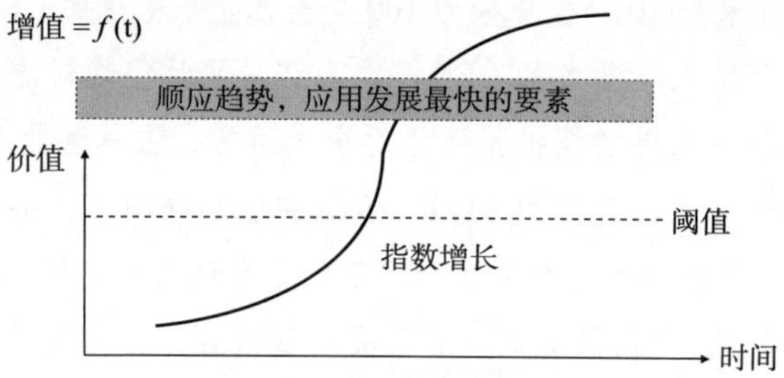

图 5-1 进化思维能力的数学原理

进化思维和传统思维的对比

传统的管理思路和方法是工业时代的产物，在时间这条主线上相对被动。工业时代背景下，经济周期较长、更迭间隔长、变化速度慢。在传统管理中，考虑未来发展趋势，判断发展方向，识别是否有新变化、新威胁、新机遇，这样的思考不是没有，但是思考的人非常少、思考的频率非常低，大多时候是企业一把手一个人思考，且很多年都不需要重新思考。以至于大多数企业已经忘了需要这样的思考，等觉察到丧失发展机会，为时已晚。

传统管理思路对事物的判断，基于几点错觉。

静态：以前如此，现在如此，将来还如此。比如，我们会想当然地觉得，某个行业巨头一直会保持优势，一直是巨头。如果真是这样，就没有现在的互联网，照相机行业的第一就还是柯达。

线性：发展速度是平稳的。比如，去年收入 5000 万元，今年收入 6000 万元，明年就收入 7000 万元。如果真是这样，字节跳动就还是一家中小企业。

连续：有的一直有，没有的一直没有。比如，认为现有业务一直会保持下去，也想不到会有替代它或影响它的新业务。如果真是这样，腾讯就不会有微信，阿里也不会有天猫，字节跳动更不会有抖音。

而事物的真正发展规律，是随时间动态变化的。进化思维，与以上几点恰恰相反，是基于事物客观发展的规律性认识。

动态：有起有落。创新就是要识别和跟上趋势，以免自己陷入衰落的轨道。

非线性：有快有慢。创新就是要抓住时机，争取加速发展，而在减速发展时主动判断危机，避免失去主动转型的机会。

非连续：有生有死。创新就是要看透企业有生有死，顺应时代发展趋势，遵循商业发展周期的客观规律，舍掉失去生命力的垂死业务，投入有巨大生命潜力的新业务，做到有眼光、有智慧地取舍。

总之，在时代变化中，选择比努力重要。进化思维，能让我们有动态的、前瞻性的、符合时代发展趋势的选择，真正能够“以发展的眼光看问题”。

进化思维能力的作用

进化思维能力也可以帮助我们实现创新增值，显现出来的作用同样是非常显著的，从创新的两个层次的价值来看，其作用为：

解决复杂问题——动态思考，跟上变化，洞察发展规律，识别发展阶段，科学应对变化。

寻找新机会——随时代发展开拓新机会，准确预测，抓住发展机遇，准确判断时机。

解决复杂问题：动态思考，科学应变，洞察发展规律，识别发展阶段

进化思维能力的第一个应用场景是识变和应变，洞察事物的发展规律，识别自身的发展阶段，对外部的变化保持敏锐，积极地跟上时代的步伐。具体来说，进化思维能力可以帮助我们解答以下问题：

如何具备成长意识、动态思维，避免静态思维？

如何让组织成员打破既有成功经验的禁锢？

如何让组织成员避免产生成功带来的优越感、傲慢心态？

如何让组织成员消除对变化的恐惧，拥抱变化、敢于创新？

如何准确识别并客观面对业务的动态变化趋势？

如何准确识别当前业务发展阶段，定位关键战略任务？

如何动态识别需淘汰的要素、需补足的要素？

如何识别企业应当打造的核心竞争力？

如何动态思考，合理分配当前企业资源？

寻找新机会：准确预测，抓住发展机遇，准确判断时机

进化思维的第二个应用场景是应变和求变，深刻理解唯一的不变就是变化，积极洞察周围事物的变化，适时总结变化规律，准确地判断发展时机，主动求变，抓住发展机遇。具体来说，进化思维能力可以帮助我们解答以下问题：

如何建立组织成员的危机意识，保持创业的“day1”（第一天）状态？

如何让组织成员愿意挑战不确定的岗位和目标？

如何让组织成员积极开展新业务？

如何建立终局思维，提升前瞻意识？

如何建立动态看待事物的意识与能力？

如何准确判断趋势，区分机会和陷阱，享受红利，不当“韭菜”？

如何洞察行业发展规律，抓住企业阶段性的战略重点？

如何识别长期价值，建立动态护城河？

如何为新业务探索理清思路？

如何以低成本发展新业务？

如何洞察组织发展规律，抓住组织阶段性的短板？

如何在外部发现和应用具备增长潜力的新要素？

马云力主发展阿里云

我们现在都知道云计算是一个大市场，但是回到2010年，即使是当时BAT（百度、阿里巴巴、腾讯）中的李彦宏和马化腾也看不清这个市场。在2010年中国IT领袖峰会上，李彦宏说：云计算这个东西不就是新瓶装旧酒吗？他认为云可能就是现在我们说的网盘。而经验丰富的马化腾也认为，云计算太超前，可能要很久之后才能实现。只有马云坚定地认为说：我对云计算充满信心，这是未来的主流。于是阿里每年持续投入10亿元以上的资金进入这个赛道，当然前期压力和亏损是巨大的，但是他们坚信未来云计算一定会成为市场主流。

结果显而易见，到了2019年的第四季度，从中国公有云服务市场的排名来看，阿里巴巴一家独大，它占据了整个公有云46.4%的市场。尽管百度和腾讯后来也看到了这个市场，奋起直追，又投入了更多的资源去做这个市场，但是它们也仅仅获得了26.8%的市场份额。所以那些伟大创业者、创新者，不是因为看见所以相信，而是因为相信所以看见。

马云和阿里的创新思维中，有变化敏锐、洞察本质和前瞻预测的进化思维。

电商代运营

电商代运营主要是指帮助一些希望做电商的传统企业开展网上

销售，这就需要代运营公司具备营销、产品、客服、供应链等各方面的知识，然后跟传统企业进行销售分成。

目前代运营包括各种各样的方式，建站、推广、物流、客服、仓储等领域都有相关的公司涉及。因为如果商家自己运营的话，需要组建运营团队，一年的人力成本就达20万元左右。而且团队人员还需要磨合，在运营期间如果不合适，还需要不断地更换。这样就需要大量的时间和金钱作为支撑，对于中小企业来说会有很大的压力。所以，在开店前期，中小企业最好找代运营公司合作，一段时间后，店铺运营步入正常轨道，商家可考虑自己运营，当然如果忙不过来，也可以将一部分业务外包出去。

我们说要做时间的朋友，时代的发展会带来新机会。如今，天猫代运营第一的公司叫宝尊电商，这家公司现在已经上市，每年的营业额超过200亿元。

电商代运营的创新思维里，有识别发展趋势、判断发展机会的进化思维。

小米新国货

关于全球市场，雷军曾表示，自己现在有一个很深的感受，越看全球市场和产业变化，越觉得未来十年都是属于中国的，“再过十年、二十年，中国所有的国货都将崛起”。随着手机的崛起，雷军认为，中国各行各业的电子消费品会在全世界市场形成一种风潮，即中国制造的产品不仅质量好，而且价格公道。“我认为未来会有一批中国品牌在全球崛起，这已经势不可挡。”

产业创新的重要因素是核心技术创新、商业模式创新。雷军认为，创新精神、创新文化对企业、产业发展至关重要，小米是身体力行者。要充分利用科技发展、利用"互联网+"，发扬工匠精神，认真做好每一件产品，助力"中国制造转型升级"。同时切实追求效率，以最好的质量、最便宜的价格惠及民众，推动"新国货"。

小米用互联网模式干掉了中间环节，致力于做出最具性价比的优质科技产品。不仅如此，它还建立了全球最大的消费类物联网平台。连接超过1亿台智能设备，MIUI月活跃用户达到2.42亿。小米系投资的公司接近400家，覆盖智能硬件、生活消费用品、教育、游戏、文娱、医疗健康、金融等领域。

小米的创新思维里，体现着用发展的眼光看问题、判断发展趋势、抓住发展机会的进化思维。

毛泽东与《论持久战》

抗日战争全面爆发后，日军相继攻陷北平、天津、上海、南京等地。一时间，对抗战失去信心者大肆宣扬悲观失望的中国"亡国论"，严重扰乱抗战军心民心。1937年9月八路军取得平型关大捷，1938年三四月间中国军队取得台儿庄大捷，于是又有人高唱迅速击败日本的中国"速胜论"，但就当时中日两军的实际情况而言是不太现实的。

为彻底批驳"亡国论""速胜论"，毛泽东撰写了关于抗战理论的著作，对全面抗战10个月来的战争经历和经验做了总结性的概括与解释，回应全国人民关于抗战前途、抗战策略、抗战方式的关切，从而指明抗日战争的前进方向。

《论持久战》系统阐明了中国共产党的持久抗战战略总方针，是中国共产党指导抗日战争的纲领性文献，不仅指明了经过持久抗战中国人民必能取得最后胜利的光明前景，而且提出了在战争中发动群众、依靠群众，通过持久战不断削弱日军优势、壮大和发展自己的有生力量、夺取抗战胜利的抗战策略，大大增强了人们坚持抗战的决心和信心。

毛泽东《论持久战》的创新思维里，有识别发展阶段、判断发展机会、前瞻预测的进化思维。

进化思维能力的增值做法

具有进化思维能力的人，或者说进化思维者，会有以下一些创新增值的做法。

主动应对变化：对变化敏感，主动接受和应对

进化思维者，总是能够对自己和周围的变化保持敏感，因为他们知道这个世界上唯一不变的就是变化。大多数人都喜欢待在自己的舒适区，不喜欢改变，因为改变就意味着有更多的不确定性，这种不确定性会让人没有安全感。

进化思维者，总是能够积极地察觉到变化，并主动接受和应对，甚至很多大型企业的价值观就是“拥抱变化”。只有拥抱变化，才不会被变化打得措手不及，并在变化中时常领先一步。

识别发展潜力：识别变化和趋势的价值，区分信号和噪声

进化思维者，能够识别变化和趋势中的价值。变化会给原有

的确定性带来比较大的挑战，同时变化往往也意味着新机会的出现，而进化思维者则是把握住机会的那个。市场中的变化总是接二连三地出现，有些人反应迟钝，对变化充耳不闻，而有些人则反应过度，过度投入导致资源的浪费。唯有进化思维者，能够准确区分变化中的信号和噪声，在信号一开始出现时就抓住机会。

选择发展轨道：将发展趋势与自身结合，选择最优发展潜力的方向

进化思维者，能够将外部的发展趋势和自身的优势结合起来，选择一个最优的方向投入资源和力量。

“太阳底下没有新鲜事”，换句话说，过去发生的事情在未来大概率还会发生，只是呈现的形式可能不一样而已。所以说，对于过去事物发生规律的总结和抽象，有助于我们结合自身的优势能力来制订未来的计划。进化思维者会不断洞察身边事物的变化，并努力从中找寻一定的变化规律，然后对事物的发展做出前瞻性的判断，同时不断尝试把自己的发展阶段和这种规律结合起来，最终找到自己的发展节奏，不断动态调整，走在持续进化的大方向上。

识别发展阶段：判断进入时机，避免做“韭菜”

进化思维者，能够根据变化判断进入的时机，不盲目投入。因为事物的发展一般都会遵循一定的规律和周期，不同的阶段也会具备不同的特征，这种特征决定着和外部事物的相容性。有些

阶段可能是旺盛期，有些阶段可能是衰退期。这就要求我们看待一个事物之前要先判断它处在哪个阶段，再决定采取什么样的方式去应对和投入。进化思维者会更多关注外部趋势的发展，根据实际情况不断变换在时间上的思考尺度，从而打开视野，选择最佳的入场时机。

前瞻预测：提前布局和应对

进化思维者，总是能够主动求变，对变化可能产生的结果提前布局和应对。想象力是人类独有的天赋，这种能力能够让我们在过去认识的基础上抽象出还没有实质发生的事物和形象。这也就意味着，我们可以预测出一些未来的变化，并且可以有针对性地调整我们的计划，做出一些应对变化的准备。

进化思维者会根据事物的发展总结和抽象规律，同时也会洞察外部环境发展的趋势。当把事物发展的规律和外部环境的趋势结合起来之后，我们的前瞻性预测也将越来越准确，这将增加我们对创新落地的笃定感。

习得进化思维能力的方法工具

进化思维能力也有两大思维模型来支撑，分别是第二曲线和分形创新。第二曲线是混沌学园最经典也最知名的思维模型，它能最大程度帮助我们看透时代发展和商业创新的规律，将企业发展与时代发展相结合。分形创新，是第二曲线创新的最佳途径。

第二曲线

企业为什么要创新？最直接的目的是获得增长，这是所有企业的首要战略目标，而增长有以下两种性质。

企业级增长：基于连续性的保护性思维，企业的隐含假设是连续性，重点在于管理和延续。

市场级增长：基于非连续性的破坏性思维，市场的隐含假设是非连续性，重点是创新与破坏。市场不会保护谁，谁顺应时代创造更大价值，谁就能发展；谁落伍于时代，不能创造价值，谁就面临被淘汰的局面。而市场整体上保持增长，因为市场在产出更大价值。

从这两种增长的对比中，我们得到启示：既然市场的增长速度大于企业的增长速度，何不将市场的创造性破坏模式引入企业。这种模式，就是第二曲线式创新（见图 5-2）。第二曲线的思维模型还可细分成三个模型：S 曲线、第一曲线和第二曲线。

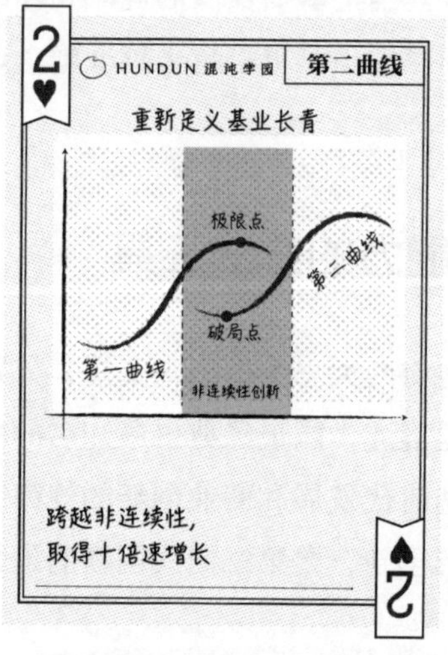

图 5-2 第二曲线思维模型扑克牌

S 曲线

要了解第二曲线创新，我们需要引入一个创新的元模型——著名的“S 曲线”。任何一个品类，无论是技术提升、产品创新，还是公司和产业的发展，随着时间的推移，最后的增长形态都呈“S 曲线”。

S 曲线反映事物随时间发展的客观规律，从中我们能把握历史、现在和未来，掌握趋势、判断阶段、抓住时机，它是“以发展的眼光看问题”的原模型。

第一曲线

一家企业已经存在的主流业务所在的那条 S 曲线就是第一曲线。企业可以持续在第一曲线上发展，这就对应着渐进式创新，把原来的业务越做越好。由于在连续的一条 S 曲线上，所以第一曲线的创新和渐进式创新也叫连续性创新。连续性创新很重要，但是连续性创新有一个隐含假设：只要努力，就能持续增长。然而，沿着同一条 S 曲线的连续性创新存在一个致命的问题——连续性创新不可能无限持续下去，无论是技术、产品、组织还是公司等，一定会到达极限点。大量的数据和案例揭示了企业的两大终极宿命：无论企业的规模有多大，其“寿命”都有上限；企业规模越大，增长速度越慢。

第二曲线

熊彼特说：“‘创造性破坏’主要不是通过价格的竞争而是依靠创新的竞争实现的。每一次大规模的创新都淘汰旧的技术和生产体系，并建立起新的生产体系。”

第二曲线，不是第一曲线的延续，而是另起一条新的S曲线。由于不在同一条曲线上，中间就不是连续的，所以第二曲线的创新也就是非连续性创新。比如，字节跳动的第一曲线是新闻领域的今日头条，第二曲线是短视频领域的抖音。再比如，微软的第一曲线是PC操作系统和软件，第二曲线是企业级云计算服务。

一个企业要想“长寿”，需要从管理和创新两个方面入手。从管理的角度来看，企业应该尽量延长第一曲线的“生命”，以应对既有市场；而从创新的角度出发，企业应启动第二曲线，以应对新兴的市场机会。

企业基业长青的具体方法论是“守正出奇”。“守正”是指企业要对第一曲线进行管理，相对保守一些也没有关系。规模越大越好，收入越多越好，可以通过扩大企业规模来延长第一曲线，推迟“极限点”可能出现的时间。“出奇”则是指企业在对待第二曲线创新时，一定要积极进取，通过对第二曲线的扶持，为企业赢得全新的增长空间。

分形创新

达尔文信奉“自然界无飞跃”这一格言。在他看来，一个物种不是通过“革新”“神奇的进步”而突然变为另一个物种，进化是一个自然选择的过程，缓慢而稳定。可以说生物进化的原理为：变异+选择=新物种。

自然界无飞跃，创新也是如此。新物种来源于变异和自然选择的共同作用，而创新的本质便是变异，自然选择可以类比为市场选择。这便是进化和创新的“同构性”。

第一曲线是企业的主营业务，在其上会产生无数具有多样性的次级创新，表现为无数的小 S 曲线，所有的小 S 曲线都在促进企业主营业务的增长。需要强调的是，企业的次级创新都是从第一曲线中“生长”出来的。创新源于主营业务日常的不断迭代，当其中某个次级创新受到消费者、市场或者资本等的青睐，就有可能成长为第二曲线，所以第二曲线是长出来的，绝对不是遵循多元化理论发展的结果。

分形创新，就是企业从第一曲线长出第二曲线的方式（见图 5-3）。

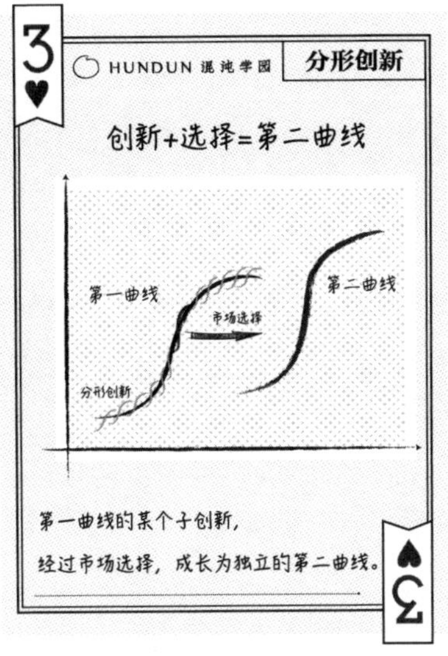

图 5-3　分形创新思维模型扑克牌

亚马逊、阿里巴巴、美团等企业的新业务绝非出自全新设计与布局，而是从第一曲线业务中破土而出的，并在经历市场的选择之后，为企业带来了全新的市场空间和增长活力。

所谓第二曲线创新，并不是让企业放弃主营业务去布局新业务。恰好相反，第二曲线创新让企业更沉浸于主营业务，通过创新加强主营业务的发展，从更多的创新中分形出第二曲线。第二曲线是从第一曲线的分形创新中生长而来的，新业务是创新的自然结果。事实上，分形创新理论不只适用于大公司，也适用于小公司，不只适用于商业领域，也适用于个人成长领域。

第 6 章
差异思维能力

洞察空间的能力，大局思考，与众不同

具有差异思维能力，代表我们的思维能朝“不同”的方向去看问题，往往与众人的视角不同。美团的王兴是这方面的代表，大家做团购都做产品，而美团做服务，大家做酒店都做异地住宿，而美团做同城住宿，这使得美团总能在竞争中找到突围之路。

差异思维能力的定义与原理

差异思维能力的定义

创新力的第三项，是差异思维能力，就是“洞察空间的能力”。

差异思维能力，是破除常规，逆向思考，反从众、反主流地向外看，识别边缘空间，从全局视角出发，重构价值链条和差异化优势的思维能力。

差异思维的作用，是实现“与其更好，不如不同”、找到最佳生态位的创新。差异思维，让我们朝着与众不同、与常规不同、与经验不同、与主流认知不同的方向，找到新的生存空间和发展空间。差异思维，也是创新思维当中比较基础和常用的思维模式。差异思维，与我们常说的“逆向思维”是相似的，只不过逆向思维是差异思维的一部分，差异思维比逆向思维的范围更广阔一些。

差异思维是在空间维度上的心智拉伸，向空间的远处看去，以全局的眼光来看问题。差异思维的高手，就像战场上善于看地图的元帅，能够从大局出发，识别重点空间和非重点空间，能够找到自己的优势空间而避免劣势空间。没有差异思维的人，就像战场上看不懂地图、凭借眼前的局部视角来带兵打仗的将领，往往是硬打硬冲的莽夫，虽然勇猛但难以有大作为。

差异思维的代表：王兴与美团

王兴和美团的发展常常是走在差异思维的道路上，总是能够看到与众不同的视野。在团购大战时，所有的同行都一致地在一线城市投重兵缠斗，美团则从全局思考，认为一线城市不是好战场，而二线城市才是好的重点战场。美团把重点资源投入二线城市，那里竞争没有一线城市激烈，玩家少。而用户原本没有太高的预期，可选择的团购平台也不多，容易被满足、被收为有忠诚度的复购用户。王兴这种极为精准的战略判断，就来自在全局观下找差异化重点的思维。

差异思维能力的数学原理

差异思维从数学上看是分数思想，指向增值击穿阈值的最佳方向，找到空间上最有利的战场，找到玩家少、可提升空间大的潜力空间。

分数的分母，当然就是同行玩家。做的人越多，说明资源被越多的人分。所以，创新力强的人，往往警惕人多的地方，反而会看哪里是大家没有注意的地方。分数的分子，是增值的空间，也就是还有多少价值可以挖掘。大家看得上的地方，往往市场要求高、用户要求高、已有产品的门槛高，这些地方的提升空间不大。大家看不上的地方，反倒可能市场要求低、用户要求低、现有产品的价值和门槛低，这就带来了巨大的增值空间。这也是为什么用差异思维分析出来的结果，很多都是去边缘市场、下沉市场、低端市场，因为分数的分子大、分母小，容易击穿阈值。（见图 6–1）

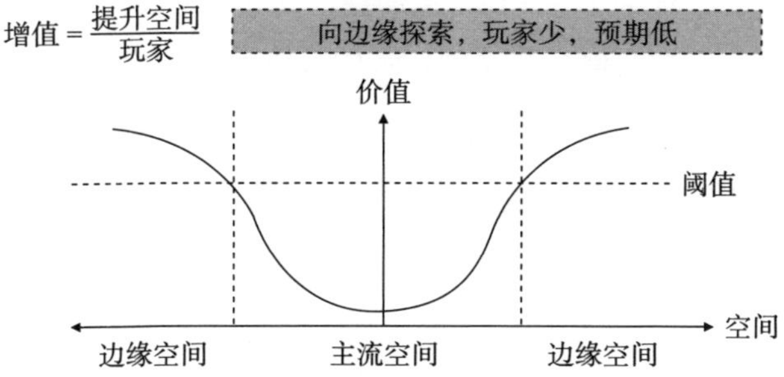

图 6–1　差异思维能力的数学原理

差异思维和传统思维的对比

传统管理中的商业选择、决策和团队管理，往往以科学管理著称。所谓科学管理，最大的特点是向错误率最低的方向努力。怎样才是错误率最低呢？它有几个特点：有多个成功经验的实证；更多的人认可和支持；抓近处可见的价值。

这就导致传统管理者思维方式往往从众，跟风主流，眼光限于局部。创新的人追求的不是错误率最低，而是潜力最大，他们思考的是如何增值。因此，差异思维能力强的人与具有传统思维的人相比，有几点重大不同。

从众与反从众，主流与边缘

传统思维从众、跟从主流认知；而差异思维反从众，善于独立思考，倾向于向边缘思考。

可以说，错误率最低的方向，就是主流认知的方向。主流认知的方向，是管理者减少变数、增加稳定性和效率的方向，往往没有创新空间。克里斯坦森在《创新者的窘境》中给出了自己的判断："事实上，这些企业都以管理卓越而著称。良好的管理恰恰是它们未能保持领先地位的最主要的原因。"① 这个发人深省的观点贯穿全书，旧版《创新者的窘境》腰封的醒目位置上印着这样一句话："就算我们把每件事情都做对了，仍有可能错失城池；面对新技术和新市场，往往导致失败的恰好是完美无瑕的管理。"

而创新的方向，往往与主流认知不同，这也正是差异思维的用力方向。与主流相对的，是边缘。创新的空间，一般来自边缘。事实上，几乎所有伟大的创新均来自边缘，这些创新在诞生之初也常常鲜有人问津。比如，拼多多的创新方向，就选择了当时主流认知难以关注到的边缘，即后来被称为"下沉市场""五环外人群"的

---

① ［美］克莱顿·克里斯坦森，《创新者的窘境》，中信出版社，2010 年。

三到六线城市。如果拼多多选择大家都已经认可的主流市场，那么大概率会死在已经在位的阿里巴巴和京东的绞杀之下，是没有发展空间的。

《连线》杂志的创始主编凯文·凯利曾做过如下论述："颠覆性的科技和公司、产品等，往往来自边缘化市场。可能在刚开始时，你会发现它的质量很差、风险很高、利润很少、规模很小，甚至这个市场本身也从未被认证或证实过。没有在位企业愿意进入这样糟糕的市场，但对创业公司而言却别无选择，它们没有市场、没有客户、没有资源、没有钱，无法在主流市场中竞争，只能进入边缘化市场。但也正是这个原因，创业公司很容易颠覆我们的科技，它们在做与众不同的边缘产品。"

局部视角与全局视角

传统思维看近处、看局部，差异思维看远处、看全局。

传统管理者打不开思路，容易跟从大众和主流，还在于心智局限，也就是目光短浅、局限。如果只看到近处的空间，那么往往是你能看到的大家都能看到，你觉得重要的大家都觉得重要，你认为有利可图的大家都认为有利可图。于是，你就会处处与众多竞争者硬碰，将众多资源投入各个近处的局部战场，打来打去也没什么根本的变化。

创新的思维方式，是把眼光放在全局，从全局视角看各个局部的生态位，找有利于自己的空间和生态位。有了大局观和全局视野，你能看到别人看不到的，你能发现大家没有意识到的重点，能挖掘到尚未充分开发的潜力，能直击对手的空白和弱点。

楚汉相争，项羽与刘邦就是传统思维和差异思维的代表。项羽的眼光都在近处，在与刘邦短兵相接的地方。项羽带兵打仗所向披靡，无论他去哪里都能打赢，但他却输了全国战场。刘邦却能看到全局，不仅仅局限于他与项羽对峙相抗的地方。刘邦自己在荥阳与项羽对峙，派彭越打游击，专门破坏项羽的补给线，派韩信战略迂回开辟第二战场，并策反项羽的大将英布颠覆项羽的后方。最后，项羽发现自己已经被刘邦包围，才有了垓下之围、自刎江东。

差异思维能力的作用

差异思维能力可以帮助我们实现增值，从创新的两个层次价值来看，其作用为：

解决复杂问题——找到生态位，在竞争环境中求生存、图发展。

寻找新机会——拓展发展边界，找到新价值、新市场、新技术等新要素。

解决复杂问题：找到生态位，在竞争环境中求生存、图发展

差异思维能力最直观的使用场景就是看竞争环境，找到合适自己的生态位，在有利的生态位生存发展。生态环境是动态发展的，在环境中的同业对手、上下游等都在动态变化，差异思维能够帮我们看清哪里是最有利的生态空间。具体来说，差异思维能力可以帮助我们解答以下问题：

如何从从众到独立思考？

如何接受不确定性，保持好奇心？

如何识别企业和业务自身的竞争生态位？

如何正确看待竞争对手的价值和优劣势？

如何找到业务的差异化价值，建立业务核心竞争力？

如何找到蓝海业务的空间和机会，从而在竞争中占据优势，甚至不竞争？

如何识别组织和个人的差异化优势，建立核心竞争力？

如何明确组织边界，准确把握各部门核心发力点？

寻找新机会：拓展发展边界，找到新价值、新市场、新技术等新要素

差异思维能力，更加宏大的力量是拓展我们的空间大局观，甚至是“以上帝视角”来看问题。差异思维能力强的人，可以打开视野的局限，打破常规的边界，跨界地看到和整合更大的局面。有了差异思维，我们可以从产品视角扩展到品类视角，从企业视角扩展到产业视角，从地方视角扩展到全国视角。打开视角后，我们能找到新的价值，看到原来看不到的、能为我们所用的新市场、新技术等新要素。具体来说，差异思维能力可以帮助我们解答以下问题：

如何从封闭到开放？

如何跨界探索，发掘新的可用要素，如技术、市场等？

如何从全局看局部，识别差异价值，建立核心能力，探索多元战略？

如何建立全局思维，识别价值链整体分布，找到价值高点和低

点，探索产业价值升级？

如何让组织对新业务现象保持敏感？

如何让组织保持对未知商业空间的探索动力？

哥伦布开拓新大陆

1492年哥伦布横渡大西洋发现美洲新大陆，可以说是人类文明史上最重要的创新之一。当时他的目标是到达印度，受西班牙国王的委托，去印度获得欧洲人所需要的香料，开辟一条新的贸易通道。彼时欧洲人已经知道如何到达印度，先走地中海，再通过欧亚大陆桥，进入印度洋到达印度。然而这条人人皆知的道路对于哥伦布和西班牙国王来说却没什么空间，这条路上有很多竞争对手，强大的如威尼斯商人，同时还要被奥斯曼土耳其盘剥。

哥伦布思考的是，能否另辟蹊径，开拓一条没人走过的新路。他从大局观出发，依据地球是圆的这个朴素但科学的观念，认为即使与主流意见相反，往西航行也能到达目的地。于是哥伦布在方向大致正确的基础上，带上三艘船和西班牙国王的授权，踏上了创新开拓之路。最终，哥伦布没有到达印度，却发现了全新的、巨大的新空间，这就是美洲。

哥伦布的创新思维中，有反从众、有边缘思考、有全局思考，是典型的差异思维。

毛泽东的“农村包围城市”

按主流常规的经验，争夺大城市是大家的共识，也是早期红军高层的共识。然而，大城市是敌人重兵驻守的地方，力量相对而言是敌强我弱。毛泽东则看到了别人没有关注的空间，没有盲从主流，而是向边缘看，从中国全局出发，认为广大农村是一片大有可为且对手没有相对优势的空间。他提出的“农村包围城市”战略，可谓伟大的创新。

网易做严选

网易严选是电商市场进入后半段才出现的。当时电商模式的主流是以多为好。商品侧要尽量丰富，越多越好，这样不管是哪类消费者都能买到适合自己的商品。然而网易并没有按主流的套路来做电商，它有新的思路。

网易看到了消费趋势的变化，以及新消费观和消费升级的人群。原来大家对消费人群归类，往往会简单分成普通大众和高端人群，普通大众需要便宜的、可选择多的货，高端人群需要好的、精挑细选的货。而随着中国的发展，在大家都看到的、常见的、固化的视野之外，在边缘中有了新的消费群体，那就是需要消费升级的人群。这些人不愿意花时间去淘便宜货，他们需要品质好的产品，愿意支付多一点的钱，但又达不到高端人群的消费观和消费水平。于是，网易看到了严选这条路，帮助新消费人群去严选性价比高的好产品。消费者不需要在众多、无法分辨的货物中做选择，因为选择对于很多人来说是件有负担的事情。网易替消费者做了品质上的选择，给消费者提供了便利。

网易严选的创新思维中，有反从众、有边缘思考，是典型的差异思维。

传音手机赢非洲

2006年，曾是波导手机海外市场负责人的竺兆江创办了传音。

它没有那么强大的研发能力和品牌实力，不能与大品牌在主流空间做斗争，而是要拉开空间看机会。传音选择进入非洲，而且第一个切入点是非洲撒哈拉以南的国家。北非在地中海沿岸，面向欧洲，经济相对富裕，是主流竞争对手的战场。而撒哈拉以南的大多数国家，是非洲的低端市场，且人口特别多，这就是性能过度的大市场。所谓“性能过度”，是指产品性能超出了消费者的需求，并且因此价格很高。2006 年，垄断非洲市场的是诺基亚和三星。作为国际化的公司，它们在非洲销售的是全球化标准产品。同样的手机，欧洲、日本、中国都在卖。这意味着性能过度。

传音将这些巨头不太在意的边缘空间，作为自己的主战场，专门挖掘这个空间。它发现了非洲用户的一些没有被满足的需求，这些对于手机行业来讲并不难实现。

首先，要方便。像中国一样，非洲也有不同的通信运营商，而且不同运营商网络的话费不一样，特别是跨网络通信的费用很高。但是，SIM 卡特别便宜。所以，为了省钱，很多非洲人的钱包中放着 2~3 张卡，对应不同的网络，可这相当不方便。2007 年，垄断非洲的诺基亚和三星都以单卡手机为主，传音看到了这个大机会，率先在非洲推出 TENCO 品牌的双卡手机。其实这并不是稀奇东西，后来传音又推出了四卡手机。非洲很多地方还缺电，居民需要从村子里跑到镇上，付费进行手机充电。传音第一个推出长待机系列的手机，待机时间可达 20~30 天。这真正给用户提供了便利。

其次，还要便宜。传音的价格等于中国山寨机的价格。2018 年其智能手机的平均售价是 454 元，功能机是 65.9 元。这么低的价格，是否意味着低毛利？2018 年，小米手机的平均毛利率是 6.19%，而传音的智能手机达到 24.29%。所以，只要成本控制得足够好，就能获得很高的毛利。

进入撒哈拉以南的国家之后，传音采用农村包围城市的战略，进入消费者中的低端市场。当覆盖完整个农村市场后，传者才开始进军城市市场。

可见，传音的创新思维中，有明显的边缘思考、建立差异化优势的差异思维。

大航海建全球贸易，形成日不落帝国

葡萄牙和西班牙探索新航路，开启了伟大的大航海时代，全球地理大发现大大扩展了西方人的视野。中国有瓷器、茶叶，东南亚和印度有香料，美洲有白银，非洲有劳动力，不同的地方都有自己的特产，而且是其他地方也需要的。有趣的是，只有大航海时代的主角西欧什么特产也没有，没什么东西可以拿来与其他地方进行交换和贸易。但是，之所以西欧是大航海时代的主角，是因为西欧人掌握着全局信息，并且梳理、串联和设计出了一整条全球价值链，塑造了全球贸易。

西班牙人在全球构建起 1+1>2 的产业链。他们从非洲运送劳动力到美洲，从美洲的银矿挖掘白银，将白银运往中国换得瓷器和茶叶，到东南亚和印度获取香料，再把这些商品运到欧洲卖掉。由此，西班牙建立了世界上第一个日不落帝国，也迅速崛起为世界上最富有的国家。之后，英国在全球贸易的基础上，由工业革命升级了产业效率，代替西班牙成为新的日不落帝国。

不管是西班牙还是英国，都是从空间上打开边界，以全局视角来进行整体思考，将各个局部的价值连接起来，形成 1+1>2 的新价值链和体系，这是差异思维的高级应用。

阿里巴巴建电商 + 金融体系

中国也有进行全局思考、价值整合的典型代表，如阿里巴巴。阿里巴巴从电子商务到 to C 的淘宝，建立起基本的电子商务平台模式，又进一步将视野放大到零售产业，从整体产业链的全局视角看发展。电商信息平台只是一部分，而产业链上有价值空间的反倒是其他环节。首先，支付是制约电商零售效率的瓶颈。于是阿里巴巴开拓边界做了支付宝，进而延伸出金融体系。这大大提升了整个电商的产业效率，电商 + 线上支付形成了电子商务的新范式。同样的道理，在物流这一个价值环节，阿里巴巴建立了菜鸟。

阿里巴巴的这些发展，透射出其大空间的思维，能够从更广阔的视角找到价值空间。本质上这是以全局视角，进行大空间思考，扩大边界，发现 1+1>2 的价值链和组合。

差异思维能力的增值做法

具有差异思维能力的人，或者叫差异思维者，会有以下一些创新增值的做法。

逆向思考

差异思维者会对主流大众的共识有所警惕，他们不盲目、不盲从、不跟风，对大众的说法、媒体的说法、权威的说法都保有独立思考和适度的批判性思维。所有人都说好的东西，差异思维者会看到其存在的问题。差异思维者会主动从大众共识的反向来思考。比如巴菲特在投资中就有逆向思考能力，用他的话讲就是“别人贪婪时我恐惧，别人恐惧时我贪婪”。

找蓝海

差异思维者会拉开视野，刻意避免玩家众多的红海市场，有意寻找玩家少一些，尤其是大玩家没有涉足的相对空白的蓝海市场。差异思维者懂得识别自身与对手的优劣势，不会拿自己的劣势去碰对方的优势，不会主动进入同质化竞争，会寻找相对优势的生态位。

探寻边缘空间

差异思维者，眼光会放远，避开近处的、大家都关注的主流空间，主动去探索边缘空间。在边缘空间中寻找有潜力的、未来会放大的价值要素。差异思维者，可以说是拿着望远镜观察战场、指挥作战的人。

全局视角，局部聚焦

差异思维者，具备全局视角，但能够局部聚焦。差异思维者能够跳出自己的小圈圈，放大空间尺度去观察、分析、判断，从全局中找到那个最易击穿阈值的局部。那个局部往往是用户需求有挖掘潜力、用户要求不高、玩家还不多或不强的地方。差异思维者找到这个局部后，会全力打下去，打透这个局部，快速击穿阈值。这就是兵法中所说的“不谋全局者，不足以谋一域”。

全局视角，价值链接

差异思维者也是拿着一张大地图来布局的人，就像大航海时代的航海家一样，看整张航海图和贯穿在航路上的价值链，做价值整合，让整体价值最大化。差异思维者能够扩大边界，让各个领域的价值产生连接，发现 1+1>2 的价值链，设计出新的价值组合，将新组合输出生成新产品、新业务、新商业模式。商业模式的大创新者，往往具备这样的能力，哈斯廷斯、贝佐斯、马云都是这方面的高手。

建立差异化优势

差异思维者，有敏感的优劣势意识，有建立优势壁垒的能力。他们知道，商场如同生态环境，一切都在变化当中，同业对手、上下游产业链、各种生产要素都在动态变化，各个局部和全局、优势和劣势都在动态中演进。所以对差异化优劣势的审视一刻也不能停，对自身所有的优势要尽量构建壁垒。自身有优势的空间，要尽量抬高门槛，扩大边界，让后来者难以涉足。并且，要观察自己所在空间的周围，有没有会跨界来打劫和碾轧的新兴威胁，提早做好准备。

习得差异思维能力的方法工具

如前所述，创新思维模型是获取创新力、发挥创新力的抓手，它使得创新力可以习得、可以应用、可以提升和积累。差异思维能力，也有两大思维模型来支撑，分别是错位竞争和低端颠覆。错位竞争是创新基础的思维模型之一，是创新基本的两大方向之一。低端颠覆，是差异思维的高级应用，是错位竞争的一种高级方式。

错位竞争

与其更好，不如不同，这就是错位竞争的思维方式。

通常情况下，绝大多数人比的是“更好”——人无我有，人有我优。而“与其更好，不如不同”的关键核心是“不同”。什么不同？价值网不同。我们把这种思维方式扩大为战略的话，就是“错位竞争”（见图 6–2）。

图 6–2　错位竞争思维模型扑克牌

初创企业、新兴业务要提高自己的成功率，不是比巨头做得更好，而是要跟巨头不同。

来往的失败与钉钉的成功

2013年12月，马云看到了微信的蓬勃发展，把各位高管集中在一起，宣誓必须做“来往”。当年流传一个段子，说阿里巴巴要求每一个员工必须拉100个人使用来往，否则年底的红包就没有了。可以说，这是集集团之力来做来往。马云曾说，宁可死在来往路上，也绝不活在微信群里。阿里巴巴，中国“最有钱”、最有资源、最有运营能力的巨头在做“更好”的事情，结果怎么样？第二年，各大社交软件市场占有率排行榜出来，第一名是微信，第二名是手机QQ，“来往”是第15名，市场份额为0.92%。阿里巴巴想做跟微信一模一样的事情，根本没有可能性，市场份额连1%都不到。

“来往”失败了，但后来的钉钉却成功了。新冠疫情期间，钉钉是极少数逆势而上的成功者。我们想想看，钉钉是服务于to B市场的，这与微信有了错位，所以迅速发展起来。错位竞争，就是把自己的优势发挥到极致的一场竞争。

所以德鲁克说，一个小企业的成功关键点，是找到一个小的生态位，在这个生态位里边取得领先的优势。这样做的效果是，让自己的优势发挥到极致，让自己的劣势变得不那么重要。

小企业想跟巨头竞争，一定不要迎头而上。如果迎头而上，巨头一挥手便能把你打倒。你一定要找到一个新的角度，找到一个有优势的边缘市场，这样才能够发展起来。

低端颠覆

低端颠覆式创新（见图 6–3）是世界级的经典创新理论，来自克里斯坦森教授的《创新者的窘境》。这个思维模型甚至定义了商业创新领域的一个专有名词——颠覆式创新。

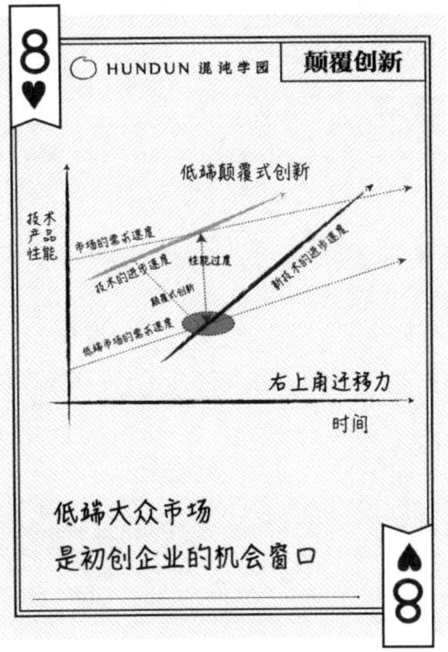

图 6–3　低端颠覆思维模型扑克牌

之所以叫颠覆，是因为这种创新一旦成形，往往影响巨大，甚至对原有主流市场带来颠覆性的冲击。但是颠覆性创新的产品刚出来的时候，它的性能往往不能满足主流市场，一开始只能拥有一些边缘消费者，这也是它能够满足的第一批人。颠覆性产品常常有几个特征：第一，价格更便宜；第二，性能更简单；第三，更方便使用。

这样的创新，既是错位竞争的一种，也是最有力的一种，因为商业进程的大趋势，就是一个让各种功能、服务更便宜、更简单、更方便的进程。商业的进步、市场的扩大、技术的应用，就是要让原来“贵族”能享受的东西，普通大众也能享受。无论是蒸汽机时代、电气时代，还是信息化时代，商业的进步都遵循这个大逻辑，最近这一波的移动互联网的发展也是如此。原来只有达官显贵或商业巨子才能享受到随时随地的信息互通，今天任何一个有智能手机的普通人都可以享受了。

第7章
破界思维能力

洞察本质的能力，升维思考，扩大边界

具有破界思维能力，代表我们的思维能朝着打破现有表象看本质、突破原有边界限制的方向思考，这是高阶的创新力。乔布斯是这方面的代表。他挑战了计算机的原有局限，打破计算机不被个人用户使用的原有假设，扩大了计算机的边界，做出了个人计算机。他挑战了传统手机的原有局限，打破了传统手机使用价值和使用方式的原有假设，扩大了手机的边界，做出了智能手机。

破界思维能力的定义和原理

破界思维能力的定义

创新力的第四项，是破界思维能力，就是“洞察本质的能力”。

破界思维能力，是打破系统边界，逻辑奇点下移，分析前提假设，识别问题背后的问题，判断什么是更关键、更有价值的真问题的思维能力。

破界思维能力的作用，是让我们能够揭开问题的表象，抓住问题本质，打破原有系统的思维局限，开展更大边界的、更有价值的创新。破界思维能力强的人，特别善于提出问题、提出好问题。这点跟克里斯坦森所著《创新者的基因》中五项技能之一“发问”非常符合。可以说，对于创新来说，问题比答案更加重要。

破界思维的代表：左晖与链家

2011 年，在链家集团董事长左晖的倡导下，链家正式实施“100% 真房源”，并承诺假一赔百。在此之前，行业惯例是真假房源同时发布，而且假房源是必要的。因为，假房源价格低、选择多，容易吸引顾客上门。等顾客上门，再通过各种销售方法留住顾客。实际上，假房源是引流的重要措施。所以，当左晖提出“真房源”，公司其他人纷纷反对。在左晖看来，大家对于行业惯例已经习惯了，提不出问题。发布假房源的惯例，是基于“流量带来交易”这样的假设前提，假房源带来流量，流量大了就有更多交易。而左晖没有停留在这样的假设上，他认为随着中国消费者逐渐成熟，中国商业将从“劣币驱逐良币”转换为“良币驱逐劣币”。他经过思考，认为“信任带来交易”将是新的假设前提，尤其是在买房卖房这个行业。用左晖自己的话来讲：“目前中国商业市场存在着一种负循环，明知道发假房源是错的，但假房源能带来消费者快速的流量，但消费者觉得上当了，下回就拒绝再信任你。”而链家敢于打破原有行业的思维边界，做真房源，“发真房源是会有竞争力，会带来消费者的信任的”。链家提出发布真房源的头几个月，无论是网站的流量，还是所有渠道的访问量，下降得都比较明显。但几个月之后，流量慢慢开始回升，目前链家网的流量比 2011 年增加了几十倍，这就是链家做真房源的效果，用户对链家的信任度在不断提升。

左晖这种创新思维，就是破界思维的典型。他不局限于原有系统边界和旧思维体系，而是打破原有的前提假设，提出了新的“真问题”——通过真房源，赢得顾客信任。从而使自己完全跳出与具体竞争对手的对抗，创造了一个全新的系统、更大的市场，让原来的问题无关紧要。这是一种思维方式的升级，是高阶的创新力。用左晖自己的话说：“我们是在跟旧的理念与思维模式竞争，而不是跟具体的谁。”

破界思维能力的逻辑原理

破界思维能力中“破界”一词，指的是打破系统的边界。那么什么是系统的边界呢？它就是一个系统成立的前提条件或者前提假设，这些前提假设构成了系统成立的必要条件。如果所有的前提假设都成立，那么这个系统就成立；但如果任何一个前提假设被证明不成立，则这个系统就不再成立，或者说这个系统就被打破了。

这种思考方式来自演绎法与公理化思想，即科学系统都始于某些原理，并以它们为基础通过演绎法推导出一系列的结论，来解释现象和预测结果。公理化是一种数学方法，最早出现在2000多年前的欧氏几何中。欧氏几何基于5条公理化的假设构建起了完整的平面几何理论系统，这就是我们非常熟悉的在初中时所学习的平面几何的由来与逻辑。

欧氏几何的5条公理化假设为：（1）过相异两点，能且只能作一条直线（直线公理）；（2）线段（有限直线）可以任意延长；（3）以任一点为圆心、任意长为半径，可作一圆（圆公理）；（4）凡是直角都相等（角公理）；（5）两直线被第三条直线所截，如果同侧两内角和小于两个直角，则两直线则会在该侧相交。基于第 5 条公理化假设，很容易推导出两条不相交的直线（平行线）被第三条直线所截时，同位角的角度相等。

而这 5 条公理也就构成了欧氏几何的适用“边界”，也就是欧氏几何系统必须在这 5 条公理化假设成立的前提下才有效，才能发挥作用。在我们的现实生活中，这 5 条公理在平面场景下是成立的，因此欧氏几何就能够非常好地指导平面场景下的几何问题推理、测量、计算等实践应用。

那么从破界思维的角度来看，什么情况下欧式几何变得不再适用而需要发展出新的理论或者系统来指导实践呢？很显然，在三维空间的场景下，第 5 条公理就有可能不成立，使得同位角命题的结论被打破，因为在三维空间里两条不相交的直线不一定是处在同一个平面里。这就意味着欧式几何的前提假设在三维场景不再成立，因此我们无法运用欧氏几何的理论系统来解决三维场景的问题。

新问题的出现使人们意识到原有系统成立的前提条件不再百分之百适用，必须要识别出适用于新问题所在场景的新的前提假设，并基于这些前提假设构建新的系统，这样才能解决新的问题。如果能够定义出三维场景下的公理化假设并以此为前提，演绎构建立体几何的系统，那么这个系统就能够用于解决欧氏几何无法解决的三维场景下的几何问题。这个过程就是打破系统的原有边界，构建新系统的过程，我们将其简称为“破界”。

当我们习惯于用旧有系统解决问题时，我们对事物的认知也就自然局限在旧有系统的边界当中，旧有系统的前提假设也显得理所当然。我们将看起来理所当然的、隐含在旧有系统背后的前提假设，称作“隐含假设”。而当旧有系统面临难以解决的问题，其隐含的前提假设受到质疑并被突然打破时，我们会恍然大悟，于是我们发现难题的解决方案其实在原有系统边界之外。所以“破界”在打破系统边界的同时也打破了我们的认知边界。

在链家左晖的案例当中，行业惯例所代表的旧有系统相信“流量带来交易”，这便是旧有系统从业者所依赖的商业假设。在这样的假设下，从业者会自然地认为应该发布更多房源，甚至不惜以发布假房源的方式来获取更多流量。很显然，这样的商业假设会带来一个重大问题，就是消费者感觉上当了，这是基于上述假设的商业系统必然导致的硬伤。左晖打破了“流量带来交易”这一假设，洞察到“信任带来交易”这一更为底层的商业假设，并通过践行这样的假设建立了新的商业系统，最终被消费者广泛信任而获得巨大成功。左晖打破了行业惯例中的认知边界，实现了破界创新。

破界思维和传统思维的对比

当面临问题时，我们通常很容易根据我们所熟悉的已知系统中积累的现成经验，来进行思考与判断。比如，某家面临增长瓶颈的企业会提出这样的问题：我如何优化系统来保持快速增长？（how问题）面对这样的问题，通常容易进行的思考方式是，复盘一下原有增长方法中有哪些地方还不够努力或者不够精细，然后把更多的资源投到熟悉的方法上。比如，投入更多的精力来优化现有电话销售流程或者话术；或者盘点原有投入中哪些地方可以进一步加大从而带来增长，比如投入更多的SEM（搜索引擎营销）预算或者增加更多的电话销售人员。这样的思考方式的显著特征是，通过在已知的成熟方法基础上加大投入或进行优化来解决问题。

这种思考方式背后有一个隐含的假设，就是原有方法对于当前所面临的问题依然有效。因为这个方法在过去被验证是有效的，所以沿用原来的方法就能解决当前的问题，只是过去的优化和投入不够而已。这种假设叫作持续有效假设（或者连续性假设）。为什么会有这样的隐含假设呢？这样的假设来自人的潜意识对确定性事物的偏好与行为倾向，因为过去形成的确定性方法与观点给人带来熟悉、安全与可控的感觉。但也正是因为对安全可控的渴望，人们对既有的成熟方法或观点形成了强烈的依赖，从而很难跳出来看到解决问题的全新路径与方法。这种依赖造成人们因循守旧，故步自封，看不到新的可能性。

掌握破界思维能力的人会以怎样的思考方式来应对问题呢？

换个角度来看，如果无法准确地识别导致现在所面临问题背后的原因，其实也就很难找到真正有效的解决方法。因此，破界思维者会首先跳出当前的问题去思考其背后的原因，或者探索问题背后的“真问题”。具有破界思维的人在遇到问题时，会首先追问“这到底是一个什么样的问题？”（what 问题）以及“为什么会产生这样的问题？”（why 问题）。很显然，“what 问题”与“why 问题”很轻松地将人的注意力从“how 问题”这样的表面引到了这个问题的背后，从而跳出了表面问题所设定的思考边界。这种提出问题的方式的转变，帮助解决问题的人实现了认知的第一层破界。当不断追问“why 问题”，人们便能够更深刻地挖掘到导致表面问题背后更深层的原因，从而为更底层的认知破界做好准备。

针对前述案例中企业遇到的增长瓶颈，我们可以体会一下提问方式对于认知破界的重要作用。

首先，“how 问题”会这样提问：“我们如何让业务保持每个季度有 20% 的增长速度？”如果改用“what 问题”或者“why 问题”，会是这样：“导致业务无法保持每季度有 20% 增长率的原因是什么呢？”或者“为什么业务的季度增长率出现了下滑？”得到的答案有可能是：“我们的销售方式以电话销售为主，而最近几个月的两分钟以上的有效通话率下降了 50%。”

接下来，继续追问“why 问题”：“为什么接通率出现了这么明显的下降呢？”会有很多可能的回答：“因为我们所在的区域市场有越来越多的竞争对手在进行电话销售，我们拨打的许多客户不耐烦地反馈说最近接到好多电话都在推销跟我们类似的产品。”“我们最近的电话拒接率明显升高，偶然尝试拨打自己的手机测试了一下，发现我们的呼出号码被好几个手机系统标记为骚扰电话。”……

通过追问 why，我们不难发现导致增长瓶颈的原因存在很多可能性，如果不对原因进行追问，就简单地凭过往经验来优化话术和加大广告投入，很显然会造成盲目决策，并可能在无意识中浪费了宝贵的资源和时间。从“系统边界”来看，上面的回答告诉我们，原有商业系统有可能会出现一个或者多个假设条件失效，从而导致增长瓶颈。这些有可能失效的隐含假设包括：“电话销售是我们最有效的增长手段”，“我们所在的区域市场仍然有很大市场空间”，“用户需要我们提供的产品”。当继续对这些隐含假设进行追问——“它们还成立吗？”，我们会发现其中一些隐含假设已经随外部环境变化而变得不再有效了，也就意味着我们找到了导致增长瓶颈的更底层原因。接下来通过打破假设，这家企业大概率就可以跳出原有商业边界的限制，找到新的增长方式乃至新业务。当打破不同的隐含假设时，上面案例就可能出现不同层面的解决方案，如上述案例的解决方案可能有：（1）探索电话销售之外的更高效的销售方式，比如构建微信私域流量池进行微信社群营销；（2）拓展新的市场领域，比如新的区域市场或者新的垂直行业市场；（3）如果市场已经饱和，那么就必须挖掘客户未被满足的新需求，尝试第二曲线。

对于决策者而言，到底应该从哪个层面来打破隐含假设，选择解决方案呢？这取决于对造成增长瓶颈的核心原因的识别与相关性判断。站在行业角度，如果市场渗透率还远未饱和，那么就应该选择主营业务不变，而去找到新的增长方法论或者探索新的细分市场，这是小尺度的破界。如果市场渗透率已经非常高，那么只有通过挖掘新的市场需求来探索新业务曲线才有可能让企业实现持续的增长，这是较大尺度的破界。

从破界思维的角度来看，面对问题首先要识别表面问题背后的真问题，接下来通过不断追问和根因探索来识别导致原有系统失效的关键隐含假设。每个隐含假设的打破，都为资源投入的决策提供了一个选项，而在众多选项中准确识别出那些与当前问题最相关的关键隐含假设便成为正确决策的关键。

破界思维能力的作用

破界思维能力能帮助我们实现创新增值，从创新两个层次的价值上来看，其作用为：

解决复杂问题——破除盲区，挖掘真问题。

寻找新机会——打破边界，重塑边界，创大事，成大局。

解决复杂问题：破除盲区，本质思考，挖掘真问题

破界思维能力最常见的使用场景，就是我们在面对错综复杂问题的时候，跳出思维盲区，拨开现象看本质，剔除表层问题和细节问题，不在这上面耗费过多的资源和精力，而是找到需要解决的那个真问题、大问题、本质问题，再把资源和精力投入到这个真问题上去解决它，原来的问题便不成问题了。这不但能助我们实现原有目标，还很可能带来更大的价值创新成果。具体来说，破界思维能力可以帮助我们解答以下问题：

如何保持对组织习以为常事物的批判思维，打破思维惯性？

如何培养人才深度思考的意识？

如何培养人才升维思考的能力？

如何定义真问题？

如何挖掘问题的本质原因？

如何为公司培养“倒 T 形”人才？

寻找新机会：打破边界，重塑边界，创大事，成大局

破界思维能力更宏大的作用，是能够帮助我们打破认知边界和系统边界，建立一个更广阔的边界系统。任何事物都有边界，都有支撑其存在的隐含假设。具备破界思维能力的人，是在原有系统边界之外思考问题，打破隐含假设，在新的基石假设下重塑边界。这既能解决原有问题，还能建立一个更宏大的世界，所谓创大事、成大局，往往是破界思维能力者才有的力量。具体来说，破界思维能力可以帮助我们解答以下问题：

如何培养人才进行颠覆式创新的必要能力？

如何识别限制，看到限制业务发展的思维盲区？

如何找到限制组织创新的认知盲区？

如何找到造成业务瓶颈的组织认知盲区？

如何找到限制团队执行力的认知盲区？

如何识别与打破行业限制造成的认知盲区？

如何让组织重建共识？

如何重塑组织边界？

如何重塑业务边界，从而开创新业务、扩大组织生存空间？

如何创造根本性的变革，创大势、造大局？

乔布斯的破界思维

用户往往会在产品的具体功能上形成一些固定的使用习惯，这些习惯也就构成了系统的群体认知或隐含假设，大多数人对此熟视无睹。识别并打破既有产品在使用习惯上的“隐含假设”，便是破界思维的一种表现形式，正如我们经常听到的句式——“重新定义××产品”。乔布斯正是此中高手，他不断通过极简的设计一次又一次地创造出伟大产品。

《史蒂夫·乔布斯传》中描述了这样的场景：在开发iPod产品时，乔布斯做出了一个让同事们大吃一惊的决定——iPod上不能有开关键。

在乔布斯之前，消费电子产品行业的集体共识（隐含假设）是“电子产品应该具备开关功能”，这个隐含假设带来的问题是“所有的电子产品都需要配备复杂的物理开关键，而显得笨拙难看、易于损坏”。乔布斯却反其道而行之，打破了这个隐含假设并建立了新的商业假设——电子产品的开关键不是用户必需的。如果你一段时间不操作，没有开关键的 iPod 会自动进入休眠状态；当你触摸任意按键时，它又会自动“醒来”。在乔布斯看来，完全没有必要专门设定这样一个流程：按下去→等待关机→再见。于是，iPod 以其极简设计与拒绝烦琐的用户体验成了那个时代最畅销的电子产品。

再来看看苹果手机 iPhone，乔布斯多次在公开场合宣称：“苹果重新发明了手机。”大家不妨回想一下以诺基亚为代表的功能机，不管是翻盖式还是直板式，要么自带固定键盘，要么需要一支手写笔来配合触摸屏。那个时候，行业的共识或者隐含假设是“手机需要有固定键盘”或者“触摸屏手机需要配置手写笔”。而乔布斯打破了这些隐含假设，并借助当时已经在其他领域得以应用的电容触摸屏技术创造性地重构了手机的商业假设——“用手指操作触摸屏就能完成手机操作”。重构商业假设的结果是，苹果公司极大地延展了手机的边界，智能机时代就此拉开帷幕。

埃隆·马斯克的破界思维

太空探索技术公司 SpaceX 的创始人埃隆·马斯克是具有破界思维的典型代表人物。在 SpaceX 成立之前，美国国家航空航天局向波音公司采购的用于发射卫星或者宇宙飞船的大型运载火箭，单次发射成本高达 16 亿美元，这大大降低了美国国家航空航天局向外太空进行探索的速度与效率。之所以需要花费如此巨大的成本，是因为传统的运载火箭技术有一个关键性的行业共识或者隐含假设，就是“运载火箭只能进行一次性使用”。

而埃隆·马斯克拥有一个伟大理想“到 2050 年将 100 万人送往火星”。很显然，如果发射成本居高不下，这样的理想是根本不可能实现的。要想实现人类移民火星的理想，就必须大幅降低运载火箭的发射成本。于是，马斯克在 SpaceX 成立之初，就开始尝试打破“运载火箭只能进行一次性使用”这一隐含假设。马斯克曾经说：“只能使用一次的消耗性运载火箭，看起来就像是航空公司在每次完成飞行时丢掉他们的客机，而可重复使用的火箭则可以节省巨额成本。”

2011 年，还没有成为“钢铁侠”的马斯克就向世界宣告了“造出可重复利用的重型猎鹰火箭”的疯狂想法。之后，SpaceX 经历了多年的艰苦研发与巨资投入，设计了可重复利用的重型猎鹰火箭（Falcon Heavy），其计划是重型猎鹰火箭的三个核心推进器能够在升空后飞回着陆点，这为火箭的可重用性设定了一个全新标准；接下来，返回的推进器能够被翻新并在另一次发射中重新利用。在一次又一次推迟发射与试飞失败并面临现金流断裂的情况下，SpaceX 终于在 2018 年 2 月实现了可重复利用的猎鹰重型火箭的成功试飞，创造了航天领域的奇迹。而猎鹰重型火箭成功试飞，让火箭的单次发射成本降到了 9000 万美元，只有传统一次性运载火箭发生成本的 5%。这也使得马斯克移民火星的伟大理想往前迈进了一大步。

亚朵酒店的破界思维

亚朵从一家温暖幸福的人文酒店开始，成为新中产品质生活的入口。这是一家主打舒心微笑服务的公司，它的愿景就是打造第四空间，成就一种生活方式。亚朵酒店旗帜鲜明地提出“始于酒店，不止于酒店”。

是什么促使亚朵酒店进行创新呢？亚朵酒店的创始人王海军如

是说，酒店行业的商业模式具有很大的痛点，那就是房间的物理瓶颈，难以创造增量价值。所以，他经常问自己，酒店都要这样千篇一律吗？房间都要如此吗？能不能更有趣一些呢？酒店只能卖客房吗？……经过思考，他认为客房的本质就是空间，那么，酒店行业的本质就是在经营空间。

于是，他打破了“酒店只卖客房”这个传统酒店行业的隐含假设，洞察到“酒店是经营空间”这一更为底层的商业假设。从此，“始于酒店，不止于酒店”的创业梦想，就在他心里生根发芽了。

基于“酒店是经营空间”这样的底层商业假设，亚朵构建了自己的“人文生活酒店”。针对新中产的高品质、好体验、有趣的需求，创业初期的亚朵酒店在每一家酒店设计了竹居书吧，为住店的客人提供一个在繁忙旅行中能够安静下来的地方。同时，亚朵酒店还把书作为与用户持续连接的工具，你可以在这家店借书，在全国任何一家店还书，书就变成了人们与亚朵的温暖连接，也表达了酒店对住店客人的信任，是一种令人感到温暖的服务。同时，酒店还有属地摄影、属地早餐，用一店一设计的方案来彰显属地化特色，让人们觉得这家酒店不一样、更有趣。

经过一段时期的快速发展，新的问题出现了：“这些连接好像还不够，客户对我的记忆度不够深刻，如何增加客户的黏性？如何满足客户更多的需要呢？”于是，为了进一步夯实“酒店是在经营空间”这样的经营假设，亚朵开始推出实景电商，所见即所购。客人既然喜欢我们提供的用品，那么就可以扫码买走。随后又做了客户众筹，一开始是众筹卖床垫，一下卖了3000张，由此形成多元投资加彼此赋能的效果，让客户变成投资者，投资者又变成了客户。

从上面这些案例，我们可以看到破界思维能力为商业创新带来的巨大推动力，破界思维常常会带来范式变革性创新。而在这些破界创新发生之前，某个行业过去之所以允许问题长期存在，是因为从业者早就对问题背后的隐含假设习以为常，视之为教条了，这种习以为常使得人们对这类行业问题视而不见（行业普遍共识带来的认知盲区），丧失了批判性的探索意识，这类问题也就无从得到解决。

破界思维能力的增值做法

从上面所讲案例中我们不难看到，“破界”的缘起都是企业的决策者或者创新者首先看到了企业所属行业长期存在的、大众习以为常但未被解决的问题。他们具有发现问题的好奇心与解决这些问题的决心，带着批判性思维进行深度追问：“是什么原因造成了这样的问题？”沿着这个追问不断探索，便发现了导致问题发生的“隐含假设”。然后通过三个关键问题挑战与质疑这些隐含假设：“这个隐含假设成立吗？总是成立吗？有没有例外？”通过追问，我们便能够跳出原有隐含假设所设定的行业边界，洞察或者建立更为底层的商业假设，进而构建全新的商业价值。

事实上，尝试解决的问题越大、越底层，带来范式变革性创新的机会也就越大。一个人或一个组织能够取得成就的大小取决于他想要解决问题的大小与难度。

通过破界思维进行创新增值的典型做法或者过程如下：

首先，建立批判性思维的意识或者习惯。拥有批判性思维的人会对理所应当的观点与做法保持警觉，面对所处行业或者所在环境中习以为常的问题和做法时，会有意识地带着好奇心与追本溯源的探索心态去发问："这些问题和做法到底为什么会出现？""它们是如何产生的？"就如同乔布斯所说的"Stay hungry，Stay foolish"（求知若渴，虚心若愚）。理所应当的思维惯性强烈地限制了一个人的思考深度，而批判性思维及其背后的警觉与主动探索心态则会帮助我们从这样的限制里抽离出来，于是更容易对问题和做法产生更深刻的洞察。

然后，识别前提假设与限制条件。对遇到的问题或者大众习以为常的做法不断进行追问，我们就能够探索出导致上述状况的背后原因，就是我们前面所说的"隐含假设"。关于"隐含假设"，很多人都有这样的体会：当你通过追问自己，发现一个问题背后的成因竟是一个自己已经习以为常、显而易见的隐含假设时，会有一种恍然大悟的感觉。这让你意识到这个习以为常的观点（隐含假设）的存在，也同时让你有机会跳出这个假设来看问题。当你跳出这个假设，你的认知就已经跳出了这个假设划定的认知边界了，这时破界便成为可能。发现了隐含假设，就是发现了我们曾经习以为常的认知盲区。

接着，挑战"隐含假设"，打破局限，逻辑奇点下移。对发现的隐含假设进行挑战三问："这个隐含假设成立吗？总是成立吗？有没有例外？"你会发现有一些隐含假设是经不起这些推敲的，这些你过去认为理所当然的假设在现在看来并不总是成立的。就如"酒店只能卖客房"，通过挑战三问来进行追问，我们不难发现它并不总是成立的，酒店除了售卖客房以外，其实还能通过提供用户需要的其他价值来获得增量的收益或用户的反复购买。令用户难忘的独特人文体验、酒店周边物品的实景电商都是能够为用户提供的增量价值。从这个角度来看，“酒店是售卖客房”这一假设背后更深的商业假设（新的基石假设）是“酒店是在经营空间”。在这个基石假设之上，售卖客房与提供与客房空间相关的增量价值都是在“经营酒店的空间”。原有隐含假设被打破后，我们便能够洞察到更为底层的基石假设，这就是逻辑奇点的下移。通过逻辑奇点下移，系统的边界也得到了更大的拓展；基石假设越底层，商业可能性也就越丰富，创新的格局也就越大。

再进一步识别更为底层的基石假设。我们需要在打破旧有隐含假设后，借助对众多“例外”场景与原有系统场景的综合分析，归纳与洞察出这些场景背后更加底层与普遍适用的基石假设，比如“售卖房间”“在酒店空间营造独特的人文价值以提升用户体验并吸引复购”“售卖房间里的物品”等，这些场景背后的基石假设就是“酒店是在经营空间”。当然，掌握洞察并识别更为底层的基石假设的能力，需要我们进行大量的刻意练习。

最后，识别问题背后的真问题。我们识别到更为底层的基石假设，就意味着我们找到了表面问题背后的真问题。在亚朵酒店的案例中，表面问题是“酒店只能售卖房间且同质化竞争严重，因此酒店难以创造增量价值”，在识别新的基石假设后，真问题就变成“酒店如何更好地经营所处的整个空间来创造增量价值”，这个空间包含了房间、房间外的空间以及这些空间里所有可以被经营的事物。新的问题才是更加关键的问题，解决方案的边界被大大拓展，于是破界创新便成为可能。

由此我们可以看出，具备破界思维的创新者会呈现出一些特征：对问题充满好奇心，让人能够打破思维惯性，拥有对问题的敏锐和探索问题根因的强烈意愿；不断追问与洞察根因——“隐含假设”，不断探索问题背后的原因，以及这个原因背后的原因；有独立思考与批判精神，对理所应当的观点与做法保持警觉，挑战隐含假设，发现新的可能性；解决问题的决心，洞察更为深刻的商业假设并通过商业实践去验证。

习得破界思维能力的方法工具

破界思维能力，同样有两大思维模型来支撑，分别是组织心智和破界创新。组织心智是我们分析组织创新的阻碍、思考如何破除遮蔽、建设创新型组织的思维模型，是创新落地于组织中的关键思维。破界创新，是破除思想遮蔽、打破思维边界、让思维升级的模型，是解决大问题的最有力的思维模型。

组织心智

“75% 的组织转型以失败告终，实现自我突破的少之又少。”对此，业界有个通俗的说法：“不变等死，变了找死。”那么，企业转型到底难在何处？其实，难点并不在于转型的具体招式，而在于组织的心智模式，简称“组织心智”（见图 7-1）。

心智模式通常都是隐晦不明、无法言传、深藏不露的。人类的心智模式是根深蒂固存在于我们大脑中的思维和决策模式，它自动运行，无所不在，一旦形成，很难改变。

对于一个组织，同样也存在一套默认的思维和决策模式。组织心智是一把双刃剑，好处是在组织处于连续性发展阶段时，可以提高决策效率，降低沟通成本，并且大概率是正确的。但是，过去

图 7-1　组织心智思维模型扑克牌

的成功经验只适用于连续性的假设前提，一旦组织形成固定的心智模式，就会形成既有路径依赖，陷入放大成功经验的惯性思维模式，企业决策者总是看到自己想看到的东西。

组织心智是组织创新变革的最大障碍，它会导致组织的思维遮蔽，在新事物出现或者不确定事件发生时，表现出盲目、不知所措。克里斯坦森在《创新者的窘境》一书中说："组织通常更擅长在一个恒定环境中执行自我维持性的任务，而非应对重大变革。它们更擅长沿着一成不变的方向实施变革，而非执行其他类型的变革。"所谓"一成不变的方向"，正是组织心智的体现。任何一个企业都擅长走在自己熟悉的道路上，而非应对"第二曲线"的重大变革，这便是大多数企业转型失败的根源所在。

打破组织心智，建设创新型组织，需要从三个方面考虑。克里斯坦森教授提出了组织心智的 RPV 框架。

资源（resource）：多指公司具有的资源与人才，包括设备、技术、产品、现金、人才等。资源中最重要的就是人才，人才中最重要的是领导人才，而组织心智多半取决于领导人才的心智。

流程（process）：管理中有两大工具——流程、KPI（关键绩效指标），流程 = 提高效率 = 排斥变化。如果某个流程定义了完成某项特定任务的能力，那就等于同时定义了无法完成其他任务的能力。所以，创新型组织，需要设计适应创新的组织结构、流程。

决策价值观（value）：通常，商业组织的默认决策就是财务指标——盈利、收入、毛利率等，背后的价值观是，原来的是安全的、可见的，而安全的、可见的是对的。创新则需要引入不同的文化价值观，是新时代背景下每个企业都多多少少需要塑造的。

组织心智这个模型的关键作用就是，让我们意识到组织内任何一个人的思维都会被组织固有的心智模式局限，以及从哪些角度可以去识别这些局限：资源、流程、价值观。当我们能够意识到并识别到组织心智带给我们的局限，我们就更容易向内归因去找到那些在组织内所固有的"隐含假设"，这些隐含假设在无形之中限制了我们思考。

破界创新

问题本身比问题的答案更重要，发问的能力比解决问题的能力更重要。解决问题的人，往往是一心在原有问题的系统边界范围内用力。任何问题都是既有要素的组合，都会构成一个系统。任何系统都有边界，它的边界是由我们对这个系统的主观认知决定的。而具备高级创新力的人，是在系统之外思考和解决问题。他们的方法，是提出更加本质的问题，向下挖问题的根源，抓手是分析问题的前提假设，并努力打破原有假设。想要打破系统边界，首先要找到系统隐含的基石假设是什么。一旦打破了隐含假设，原有的系统边界就会打开，进入更大的系统。

在理解了打破固有系统，建立更大系统的过程后，我们便能得出破界创新思维模型的四大步骤：（1）定义想要解决的问题；（2）挖掘问题背后的“隐含假设”并进行挑战与打破；（3）重构新的商业假设（基石假设）；（4）基于基石假设构建新的商业系统。（见图 7–2）

图 7–2　破界创新思维模型扑克牌

“问”题定义，需要人们识别企业、行业及社会存在的未被满足的重要问题，问题的适用范围越广，解决问题后带来的创新变革越深远。定义企业的问题，可以从需求、供给、连接三个维度来分别识别市场需求、产品/服务供给、到达用户的连接方式等目前都存在哪些关键问题。定义行业的问题，可以首先拆解整个行业的端到端产业链，然后识别产业链的各个环节所面临的关键问题。最后，在这些问题里评估并选择你最想解决或者对企业和行业而言最重要的问题。

“挖”与“破”隐含假设，是最难的一步，隐含假设是企业或行业的集体共识、信念与假设，是隐形存在的教条。创新者要围绕前面所定义的问题，用层层追问的好奇心与逻辑思维，挖掘出各种各样的隐含假设。典型的追问是“这到底是一个什么问题？”“这个问题为什么重要？”“是什么原因导致了这个问题？”“还有吗？还有吗？还有吗？”通过不断追问，识别出问题背后的隐含假设，然后通过经典三问“这个假设成立吗？总是成立吗？有没有例外？除非……”去打破这个固有的隐含假设，并在“例外”与“除非”当中找到新基石假设的方向。

“立”基石假设，是建立一个更根本的基础假设，这需要创新者有足够的学识、逻辑演绎能力、经验及全局思考能力。

“见”全新系统，是最容易的一步，打破了隐含假设，创立了基石假设，便可以“遇见”这个全新系统，实现十倍速的业务增长模式。

乔布斯在产品上的破界创新，即打破了既有产品的使用习惯，重新定义了产品。他不在原有系统边界内考虑问题，打破了实体键盘这个局限，深入挖到本质问题——用户如何能够前所未有地、最方便地、简单地操作手机。这样的本质思考，使他突破了原有的思维局限，超出了实体键盘的原有假设。乔布斯由此找到了新的交互方案，用多点触控技术实现了触屏操作。他的这种破界创新的思维，使得原有的键盘如何设计、如何优化等问题都无关紧要了。从iPhone开始，实体键盘几乎从手机上消失了。

创新家应该把最重要的工作放在定义问题与寻找隐含假设上，着手解决问题的逻辑奇点，打破原有边界，找到更有价值的问题，让原有问题变得无关紧要。

福特没有解决马车的问题，但他的汽车让马车的问题变得无关紧要。同样，乔布斯并没有解决功能手机的问题，但他让功能手机的问题变得无关紧要。张小龙没有解决PC时代的即时通信问题，但他让PC即时通信的问题变得无关紧要。张一鸣也没有解决门户新闻的问题，但他让门户新闻的问题变得无关紧要。每一个行业、每一个领域，未来都必将有很强创新力的人站出来，他会让这个行业、领域的现有问题都变得无关紧要。

为什么破界创新会让原有的问题变得无关紧要呢？这是因为，人们之所以会面临难题或者麻烦，是因为当前自己的内在观点与外在现象不一致了，也就是当前的认知或者观点无法解释外在的现象。如果是一致的，人们就能够很好地理解外在的现象，而不会感受到外在现象是个问题。这给了我们一个重大的启发，那就是我们遇到问题或困难的根因是我们的一部分认知或假设已经过时了，已经不能跟上发生变化的外在环境了。所以解决问题的关键切入点就变成我们必须要找到我们认知当中那些已经过时的信念或者假设（隐含假设），打破它、重建它，这样我们才能够将自己的认知迁移到新的能够反映外在变化本质的信念或者假设（新的基石假设）上来。在这之后，我们的新认知便能够理解外在变化并解决它，从而让原来的问题消失。

总之，破界思维最重要的一步是意识到自己的思维存在局限。

Part 3
创新型组织

第8章
创新型组织

生命进化意义上的活力组织

组织难题：创新为什么在组织中很难生存

在传统的大型组织中，创新是很难生存的。这不是创新的问题，也不是组织的问题，而是创新和组织从一开始就难以相容的问题。从根本上讲，传统组织的科学管理模式，被设计出来的目的，就是避免创新，更准确来讲是避免改变。不改变，哪里有创新呢？因此创新在传统组织中难以生存。对于大部分组织来说，创新根本不会发生。

创新与传统组织模式有三大根本冲突，我们必须要看到、理解和正视这三大冲突——财务冲突、管理冲突和心智冲突。

财务冲突：创新的投资回报风险

企业是要赢利的，企业组织需要保证财务收益，控制成本和风险。创新从行为上看，就是改变。改变带来的挑战，是风险。一旦改变，那么必然会带来投入和消耗，包括人财物的投入、时间的投入，还有心智的投入。改变当然也会创造价值，但价值可能增加，也可能降低。而且，投入是马上发生的、确定发生的，但价值改变是滞后的、不确定的。

从企业的财务角度讲，创新意味着先投入后产出，投入很明显，产出不确定，有可能挣钱，更有可能赔钱，有明显的财务风险。所以，每个企业的财务部门一定是最反对创新的，因为创新与财务人员的职责正好对立。创新一开始就在组织中有一个明确的、有影响力的对手。这不是财务的问题，是组织设计的问题。

现代企业的资源投入和管理，是为确定的、短期的、可见的投入产出而设计的。

管理冲突：创新与企业管理体系的矛盾

现代企业所应用的管理体系，本质上是两大目标，配套两大系统。

第一大系统是行政管理，目的是管控和优化效率。行政管理系统，会在组织中做降本增效，建立流程化、制度化、标准化的运行体系。行政管理做得好，企业会展现出有秩序、有效率、错误少等优势。行政管理做得不好，企业就会显得很乱。行政管理还能够保护企业自身，避免不必要的消耗和损失。

第二大系统是目标管理，目的是创造和管理市场价值。所谓市场价值，就是企业给市场输出的价值，简单理解就是企业的产品对于消费者来讲有什么用。目标管理，会确定企业的价值主张，并力求稳定输出符合价值主张的价值。

传统管理体系蕴含在企业各个部门、各个层级中，它形成了一套稳定维护效率和价值主张的系统。系统中的每个管理者也需要行使管理职责，确保管理系统发挥作用，每个人都训练有素。

行政管理和目标管理，要应对和防范的正好就是创新带来的变化，由投入、消耗带来的效率变化和由创造性带来的价值变化。比如，某员工发现工序中有个地方不够好，如果他要动手去改，那么就与已经确定下来的流程相冲突，停下生产线或工作导致效率下降，这些都为原有的效率管控体系所不容。这就是典型的行政管理与创新的冲突。再比如，某员工发现了市场上有新需求，公司可以推出对应的创新产品。但是，一旦这样做，可能让老产品的价值发生动摇、改变甚至颠覆。这样对原有价值体系和团队都会带来冲击，可能会受到原来产品体系整个部门甚至公司的反对。

总之，现代企业用的传统管理体系，是为“不创新”的安全稳定而设计的。

心智冲突：组织心智

更加难以逾越的，是人心的冲突。用混沌学园常说的思维模型，就是组织心智。生活中，我们 60% 的心智模式是习惯化的。组织也是一样，团队中有 60% 的行为都是习惯化、程序化的。这种整体默认的思维方式，我们称为组织心智。一般来说，它可以提高决策效率，降低沟通成本。但是组织心智一旦成形，想改也是非常困难的。众多人都已经习以为常的心智模式，比单个人的心智模式要僵化得多。

创新的出现，就会带来对组织心智的冲击，已经习惯于既有体系的众人自然会产生不适和抵触。创新改变所带来的问题会被放大，潜力会被大家忽视，新业务所面对的未知会被拿来与老业务的已知比较。新生的改变会被大家已经固化的组织心智埋葬。在一个组织中，当某件事情在人心中被埋葬，它是不可能有活路的。

总之，创新之所以在组织中难以生存，是因为原来的组织模式是基于确定性的。从底层的理论根基，到设计的目的，都与创新所需要的条件相背离。可以说，原有的组织模式和它的理论基础，都过时了。

创新型组织的理论根基

工业时代的组织理论根基：物理学、机械论

现代管理学（目前看起来已经是传统管理学）是工业时代的产物，它很好地服务于工业时代的企业经营发展。组织领域的理论和管理实践，也是工业时代的产物，是基于工业时代对企业的要求。工业时代环境较为稳定、变化缓慢，企业给市场提供的产品、业务价值也相对稳定。那么企业在应对时代时，也需要在稳定的基础上求发展。

于是，组织就建立起了明确的分工、岗位、职责、流程、审计等体系来运转。而管理者与管理工作，就是确保组织体系正常运转，依靠管控、考核、激励等方式将组织控制在预想的范围内。经营思路上，有月计划、季度计划、年度计划甚至三年计划，对未来经营进行设想并在过程中尽量按设想实践，避免出现计划外的变故。

大家可能发现了，主流管理学和组织管理模式，其核心目的就是要最大化保持原有的确定性。换个角度来说，就是尽量避免和阻止改变。但是，创新就是要改变，这就产生了根本矛盾。企业管理和组织是多年积累的、有理论依据的、有大量实践经验的成熟体系，其力量是巨大的。因此，创新与之冲突时是弱势的，这就是为什么创新在多数企业中很难生存。

传统管理与组织模式的底层理论基础，是工业时代的整体基础——物理学及机械论。物理学和机械论指导了工业革命，也指导了后来的企业管理。其核心思想是系统论、还原论，即系统有最佳的运行方式，系统各部分以确定性的最佳组合方式，达到系统效率最大化。这就像一部机器，各个零部件严格按照原来的设计发挥作用，小到每个螺丝钉都应该避免有误差，减少一切不确定性，从而达成确定性的最大功效。然而，这一切成立的基础是，这部机器所产出的价值是被需要的。对于企业来讲也会如此，这个确定性的价值输出，是否能够一直适应时代和环境的需要呢？答案当然是否定的。

新时代的组织理论进化：生命科学

如果用“工业时代”来定义我们所处的时代，你一定不会同意。当今这个时代，变化是主流，还是不变是主流？你一定会选变化。世界一直在多变和不变稳定之间交替前行，哪个是常态，哪个是暂态呢？从大历史进程来看，变化相对不变来讲所占比重一直在增加。发展到今天，可以说我们生活在一个变化是常态、不变是暂态的大时代。

任何系统都有第一性原理，任何事物都有其底层的基石。我们能抓到更深的基石，对要处理的事物和系统就有更强更可持续的掌控。企业经营管理是一个时尚学科，由于根基浅，所以过时非常快。很多企业家和管理者，成也快败也快，不知道为什么成功，也不知道为什么失败。从一时的成功中总结出来的规律，只适用于某个特定时间、特定环境，盲目借用往往会害了自己。

创新型组织如果也停留在表象层面，同样会有巨大的风险。如果我们只是看已经创新成功的组织的套路，然后简单地套用、借鉴甚至抄袭，那么大概率不会成功，反而会引发大问题。谷歌有谷歌的组织模式，员工享有很大程度的自由可自主安排时间和感兴趣的事情。如果我们简单地认为这就是做创新型组织的方法，绝大多数公司只要一用这个方法，立刻会陷入混乱。

因此，对于创新型组织这样意义重大且难度也大的问题，需要我们往深去思考，尽量抓到底层的本质规律，找到大致正确的方向，再基于大方向探索具体的操作路径。难而正确的事情，都是这样做成的。

作为有机生命体的呈现形式之一，创新型组织的根基理论要追溯到生命科学。在多变和不确定环境中，适应力是有机体的核心能力，几十亿年的进化中所蕴含的规律是最为底层、最为本质、最为普遍，也最为持久的规律。由人所组成的组织，不管是小团队、企业、社团还是国家，都是有机体组织形态的延续，还遵循着生命科学的底层原理。

接下来，我们将从生命科学出发，来推导出有机组织的活力之源。

组织的生命力：活力与定力

第2章曾经探讨过生命体进化发展的基本原理，并以薛定谔的“生命以负熵为生”作为有机组织发展的出发点，以“不确定性”和“确定性”来区分生命组织的两种发展模式：一是创新的发展模式，就是应对更多的不确定性，将其转化为确定性；二是模仿的发展模式，就是放大原有的确定性，产出更大确定性。

我们将有机体组织追求负熵的运作能力，称为生命力。因此，维持生命力有两个方面的能力作为支撑，分别对应上述两个发展模式。

活力（创新力）：应对和处理不确定性的能力，对应创新的发展模式。

定力（模仿力）：强化和放大确定性的能力，对应模仿的发展模式。

生命组织的活力，能够让生物具备对不确定性的适应力，尤其在变化的、未知的环境中至关重要。否则机体组织就会由于不适应而衰亡。

生命组织的定力，能够让生物将已经掌握的确定性固化下来，并将其扩大到最大利益。如果没有定力，生物就会变化过度，导致确定性下降，最终在折腾中衰亡。在稳定的、已知的环境中，定力会让有机体极其适应外部环境。

组织的生命发展周期：活力与定力的平衡和矛盾

生命组织的活力和定力是并存的，它们保证了生命在一个平衡中生存发展。活力过大就会创新过度，生命体就会在瞎折腾中作死；定力过大就会保守过度，有机体就会对外界变化失去适应性，进而在变化和竞争中等死。活力和定力所占比重的多少，要看有机体所应对的环境及其自身的发展阶段。

这样的规律适用于所有生命体组织，包括人、其他动物、团体、企业等等。你会发现，当企业组织处于早期时，活力占比大，组织能力都在应对不确定性。当企业发展成熟后，定力就占据了绝对大的比重，组织能力都在应对确定性，想变一变是很难的。

组织怎样健康长寿：活力与定力的可持续循环

现在我们回到最初的目的，看看组织的最大目标——如何让有机组织健康长寿，用现代语言来说叫可持续发展。从生命的第一性原理来看，就是如何让负熵可持续提升，避免大幅度熵增。

道理也很简单，让负熵可持续提升的逻辑，就是在不确定性大的时候，用强的活力来应对和处理不确定性，在确定性大的时候，用强的定力来保持和放大确定性。

挑战在于，活力和定力很难同时兼顾，而且通常会有所偏废。组织通常会在某个相对持续的环境中强化某一种组织能力。比如，在多变的、不确定的环境中，活力在不断强化，定力就会被忽略。一旦进入确定的环境，组织往往难以适应。这就好像打乒乓球的时候，对方打来的球总是从左边过来，球员就会一直用反手，反手接球就越来越厉害。可一旦对方的球突然从右边过来，球员就会措手不及。

因此，为了能够健康长寿，组织需要同时保持活力和定力，使两者平衡，以便随时可以应用。就像人类如果要健康长寿，那么青少年要注意安全，老年人要坚持活动，劳累的时候要注意休息，安逸的时候要适当锻炼。

什么是创新型组织：外在适应力 + 内在活力

企业组织就是有机体组织的进化延续

企业组织，也是有生命的组织，是有机生命的进化延续，是由人组成的生命组织。人与企业，既是有机共同体，也有冲突关系。企业有企业的组织利益，人有人的个人利益，有时候相互统一，有时候有矛盾。这就像我们人是生命组织，而组成人这个生命组织的是细胞。每个人体细胞，其实都是生命个体，细胞和人也是有利益统一，也有利益矛盾的。也就是说，企业组织不是无机物，不是机械，而是有生命的有机组织，是有机生命在近代的进化产物。

因此，有机生命的第一性原理，对企业组织也适用。所以，企业组织的生命力，包括活力和定力。活力，是组织应对和处理不确定性的能力。定力，是组织保持和放大确定性的能力。

在多变和不确定的时代，每个人、每个组织都需要跟上时代的步伐，适应时代的要求。在多变而不确定的环境下，原有的发展模式已经不能适应了，是不能持续的。支持原有发展模式的能力，也已经不能完全适应现在的要求。在现在的中国，创新是第一发展观。

创新时代需要创新型组织。

适应力：创新型组织的外在意义

所谓创新型组织，绝不是为了创新而创新、为了变革而变革的组织，它是企业为了适应时代要求而建设的组织。创新型组织，需要提供创新发展的组织能力。就如同一个要读万卷书、行万里路的人，需要有精力、有体力。如果他的身心组织老态龙钟，那么可能难以适应外面多变而精彩的世界，只能活在自己确定的小环境中回忆过去。

创新型组织的核心意义，就在于对变化和不确定性的适应力。

活力：创新型组织的内在能力

是什么让组织有适应力呢？如果用一个词来概括，就是“活力”。组织有活力，就像一个人呈现出年轻态。有活力的年轻人，有意愿、有能力接受变化、探索未知，对未来充满想象，对新的发展既向往，又愿意投入。相反，没有活力就会呈现出老态，对变化和不确定性难以接受和应对。显出老态的人，容易活在美好的回忆、既往的成绩和既得的利益体系中，往往不愿意接受新生事物，对变化会表现出反感、排斥和阻止。

我们可以给创新型组织下一个定义：

> 创新型组织，是为人和组织应对不确定性并将其转化为确定性，实现创新发展提供组织能力的一种组织形态，其本质特征是拥有极强的内在活力，从而对外展现出极强的适应力。

那么，对于组织来说，组织的活力是什么，活力来源于哪里，活力如何建立呢？这是本章要回答的核心问题。

组织活力不足是阻碍创新的根本原因

中国企业组织的现状：普遍活力不足

中国的企业组织，生命力如何，能否健康长寿呢？答案是中国企业组织普遍活力不足，面对不确定性的应对和处理能力都较为匮乏。

大型企业定力旺盛，但活力严重不足。大型企业在“科学管理”的长期浸染之下，整个运转体系越来越固化。面对不确定性，大型企业不仅难以应对，甚至非常恐惧和排斥。

而中小型企业既没有定力，也缺乏活力。要知道，活力是应对和处理不确定性的能力，不是制造不确定性的能力。很多中小企业很乱，乱不可怕，但是乱得没有道理是可怕的。很多创业者和中小企业主，常常是这也做做、那也试试，今天跟这个风、明天找那个大师指点，但是组织本身的能力没有本质提升，组织没有产出更多确定性。什么是从不确定性转化成确定性？简单地说，就是你得知道为什么。每个阶段，自己成功是为什么，失败是为什么。只有将这些都弄得明明白白，才能让组织能力有提升，面对未来有应对能力。

创新难以在传统组织中生存，从本质上讲，就是组织发展到一定程度后，自然会发展出定力过大、活力不足的情况。也就是说，组织的运行体系越来越集中于处理确定性，丧失了对不确定性的应对处理能力，在面对新事物的时候，本能性地产生各种冲突。

这说明，这些企业组织所需要的活力是不足的，整个组织体系的几大要素都没有活力。而中国企业活力不足的现状，就会制约发展，因为未来的不确定性会越来越大。

资源：聚集于老系统，造成财务冲突

企业将资源投向哪里，哪里就会有所回报，资源去不了哪里，哪里就不可能有起色。如果要看组织活力，那就必须要看资源活力，资源都去了哪里，有没有对组织活力有所贡献。当创新需要资源的时候，资源能不能有所支持，如果不能，组织就没有活力。

传统组织的资源，往往聚集于老系统，用于已经具备的确定性，获得可以计划和计算的回报。比如一个老业务，体系都健全，利润率稳定为25%。那么公司投入1亿元，就会有2500万元的利润。如果有2亿元、3亿元，企业也愿意都投入这个业务，因为它具有确定性。很多企业还会将资源投入理财、房地产市场当中，本质也是基于一个确定的投资回报率，获得确定的收益。

然而，传统组织的资源系统没有针对不确定性的部分，组织往往没有资源投入不确定性当中。但创新就是应对和处理不确定性，一旦需要创新的时候，资源系统会天然以确定性的标准来要求这些应对不确定性的工作，这些要求一定不能得到满足，因此创新得不到资源支持。

因此，组织的资源需要活力。资源系统需要能够部分处理确定性，部分处理不确定性，并达成一个合理的平衡。以华为为例，华为会将利润中的很大部分用于研发。华为研发中的很多部分并不是马上就用得上的，而是在探索不确定性、探索未知，这给华为带来了活力。虽然未来有很多不确定性，但华为有组织活力能够应对并已经提前准备好了。这种组织活力，是华为历经 30 年而依然能持续创新发展的原因。

机制：僵化于老系统，造成管理冲突

企业组织是机制的集合，机制确保了输入和输出之间的过程，有机制才能保证这个过程是可以预期的、可以计划的、可以依赖的。有了机制就有了确定性。机制也存在活力问题，如果一个企业针对不确定性没有机制，那就是对“不确定性”这个对象的处理也是完全不确定的。两个不确定性的叠加，导致的必然结果就是极度的不确定性，约等于完全没有结果。

传统组织的机制，基本都是在处理老系统，处理的都是确定的事情。一提起机制，我们就常常想到财务机制、审批机制、考勤机制、销售管理机制等等。传统组织非常擅长把已经确定下来的，用机制固化下来，然后尽可能用 IT 系统进一步固化和自动化。组织内都逐渐习惯了按固化的机制办事，也就是做确定的事。当不确定性来临，当企业要有所改变，传统组织如果只有确定性的机制，那么这些机制本身就会阻碍创新的发生。

因此，现代企业还需要有处理不确定性的机制。正如习近平所谈到的，我们要“识变”“应变”“求变”。这三变都需要组织有机制来处理，而不是等着这些事自然而然地发生。如果一个新的业务要开展，那么必然也要有适合新业务的机制，而不是拿老业务的机制来套。

总的来说，创新型组织需要机制活力，在处理确定性的机制之外，要有独立的处理不确定性的机制，两种机制要并存。例如，当代一些走在创新前列的组织，都有自己的孵化机制和外部生态机制，通过这样的机制让探索不确定性成为常态。机制未必要把企业全部的人都牵扯进来，但是让组织保留了创新的开口和确定性的行动。

文化：遮蔽于老系统，造成心智冲突

组织内的文化氛围，对人的心智有最大的影响。我们每个人对事物的判断，很大程度上是依据文化，更准确地说是文化中的价值观。如果组织的文化价值观是倾向于确定性，那么当不确定性来到时，大家都会打心底认为这是不好的。

传统组织的文化氛围，都是基于老业务形成的，也会局限在老系统里，为维护老系统而发挥作用。随着老业务、老系统的发展稳固，文化氛围也会越来越确定，组织的每个人都会被同化。文化一旦确定下来，就会形成组织心智，在增加原有系统确定性的同时，必然对新来的不确定性有排斥。

总之，组织的文化，需要有一定的活力，也就是对不确定性的接受。在文化价值观中，要有对不确定性、变化、创造新价值的包容和认可，跟对确定性的认可达成平衡。否则，组织内一旦有创新的萌芽，就会成为每个人的敌人，被每个人批评。

人才：一切问题的根本，是缺乏有创新力的人才队伍

最后，组织活力的根本，还是人才。如果组织内的人都是不具备创新力的人，都缺乏应对和处理不确定性的能力，组织是必然没有活力的。

传统组织的人才，大多都执行力有余，创新力不足。在确定性的环境中，人才需要的就是听上级的指示，带好队伍、冲业绩。这种环境中成长起来的人才，天然倾向于先有确定性，然后通过管理和领导力去发挥管理职能。他们一旦碰到不确定性，会天然地无所适从或者直接等待上级来处理。依靠这样的人才队伍，组织是没有应对不确定性的智慧的，组织活力自然就无从谈起。

作为决策者的老板或CEO，也需要在新时代具备创新力。他们需要对带有不确定性的事物进行判断和决策，而不仅仅是看当期的确定性收益。某一个新业务，可能短期内收入不大、没有利润，但未来会是一个巨大的潜力业务。作为决策者，CEO如何判断，要怎样决策，新时代对决策者提出了更高要求。

人的创新力是组织活力的基础。

组织活力：创新型组织的升级方向和指标

组织活力：创新型组织的标志与发展方向

前文的生命组织理论，都可以同构迁移到企业组织中。能够

对多变、不确定的环境有强适应力的创新型组织，其关键的标志就是——活力。

基于此，我们想要建设创新型组织，方向就是提升组织活力，即提升组织处理不确定性的能力。

接下来，我们要看企业组织的哪些方面跟活力强相关，哪些系统是产生活力的支持系统，它们的哪些运作指标是提升活力的关键。我们这里提出一个创新型组织的模型——T-RPC 模型。四个字母各代表创新型组织的关键组成要素，分别是人才（talent）、资源（resource）、机制（process）、文化（culture）。

人才活力：具备创新力的人才——神经系统

人才是第一位的，没有人才，创新就是空谈。组织活力的第一个关键要素，就是人的活力。既然组织活力就是处理不确定性的组织能力，那么组织当中就需要有人才能够处理不确定性。在本书第 1 章、第 2 章中，我们已经定义了这种应对和处理不确定性的能力，即人的创新力——在不确定环境中寻求与创造增值的思维能力。创新型组织的关键是，组织中要有足够的、具有创新力的人才。

创新型组织的活力来源之一，是人才活力，其标志是创新人才的充足率。

人才在企业中相当于有机组织的神经系统，他们处理企业的信息，是企业智慧的来源。具有决策权的核心人才，相当于生命组织的大脑。干部人才，相当于神经系统中的关键节点。人面对不确定

性，最核心的处理能力就是大脑和神经系统。

如果创新人才缺失，没有人能胜任创新，那么组织就没有针对不确定性的基本信息处理能力。没有这样的基础，组织会在不确定的环境中出现不适的病症。要么对变化视而不见，快速衰老；要么虽然有很多行动但都不能对症下药，反倒把事情搅乱。

资源活力：用于投入不确定性的资源——新陈代谢、血液循环系统

资源支持企业的运作，资源往哪里投入，哪里就有产出。既然组织活力是处理不确定性的能力，就得看有多少资源是用于处理不确定性的。

创新型组织的活力来源之二，是资源活力，其标志是用于投入处理不确定性的资源比例。

资源在有机体中就像维持人体生理功能的能量，相当于新陈代谢和血液循环。机体在年轻的时候，新陈代谢快，血液循环强，这是因为机体需要探索大量的不确定性，需要投入更多的能量。而年老的时候，新陈代谢慢，血液循环弱，因为机体对不确定性的处理在减少。仅仅是维持确定性，对能量投入的要求就降低了。这就是为什么人到中年之后，即使我们每天吃得跟原来一样，也没有少运动，同样会发胖。

成熟的大企业往往资源活力差，它们很喜欢看到自己在原有业务上大量赢利，喜欢看到自己账上有巨量的现金。很多企业有钱之

后选择去投资房地产、理财等，这就是没有资源活力的表现，因为它们没有把资源投入在处理不确定性上。这就像人体组织一样，自身积攒的能量没有用于探索、锻炼，而是储存成脂肪。任正非谈到过的“利润有毒”，就是这个意思。

机制活力：用于处理不确定性的机制——内分泌系统

组织机制就是对组织事宜的反应和反馈，如果对某件事没有机制，那么创新在组织中就大概率不会发生。没有机制就是处在不确定性中，说明组织没有将该事转化为确定性，没有信息和决策资源给到这件事。

最简单的，一个提案者给老板提出创意，老板来决定干还是不干，这就是机制。这个机制虽然简单，但是它能处理不确定性并带来确定性。提案者提出了不确定性，老板不管决定干还是不干，都给出了确定性。如果没有这个机制，这个提案者有想法也不知道下一步该如何做，不确定性还是不确定性，得不到处理。

创新型组织的活力来源之三，是机制活力，其标志是有用于处理不确定性的运行机制。

一个企业组织中的机制，有些是处理确定性的，有些是处理不确定性的。比如财务机制、劳资机制、审计机制、客户管理机制等我们通常看到的组织机制，大多是处理确定性的。越是成熟稳定大型的企业，其机制越是处理确定性的。每个大公司都怕乱，所以要把能固化下来的都确定下来。但如果要做创新型组织，要具备组织

活力，就需要有专门处理不确定性的机制。如提案机制、QC（质量控制）机制、孵化机制、对外扫描机制、投资生态机制等等，不管是什么具体方式，关键是要有。

组织机制有点像人体组织的内分泌系统，是神经系统以外的另一重要机能调节系统。内分泌系统，就是对人体组织各项活动进行正负反馈的刺激系统。有正负反馈，就是在给人体增加确定性，防止熵增。人体当中的内分泌系统有对不确定性的处理机制，比如甲状腺。很多人都疑惑，甲状腺及其分泌的激素看似对人体没有什么意义，反而还会导致甲亢之类的疾病。其实，从生命本质来看，甲状腺的重要意义就是控制人体对不确定性的适应机制。医学上对甲状腺激素的作用有多种解释，本质上就一条，促进新陈代谢，就是提升能量的使用效率来应对新增的不确定性。甲状腺什么时候活跃？在面对突发情况、产生紧张情绪的时候，在生长发育期的时候。这些时候，就是不确定性暴涨的时候。所以，甲状腺功能亢进的人，由于甲状腺激素过多，会呈现出激进、暴躁、不稳定的状态。本质上就是身体机制要处理不确定性，但是实际上没有不确定性要处理，导致身体处于一种“没事找事”的过激状态。

文化活力：面对不确定性的文化价值观——免疫系统

文化是组织要素中最容易被忽视的一个，但它是很重要且必要的要素。在组织当中，真正的组织文化不是墙上写的那些标语，而是大家心中真正衡量事物好坏的价值观。有人看到了原有流程中的问题，提出要想办法调整改进。此时，周围的人如何评判这件事情呢？有的组织中，大家都觉得这个人没事找事，老流程都施行这么长时间了，怎么就他事多，调整改进对大家也没什么好处。还有的组织中，大家都觉得这个人有想法、有担当，如果流程优化对用户有好处、有价值，大家应该讨论一下。同样的人、同样的事，在不同的组织文化中就会得到不同的评判。在不同的评判体系下，某些组织中能够生存发展的人和事，在别的组织中就不能存活。这就是文化的力量。

创新型组织的活力来源之四，是文化活力，其标志是面对不确定性的文化价值观。

组织文化有两大作用。第一大作用是对内的，大家接受怎样的人和事，如何判断什么是好的，什么是不好的。组织中的每个人都愿意被大家接受认可，谁也不愿意被别人小看或讨厌，所以每个人都倾向于按文化价值观的要求来表现。第二大作用是对外的，也就是大家如何看待外部市场。组织中的人都倾向于按价值观来判断和讨论外部的信息和事物，接受什么信息、不接受什么信息，看好什么事物、不看好什么事物，大家很难逆着文化价值观。创新型组织需要具备一定范围、一定程度的创新文化，核心在于面对不确定性的正面且合适的态度。

可以说，企业组织的文化，就好比人体组织的免疫系统。免疫系统，对外识别和清除入侵的抗原，如病原微生物等有害物质，对内识别和清除发生突变的肿瘤细胞、衰老细胞、死亡细胞或其他有害成分，维持机体内的环境稳定和生理平衡。如果免疫系统失灵，那么人体就会受到侵害而生病。但免疫系统要留有余地，不是把外界的一切新输入和内部的一切变化都扼杀掉。比如，医学上的免疫性不孕，就是由于免疫系统将精子或卵子视为“异己”而将其排异造成的。

创新型组织的能力模型，我们可以概括为“一个目标，四个维度”。一个目标，指的是活力；四个维度，指的分别是人才、资源、机制和文化。

创新型组织与传统组织的根本区别

到底创新型组织和传统组织的根本区别是什么？我们从两个方面来做对比，一个方面是企业组织的价值体系，另一个方面是企业组织的要素体系。

两套系统与一套系统的区别

从价值体系而言，创新型组织有两套价值标准和系统，而传统组织往往只有一套。企业在市场环境中创造和输出价值，会面临不确定性和确定性。面对确定性，企业组织会有成熟稳定的经营管理系统，这是大型企业最为擅长的。面对不确定性，企业组织会形成灵活多变的创新管理系统，这是初创企业天然就生长出来的。

通常情况下，企业会偏废一套系统，初创企业会缺乏处理确定性的经营管理系统，大型企业会缺乏处理不确定性的创新管理系统。两种组织都不是理想的创新型组织，因为没有什么组织面对的是纯粹的确定性环境或纯粹的不确定性环境。尤其是大型成熟企业，大多在长期的大组织稳定系统中运行，应用西方经典管理体系，对不确定性是没有价值标准和处理系统的。而新时代所需要的创新型组织，要求两套价值标准和系统并存，在确定性和不确定性中找到平衡。

人才重要性的区别

人才的重要程度，在创新型组织和传统组织中有量级上的区别。我们是将人视作人才还是人力资源？二者是有区别的。T-RPC 模型也是在克里斯坦森教授 RPV 模型的基础上升级得来的。两种模型结构虽然从表面上看是四个要素和三个要素的区别，但本质上是创新时代的组织对人才的重视程度的区别。T-RPC 模型的要素是人才、资源、机制、文化，而 RPV 模型的要素是资源、机制和价值观。我们将人才单独提出来，并且排在第一位，而不是把人当成资源的一部分。

原有的人力资源的思想，是基于确定的价值体系，人力是支撑价值体系的资源之一。一提起资源，大家就会说“人财物”，这是实现价值的资源组合。传统组织会先谈战略、业务，然后根据这些来匹配需要什么样的人力。人在这样的体系中，要遵循确定的条条框框，做好本分的工作，实现确定的价值产出。

而创新型组织中需要人才的思想，是基于不确定的价值创造，人才不是支撑价值体系的资源，而是创造价值的来源。创新源于思维，兴于人才，成于组织，没有人哪儿有思维。人不能跟财和物并列，人才是创新的 1，其他都是 0。创新型组织，会先看创新人才，先储备领军人物，基于人才和他的创新能力、创新思路来匹配资源、配套机制。这样才能应对不确定性，因为不确定性无法由一次性的所谓战略规划来应对和处理，不能事先构建出确定的价值体系，因此需要创新型人才用他们的创新力来应对。组织要做的是，选好创新人才，给他施展的空间。

总之，创新时代对企业组织提出了新的要求，创新型组织要应对创新发展要求的大趋势。本章并没有告诉大家怎么做，而是从基础理论、第一性原理来导出创新型组织的大原则。我们相信，只要大方向、大原则正确，那么就大概率能够做成，小的波动不会影响大局。但如果大方向、大原则缺失，只学个一招半式，就是削足适履、刻舟求剑，从一开始就不可能成功。我们相信，将有很多中国企业能够成功建设成为创新型组织。我们希望，从基本原理出发，给企业一些启发：创新型组织——生命进化意义上的活力组织。

第 9 章
T-RPC 模型之人才

为企业各层级培育强创新力人才

人才是创新的核心动力，组织拥有创新人才方能应对和处理不确定性。如第 8 章所述，创新型组织所需要的人才，是在不确定性中进行价值创造。因此，人才不仅仅是支撑价值体系的资源，更是创造价值的来源。

创新人才，是解决组织不确定性、错综复杂问题的根本动力和价值来源。

任正非提出："方向要大致正确，组织要充满活力。"理清企业发展的大致方向后，充满活力的组织才能驱动企业快速奔跑。创新业务在刚开始的时候，只有一个大方向，首先要拥有一支创新人才队伍，人为先，策为后。选育和任用好创新人才，事情才能做正确。

充满活力的组织需要有充盈创新力的员工，包括决策团队、领军人物、核心班子（如创始团队），且有足够的创新人才充足率（如 A 类专业人才的密度）。创新型组织还必须具备让人才涌现出来的机制。同时，企业 HR（人力资源）团队要成为战略圆桌会议上的重要一员，帮助公司培育创新的土壤和气候。

在传统的机械型组织，员工习惯于听从老板发号施令，再按照指令执行到位。老板是公司唯一的中心，员工主要负责“低头拉车，很少抬头看路”。而创新型组织中的成员，必须应对环境的快速变化，能够解决不确定的、错综复杂的问题。整体而言，创新型组织理解并重视差异和多元，欢迎不同背景的人才，从而创造群策群力、智慧涌现的场域。在这个高能量的场域里，良将如潮，创新型人才密度很高，他们拥抱变化，对不确定性持乐观态度，喜欢挑战和本质思考，并努力做出改变。在这样的土壤和气候里，创新是自然而然涌现的结果。

决策班子：让创新从“非共识”到“存共识”

创新是做“非共识但正确的事”

创新是用不同的思维模式、行为范式解决复杂问题。在应对多变的环境时，创新型人才会不断追问：“我们今天习以为常的业务模式，它的基石假设还站得住脚吗？”创新者往往能基于“第一性原理”的思考方式，提出“打破常规”的全新解决方案。创新者的思维认知更深刻、更独到，见他人之未见；创新的新范式实施会撬动原有的奶酪，打破业已形成的利益格局。因此，所有创新在初始阶段往往是不被人理解和接受的，它生长在一个不友好的环境中，朋友很少，敌人很多。贝佐斯指出，如果要创新，必须能够承受长时间被人误解，也就是说你必须采用一个非共识但正确的观点，才能打败竞争对手。

对一项新兴业务、一个新的价值主张而言，它很难在与巨头的正面交锋中活下来。新生业务和新兴企业要在主流价值网中从巨头的锅里分一杯羹，谈何容易。在领先企业已经建立主导性优势的环境里边，任何同样的产品都会沦为鸡肋。不要过分夸大我们的执行力和努力程度，巨头的努力程度和效率比我们高得多。新兴的边缘价值网，才是初创者最可能跑赢的机会窗口。而新物种、新业务的这种边缘性、超前性，往往使它刚开始可能不被投资人认可，也可能不被市场接受。例如，在今日头条创立之初，很少有人意识到推荐搜索引擎的商业价值和应用价值。张一鸣对于信息分发的认知是远超他人的，因此他需要反复对投资人解释今日头条不是传统的新闻客户端，这是一个从非共识到存共识的过程。

对一家成熟企业而言，当曾经引以为傲的核心业务遭遇极限点时，就必须寻找新的生路，即开辟全新的战场，从而突破增长瓶颈，保持合理的增长速度，跨越 S 曲线，实现二次增长。这必然面临两条曲线转换的非连续性鸿沟问题。第一曲线是主战场，是群体共识区；第二曲线是只有少数人才能进入的非共识区。非共识的背后是一种批判性思维能力，是一种独立思考、比较和鉴别的思维倾向，包括对现有业务的基石假设进行批判式分析。创始人或决策班子首先应当具有找到非共识但有价值的创新空间的能力（见图 9–1）。马化腾曾一针见血地指出："在传统机械型组织里，一个'异端'的创新，很难获得足够的资源和支持，甚至会因为与组织过去的战略、优势相冲突而被排斥，因为企业追求精准、控制和可预期，很多创新难以找到生存空间。要想改变它，唯有构建一个新的组织形态。"

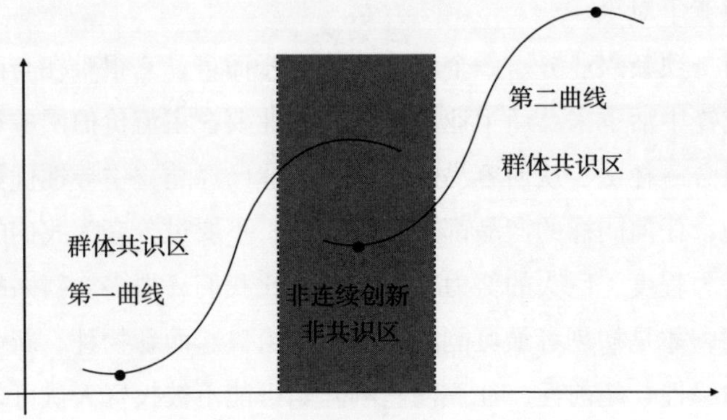

图 9–1　创新发生在非共识、非连续性区

总体而言，创新是“非共识但正确”的事情，它要求企业组织不能用过去的成功经验和价值网去限制、评判新业务的发展，而是要具体问题具体分析，用新事物该有的价值评判标准行事布局。这样才能与时俱进，不断进行动态调整，走在正确的大方向上，这对决策班子提出了很高的创新力要求。

让创新从“非共识”到“存共识”，再到“下意识”

从创新的本质看，所谓从“非共识”到“存共识”，即是决策班子在面对创新的巨大不确定性时，要有达成确定性判断、共识的过程。清华大学的朱恒源教授认为，所有创新都是对共识的挑战，都是从“非共识”到“存共识”，再到成为“下意识”的过程。这也是最考验企业家的地方——能否把“非共识”的事物，一方面通过战略引导、价值传递让内部达成共识，另一方面通过产品化设计、市场化运营，让市场接受、达成共识。

创新要取得成效，成熟公司首先要“解冻”，即减轻创新中的阻力，扫除变革中的障碍。这既包括核心业务价值网络的限制，也包括内在组织心智的限制。在变革启动阶段，很多企业家往往过于乐观，低估这种阻力，导致创新停留在口号层面，陷入僵持。例如，三星第二任会长李健熙在推动三星新经营的过程中，不无感慨地回忆说：“我就任会长一职的第二年，就宣布了二次创业的决定并强调了变化和改革的必要性，但是过了几年也毫无改变。”

当时大部分高层和员工都已经陷入了“不着边际的国内第一主义之中”，甚至反驳李健熙：每年都说这样下去会垮掉，可是现在企业还好好的，每年还有不小的利润，怎么会垮掉。二次创业陷入了僵局，公司下达 284 条指示，得到执行的只有一小部分。李健熙感慨：“50 年间形成的企业结构根深蒂固，以至于三星人无法从固定思维中摆脱出来。这样下去，三星极有可能彻底崩溃。这种焦虑的心情时常困扰着我。特别是 1992 年，从夏天到冬天那段时间，我一直深受失眠的折磨，体重至少下降了 10 公斤。”

企业要想顺利实现曲线间的转换，跨越非连续性鸿沟，必须要有从非共识到存共识，再到下意识的过程。一般情况下，决策层需要设计策略性的应对之策，通过充分而坦诚的沟通，凝聚战略性人才的共识。创新工作坊、创新型组织的参访交流成为很多企业的常用方法，其目的在于借助群策群力，打开高层的战略思维空间，让洞见流淌涌现。这一环节需要聚焦以下三个关键问题：公司的外部环境已经或正在发生的“十倍速变化”是什么？行业的“产业发展逻辑”发生了什么样的深刻变化？（第一性原理思考方式）创新发展或组织变革的“指导原则”是什么？

决策班子的创新力：识变的能力、应变的能力

正因为创新活动的这种“非共识但正确”的性质，使得决策层需要具备远超他人的强创新认知能力。他们要对充满不确定性的事物进行机会判断和风险识别，而不是仅仅看当期的确定性收益。这是新时代决策者面临的重要课题。

在这个过程中，我们要明确区分两种类型的决策——管理型决策和企业家决策。

张维迎教授在《创新特别需要企业家精神》一文中就曾表述过，我们一定要把管理决策和企业家决策分开。在企业中，95%的决策都是管理决策，不到 5% 是企业家决策，但恰恰是这 5% 的决策决定了一家公司的长期走向。一个反面的例子是，英特尔第五任 CEO 欧德林曾犯过英特尔历史上最严重的错误：乔布斯要生产 iPhone 手机的时候找到他，希望英特尔为苹果生产芯片，每个芯片 10 美元。欧德林让销售人员、财务人员、技术人员组成项目小组研究可行性，他们撰写了厚厚的报告，结论是“不”，因为研发投入巨大，而这款芯片的销量不会特别大，然后他们拒绝了乔布斯。乔布斯只好找到三星为其生产芯片，这也是三星在智能手机时代崛起的重要原因之一。事实证明，苹果手机的销量是英特尔技术专家预测的 100 多倍。在这里，生产 iPhone 手机是企业家的决策，不生产手机芯片也是企业家的决策，但是欧德林做了一个管理型决策，用数据计算得出结论，犯了一个历史性错误。

管理型决策是在以往固定的企业价值网里寻求判定标准，是应对确定性的。然而创新的事物则不一定在原有的企业价值网里行事，那管理型决策自然就不能够识别新事物的价值了。而企业

家决策有别于管理型决策的是，企业家决策往往要用更新的价值体系对机会做出判断和识别，这样的决策是系统而复杂的。

CEO、决策层对产业发展趋势要有远超他人的认知，这样才能做出符合时代的企业家决策。张一鸣、黄峥、左晖等企业家正是因为这一特质，使得他们所在企业能引领行业发展。

总之，决策班子在错综复杂的环境中，要引领企业走向新的价值网，走向更大的世界，他们最需要具备的创新力包括：第一，洞察时间和变化的进化思维，能够提前识别变化趋势，并对事物发展的价值进行判断，抓住时机，提前布局；第二，基于第一性原理思维的破界创新能力，敢于打破思维定式和企业原有价值网限制，勇于突破和担当；第三，建立适合 VUCA 时代的创新型组织的能力，让创新业务在组织中“长”出来。

领军人才：具备高阶创新力，敢战善战

领军人才：企业创新发展的首要因素

企业三个层面的业务

一家健康成长的企业就像一座生机勃勃的花园，一些植物正在萌芽生长，另一些正在开花结果，还有一些则在枯萎凋谢，而整个生态系统永生。与之对应，企业中也包含三个层面的业务：核心业务、成长业务、新兴业务（种子业务）。

核心业务是公司的粮仓和现金流来源，例如小米手机之于小米，运营商业务之于华为，iPhone 之于苹果等。强健有力的核心业务有助于构筑公司业务的主航道或生态系统，在一个充满活力的组

织中，新的人才会涌出来，新的业态会创出来，新的增长会冒出来。

成长业务增长迅猛，处在极速奔驰的赛道上。它专注于市场份额的增加，有望在短时间内超越核心业务，成为公司新的增长引擎。例如，消费者业务之于华为，抖音之于字节跳动，微信之于腾讯。成长业务是核心业务处在盛年期孕育的，这发生在核心业务遭遇极限点之前，也体现出公司的前瞻性和充足的组织活力。

新兴业务也称为“种子业务”，它处于孵化期，带有很大的不确定性。一些大型公司和行业领头羊，往往通过内部创新、内外部协同创新、投资等方式创造未来，对有潜力的种子业务进行筛选和资源倾斜。例如，2020 年，腾讯一共投资了 163 家涉及多个行业的初创公司，投资总额超过 120 亿美元。值得注意的是，腾讯更愿意保持小股东身份，避免直接插手所投资公司的管理。

领军人才是组织创新发展的关键因子

领军人才是公司核心业务、成长业务和新兴业务的掌舵人，他们是决定组织发展的关键因子。他们不是“先有米再下锅”，而是“找米下锅”。他们不是等资源、前置条件都到位了，才把事干成，而是创造条件、主动寻找资源把事干成。人事决策是战略决策的基础，没有合适的人，很难办成正确的事。无论是初创企业，还是成熟企业，都必须在关键人事决策上慎重权衡：

如何选聘靠谱的领军人才，挑起大梁把新业务干成？

靠谱的领军人才有哪些典型特征、内在禀赋，他们长什么样？

领军人才从哪来？外部猎聘，内部选拔，还是投资孵化？

如何成为一个良将如潮、猛将辈出的组织？

如何成为让人才“涌”出来、让新业务“创”出来的组织？

后面两个问题更为本质，是创新型组织区别于机械型组织的显著特征。机械型组织的关键问题不在于缺乏创意和灵感，而在于有等级森严的管控模式、层层审批的决策链条、僵硬刻板的文化氛围，无法做到对创意的快速响应，也抑制了创新型人才的成长。

领军人才创新力要求：既是改革者，又是创业者

彼得·德鲁说："所有的经济行为都是高风险的，但是吃老本（即不创新）比创造未来风险更大。"在引领业务创新的航道上，领军人才必须"破与立并行"，因此他必须兼具"改革者"和"创业者"的气质（见图 9–2）。

	改革者	+ 创业者	= 靠谱主将
创新思维	• 适应较强的不确定性 • 突破局限的内驱力	• 打破行规的创新能力 • 技术前瞻或者技术极客	
创新行为	• 果断的决策能力	• 坚韧的进取心 • 善于建立新商业模式	

图 9–2　靠谱主将的物质

改革者："从内打破"的创新力

在大型组织中，如何面对业绩不佳的业务？是投入资源扭转局面，还是干脆卖掉另谋生路？从创新行为上观察，这都需要主将具有当机立断的决策力。而这种果决的决断力，源于创新思维能力：一是对外部环境变化的敏锐性和前瞻预测能力、对不确定性较强的适应能力；二是能够不断地突破内在局限，确保企业永葆盛年的内驱力，包括争取董事会、投资人的支持和承诺，减轻变革阻力，扫除组织障碍。

创业者："从外构建"的创新力

在突破原有模式的同时，领军人才还必须具备创造新世界、开辟新战场的创新力。从创新行为上看，他们要具备坚韧的进取心、极强的成就导向，主动寻求机遇，善于抓住良机，不断建立新的商业模式。这源于创新思维，能够洞悉行业底层规律，打破既定的格局和行规，把握发展浪潮。

打造良将如潮的创新型组织形态：让领军人才涌出来

良将如潮是组织发展的最佳状态

在电视剧《亮剑》中，李云龙阐述自己的亮剑精神时指出："事实证明，一支具有优良传统的部队，往往具有培养英雄的土壤。英雄或是优秀军人的出现，往往是以集体形式出现，而不是以个体形式出现。理由很简单，他们受到同样传统的影响，养成了同样的性格与气质。例如：第二次世界大战时，苏联空军第十六航空团，P-39 飞蛇战斗机大队，竟产生了 20 名获得"苏联英雄"称号的王牌飞行员。与此同时，苏联空军某部施乌德飞行中队产生了 21 名获得"苏联英雄"称号的模范飞行员。任何一支部队都有着它自己的传统。传统是什么？传统是一种性格，是一种气质！这种传统与性格，是由这种部队组建时首任军事首长的性格与气质决定的，他给这支部队注入了灵魂。从此，不管岁月流逝，人员更迭，这支部队的灵魂永在！"

这一现象也适用于企业，如华为、阿里等公司良将如潮，群星闪耀。为何如此多良将会涌现出来呢？除了"传统的影响"之外，这些组织做了哪些正确的事情和行为呢？

很多情况下，新业务是自下而上“长”出来的，在主营业务中注入创新，新业务是自然产生的结果。这就要求企业必须致力于培育创新的土壤和气候，让创新型人才能够随着业务发展而自然涌现。

湖南广电的创新实践

湖南广电提出“芒果生态圈”概念，即“湖南卫视＋互联网+N”。N是指符合媒体产业链要求的业态。这个N要在哪里找呢？这样的系统具备三大特征，要能够变“要我创新”为“我要创新”，变“以守代攻”为“以攻代守”，变“不敢犯错”为“敢闯敢试”，最终的创新成果要使得人才、业态及增长点不断迭代，共生共赢。

一是让新的人才涌出来。创新型组织讲究平等、分享、创造，产品快速迭代。而传统组织叠床架屋、等级森严，决策过程复杂，反应迟缓。湖南广电在23条中提出了建立和完善“有芒果特质”的现代企业文化，崇尚创新、鼓励分享、提倡平等、包容发展，让有想法和能力的人才冒出来，给他们平台实践，鼓励试错成长，甚至可以让人才插队。

二是让新的业态创出来。给敢于去想、敢于去试的人才配备武器，借助资本的力量发展手游、文旅、终端等新业态。

建设良将如潮的创新型组织

每个组织都希望成为良将如潮、群星闪耀的创新型组织，那么，究竟该怎么做呢？

管理学家蒂奇曾指出，通用电器能够培养出众多的领导者并非意外，而是其独特的人才管理体系所产生的结果。它的流程、框架、各项支持措施都经过精心的思考和设计，并将公司的领导力文化深深地植入这一体系。

正所谓“宰相必起于州部，猛将必发于卒伍”，良将如潮是企业有意识地、系统地“生产”的产物。一个取得巨大成就的公司汇聚了顶级的人才，但在创业初期，企业很难直接吸引到顶级的人才，但他们却“借事修人”，通过在战争中学习战争的方式，与所在企业共同成长，最终成为顶级人才。我们将从“选用育留”四个方面加以说明。

选拔：学习敏锐度和成长速度

如果一个人能始终保持学习的热情，“自以为非”，那么他迭代的速度就会很快。创新型人才始终“stay hungry，stay foolish”，他们有着快速的学习能力，对世界好奇，保持敏锐，并能够把最新的知识应用到处理不确定的环境中。

任用：领军人才是在艰巨的商业挑战中锤炼而成的

卓越的领导者是在艰巨的商业挑战中锤炼而成的，培训只是在关键时刻给予支持，帮助他们加速成长。扭转局面、接手新任务、组织变革等都是锻造领军人才的主要方式。企业要大胆任用有潜力的青年干部到一个独立的小业务中，使之通过业务的发展，成长为主将。

培育：在战争中学习战争，借助复盘，在反思中迭代升级

训战结合，即在实践中不断历练、总结、提升。要在某一领域具有远超他人的认知，其思维的深度、高度、广度来自社会实践，创新力可以通过刻意练习习得，而实践—总结—反思—提升是最佳迭代路径。

保留：成长为事业合伙人

企业的平台需要依赖一群“同心人、同路人、同行人”共同打造，既然是共同打造，就需要创建一种“事业共创、利益共享”的机制。

事实上，创新型组织一般会将以上的指导原则应用在招聘、人才梯队建设、组织管理等工作模块中。

领军人才的来源：英雄不问出处

良将如潮，是创新型组织发展的最佳状态。在较为稳定的环境下，高管继任计划是一种有效的领军人才培养方式，它可以确保公司发展的稳定性、可持续性。但在复杂多变的环境中，传统的高管继任计划已经不能与之相匹配。领军人才可能要应对全然不同的业务场景，而机会窗口期又很短，这就使得主将的来源也表现出多样化的趋向（见图 9–3）。

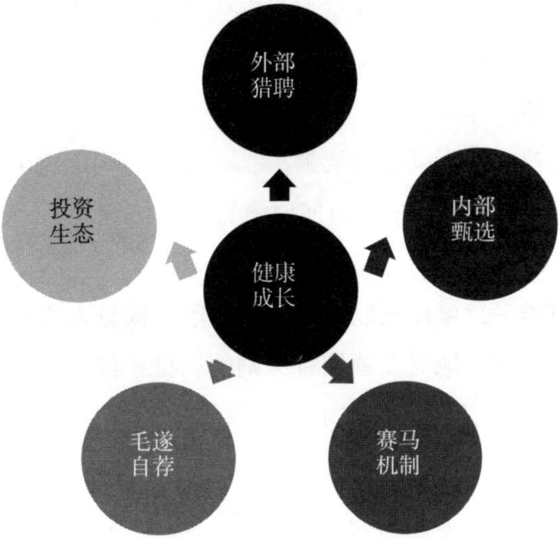

图 9–3　靠谱主将的来源

内部甄选

内部甄选是我们最熟悉的模式。内部甄选的优势在于主将熟悉公司的文化氛围，容易获取最高层的支持，对内部资源的调配也轻车熟路。但是劣势也很明显，主将在处理问题时对过往经验的路径依赖较为严重，需要通过不断学习，开阔视野进行克服。

外部猎聘

外部猎聘也是我们熟悉的模式之一。外部引进的优势在于人才思维开阔，处理问题不易受限。相比而言，劣势也较为明显，比如，融入公司的文化氛围需要较长时间，与各利益相关方的冲突，对公司情况的不了解等。

是“外来的和尚会念经”，还是“外来的和尚”注定都以失败告终，无法与内部竞争者抗衡？这两种观点都很表象化，争论也毫无意义，真正的关键是如何选对具有强创新力的主将，并在创新的早期与他们并肩作战，扫除创新的障碍，减轻变革的阻力。

毛遂自荐

毛遂自荐有两大问题需要解决：一是如何确定这个人就是你要的“毛遂”？二是“毛遂”为何愿意自荐，组织有适宜的土壤和气候吗？

针对问题一，可以从以下两方面考察：候选人是某个业务领域非常突出的人才，他对该领域有深刻的洞见；候选人在开拓业务方面有实战经验，具备从 0 到 1 把事情做成，再从 1 到 N 把事情做大的能力。

针对问题二，我们建议：候选人与决策者有畅通的沟通渠道，可以准确传达自己的想法；候选人与决策者之间建立起相互信任的关系。

有一次余承东向任正非坦言："任总，我对3G业务有非常多的想法，但因为没有资金投入研发，所以暂时没有可行性方案，我需要经费来让我'摸着石头过河'。至于最后项目到底行不行，我也不敢保证，但是我估计行。"

任正非的回答同样也非常直接："老余，我看你行！经费我批给你！我让你'摸着石头过河'！"华为公司无线业务部成立后，余承东带领他的团队从0开始，经过数年奋斗，终于在1997年推出了华为的助力GSM产品，由此进入国内市场。1998年，华为参与制定3G国际标准，成为标准制定组织成员和主要贡献者之一，在GSM产品研发上，余承东可以说是华为的领军人物。[①]

赛马机制

赛马机制是将市场破坏过气企业的方式引入公司内部，在充分竞争的情况下，通过事实和数据，优选出最强者。赛马机制要求企业具备如下条件：内部有"马"可赛，即有多个成熟的业务团队；人才密度足够，即人才充足率、人才准备度都处于较高水平；企业具备足够的资源允许试错；游戏规则清晰透明，资源公正公平，赢者通吃。

投资生态

大企业由于具备充足的财力以及流量资源，会采取投资的方式，布局未来的可能性。例如，小米的竹林式生态模式，以手机为核心，聚焦手机周边、智能硬件、生活耗材三个方向，打造小米生态。吸引各路人才是小米成立之初最核心的战略，也是如今小米最

---

① 《多面手余承东》，腾讯新闻。

引以为傲的核心竞争力。小米通过6年的实战得到了一支强大的、集合各领域人才的精英团队，在组建生态链的过程中，小米可以根据每家生态链企业团队的优势和劣势帮它们调配人才、组建团队，用最合适的人给每个团队最恰当的帮助。

创始团队：具备强创新力，聚焦问题、快速迭代

创新业务的实践是不断探索的冒险旅程

在应对变化的环境时，很多企业会做顶层设计，确保方向与产业和技术发展趋势一致；但实现目标需要依赖组织活力。企业成长之路，是“顶层设计”和“实践探索”的融合发展之路。不是画好了一条S曲线然后沿着去走，而是通过实践走出S曲线。湖南广播电视台台长吕焕斌在《媒体融合的芒果实践报告》中回望从湖南卫视到芒果超媒的变革之旅时写道：“回望这段历史，并非外界看到的那样光鲜，而是一路磕磕绊绊甚至惊心动魄。探索的路上从来没有一眼就能看到的光明，更多的是不断求索的微光相伴，是雷电交加，是雨雾阴晴，无数的反复之后才是彩虹初挂。”

在VUCA时代，创新业务在刚开始的时候只有方向，具体表现为只有“战略意图”，首要的是找对主将和创始团队。找对主将和创始团队，事情才能做正确。他们会根据大致的方向，摸索具体的作战地图，形成具体的目标、业务组合、实现路径；之后会开展试点，在试点中完善业务模式，攻克“卡点”和“难点”。市场验证一旦成功后，标志着从0到1阶段的结束，这一试点的项目团队

将迅速复制推广，设立更大的组织结构，优化流程机制，扩大队伍，实现从 1 到 N 的规模扩张（见图 9–4）。

战略意图 →	领军人才 →	作战地图 →	组织架构 →	人才队伍
发展方向	找到主将 创始团队	经营现状 战略目标 业务布局 实现路径	组织架构 流程机制	A 类岗位 人才数量 基本要求 到位时间

图 9–4　创新业务的实践路径

团队结构合理，具备强创新力

为何新浪孵化出微博，搜狐孵化出搜狗，网易孵化出网易云音乐？为何华为培育出强大的消费者业务？为何平安系枝繁叶茂，旗下平安银行、平安租赁、平安好医生、陆金所等都成为行业翘楚？这些组织在选拔主将、搭建创始团队班子方面都是非常成功的。

无论是创业公司，还是成熟公司中的初创企业，创始团队都极为关键。核心班子的结构一般会呈现出“两同两不同”：“两同”指的是使命同频，价值观同频；“两不同”指的是能力结构不同、能力互补，以及管理风格不同，执行有力。

使命同频：核心班子有共同的理想，对自己所从事的事业价值深信不疑，使命同频才能驱动拓展事业的边界。

价值观同频：价值观是人们对用户、产品、人才等事物的认知。例如，字节跳动在创业之初，始终秉持招到最好人才的原则。

能力结构不同、能力互补：从一个创意到创立一家伟大的公司，是一个复杂的过程，从企业生命周期看，四种角色 / 功能（PAEI）的发育和调整影响公司的生命历程（见图 9–5）。E（entrepreneuring）代表创新精神，创造力和愿意承担风险是两个必不可少的因素；P（performing）代表实现企业目标，也就是把创意落地的执行能力；A（administrating）代表行政管理，如流程、系统等，指导我们如何完成这项工作；I（integrating）代表整合能力，形成企业相互依赖而又亲近的文化，以滋养独一无二的企业"信念"。这四种角色的合理发育推动企业从孕育到盛年，而这需要班子成员的能力结构与之相匹配。

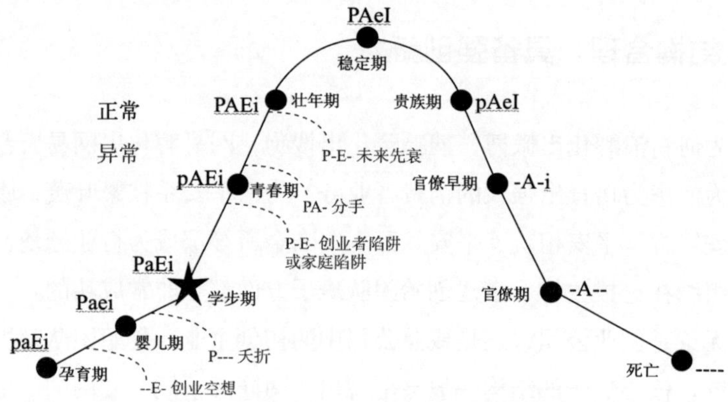

图 9–5　企业生命周期

注：字母大写表示发挥作用强，字母小写表示发挥作用弱

管理风格不同，执行有力：创始团队的组合应当符合"务实的理想主义者"风格。一方面"我们的征途是星辰大海"，体现出远大的志向、想象力和感染力；另一方面"脚踏实地"，踏踏实实把

活干出来，具备把想象变为现实的能力。

结构合理的创始班子创新力会表现在如下方面：在业务目标方向给定的情况下，能够清晰定义面临的商业问题，并对面临的内外部环境有所判断，从全局的视角去看待问题，找到能够“牵一发而动全身”的“牛鼻子”，大胆假设，小心验证，把资源集中投入最关键的地方，然后迅速打开局面。

创新型组织的 HR 团队：激活组织活力

人力资源团队角色的转变

HR 团队是公司人才观的践行者，他们需要不走样地将人才观落实到招聘、任用、培养、激励等各个人力业务环节中。在 VUCA 时代，HR 团队的角色越来越重，除了传统的角色以外，人力资源团队要担任好以下角色。

战略贯彻者：HR 负责人要成为公司战略圆桌会议上的重要一员，他们需要参与到企业战略的制定之中。这一角色被各种专家反复提及，但很多公司并未做到，人力资源团队依然扮演战略执行者的角色。如果不能从根本上理解战略的底层逻辑，则很难吸引、招募到最优秀的人才。今天，核心业务负责人担任 HR 负责人的趋势在加速，也是在弥补传统 HR 在战略高度上的不足。

创新支持者：在一个企业的变革或战略转型过程中，HR 不仅要妥善安排老员工，更要为未来每一个关键岗位找到合适人选。在成熟公司，当 CEO 发起变革时，HR 要通过变革峰会、企业大学、宣传教育等平台，让关键岗位人员理解变革的背景，使大家使命同频。而HR的终极目标是帮助公司建立一个创新型组织，让创新型人才涌现，让创意在公司内发生，让创意最终可以成长为业务。

在成熟的大公司，可控性很强，而灵活性往往不足。HR的创新力要围绕“如何激活组织的活力”这一主线开展，具体的重点工作包括以下几项。

解冻：HR牵头组织变革研讨会、创新型组织的参访交流等，打开战略性人才的思维空间，为变革创造动力。同时，寻找组织中存在的关键挑战，针对关键挑战，从组织、人才、机制、文化的维度考虑解决的办法，形成一张HR组织工作的整体蓝图。

创新：建立与变革业务相匹配的组织结构、人才结构、创新机制等。如通过创新型人才的引入，发挥“鲶鱼效应”，钻活组织活力，激活队伍活力。通过价值观的反思和变革，引导组织建立创新型的行为规范。通过激励机制的重塑，激发员工为创造价值而努力。

固基：创新成果也可以短期内“大力出奇迹”，但要使创新持续，就需要培育固化创新思维能力。新的价值观、创新力在冰山之下，即使表层（如组织结构、业务布局、排兵布阵等）发生了改变，若内在的思维认知没有变化，那这种革新就是不稳固的，最终可能又回到之前的状态。HR需要深刻认知到这一点，许多组织变革之所以失败，是因为他们过早认为稳操胜券，把取得阶段性胜利误以为取得最终胜利。因此，HR要帮助组织将创新行为融入公司文化。例如总结并分享变革中的成功故事、关键事件，将变革的核心理念渗透在员工的选拔和培育中，提拔并表彰在变革中做出贡献的个人和团队。HR的这些举措将不断强化人们为变革做出持续而有力的行动，使企业日常运营与变革愿景保持同频。

创新人才充足率：创新涌现的基础

全员具备基础创新力是创新的基座保障

创新是有价值的改变，而创新人才是这种改变发生的基础。新事物的产生是由创新思维驱动创新行为，再产生创新成果的全过程。每个阶段都需要创新人才的参与，无疑，充足的创新人才是创新效率的重要保障。

在全球独角兽企业排行榜中，中美两国旗鼓相当，上榜企业数量是排名第三的英国的 10 倍，而北京以 93 家独角兽企业的数量独占鳌头。这一成果是高创新人才充足率的映射，北京具有较强的基础科研力量，顶级高校众多，作为人才高地，孕育了独角兽诞生的土壤。

创新人才的充足能够提升创新效率。创新就是在和不确定性共舞，而固有的思维难以应对突如其来的变化。创新思维的碰撞和沟通，创新行为的执行和改进，创新成果的验证和迭代，环环相扣的每个环节都需要创新人才的参与和贡献，创新人才充足可以保证每个环节都不落下，提升部分环节的效率，进而提升整体的效率。

人才充足能够很好地应对当今信息过载和知识冗余的大环境，这为创新提供了坚实的基础。比如当我们洞察用户需求后，可以通过网上的分工协作，快速实现产品的设计、生产和投放。总体来看，创新所需要的知识和信息，越来越随处可得，成本越来越低，这种“知识跨界组合”的方式，催生了大量“有趣好玩”的新事物。

创新人才充足能够吸引更多创新人才。无疑，创新人才是一些对自己要求更高的人，他们对效率和成果都有更高的要求。所以，创新人才充足率更高的地方将会吸引更多的创新人才。人才思想的高频互动、碰撞，为创新提供了广阔的空间。当今数字技术的飞速发展、学习技术的刷新，使得各个领域的人才很容易在交流中产生火花。这种开放、重组、融合的趋势使得各种新物种不断涌现。

总之，创新想法变成产品、产业，需要高人才密度，就像是高质分子高频互动、碰撞、反应、生成的过程。

里德·哈斯廷斯和艾琳·迈耶在《不拘一格：网飞的自由与责任工作法》中提出了高人才密度的重要性。2001年的经济危机导致网飞裁减了约1/3的员工，而这并未使公司士气一蹶不振。里德·哈斯廷斯曾在裁员公示前设想，被解雇的人将大喊大闹，留下的员工也将对公司感到失望沮丧。然而，暴风雨没有发生，剩余的员工甚至"个个充满激情与活力"，不断展现创意和想法。里德·哈斯廷斯与首席人力资源官四处走访观察后发现，这是因为企业内部的人才密度急剧提升。"工作表现无论好坏，都具有感染力。此前正是一少部分人在网飞营造了不良的工作氛围。许多人的工作在细节方面做得并不好，这实际上向他人表明，表现平平也是可以的"，里德·哈斯廷斯表示。裁去了表现欠佳的员工使总人数变少了，但当团队成员个个都表现出色，积极的、具有激励作用的工作氛围将推动员工取得成就，提升团队的整体效率。这不是在鼓励裁员，事实上，自2001以来，网飞再未进行过大规模裁员。意识到"高人才密度"的重要性后，网飞开始竭尽所能地吸引并留住最优秀的人才。

字节跳动也是这一理念的忠实拥趸。张一鸣有个判断："创业公司应该提高人才的密度，增加有大局观、有好价值观、知识和能力兼备的人才，并且要让优秀人才的密度超过业务复杂度。”也就是说，优秀人才密度的增长速度，只要不低于业务复杂度的上升速度，业务就能够维持良性增长。

把优秀的人才聚集到一起是非常困难的，且光聚集到一起还不行，还需要不断通过学习、挤压、培养来提升创新人才充足率。规模不是最重要的，密度是最重要的。

提升创新人才充足率，增强组织活力

创新人才充足率诊断

组织对不确定性环境的应变能力，最主要体现在当组织开展创新业务、开拓创新市场和迎接创新挑战时，能够第一时间保质保量地按需匹配人才。而输出高质量人才的第一步是企业有充足的创新人才可以用，进而识别哪些人可用、不同的人应该怎么用。如何判断一个组织的创新人才充足率情况？创新人才充足率诊断可以参考以下几个指标：（1）某领域顶级创新人才的数量（如科技公司的基础科学家）；（2）一年内准备就绪的接班人 / 管理人员总数；（3）高绩效人才 / 全公司人数；（4）高潜人才 / 全公司人数；（5）战略性岗位上 A 类人才占比。

例如华为的“天才少年”计划，在全球范围内招募顶级的学生，除了研究方向和论文之外，非常看重在学科竞赛中成绩，尤其是在 ACM-ICPC、Kaggle、IOI、KDD、黑客大赛等信息技术方面的国际知名赛事上的名次。这些天才少年进入华为后，也发挥着激活组织和队伍的目的。可见，招募天才少年是为了提升高潜力人才的密度。而华为的竞争对手三星，其“新树种”人才项目聚焦招募全球顶级的基础科学家，这些科学家的基础研究成果将可能为三星20年、30年之后的新业务打下基础，这项人才计划提升了某领域顶级开创性人才的密度。

如何增强创新人才充足率

严控招聘关，招聘与公司业务高度匹配的人员。例如，初创公司由于公司规模小，品牌缺乏知名度，经常在人才招聘方面“将就”着，降低人才标准招聘。然而在互联网公司，最优秀的工程师最不愿意和差的人在一起工作，因为修改程序bug（漏洞）可能让人疯掉。因此，通过降低标准完成招聘KPI，是在毁坏一个初创公司的根基。所以初创公司的CEO不能过早下放招聘权，或者起码应当让核心高管担任HR负责人的角色，寻找最优秀的人才。

创造渴望学习和分享的氛围，让创新型人才通过高频互动和挑战性任务得到历练和成长。在创新型组织，人人都是创造者，高频互动、跨领域的知识分享往往能够产生创意，而他们有将其付诸实施的强烈欲望，这种“互动—激发—创意—实施”的过程创造出了业务。例如，今日头条在创业之初，每双周举办以学习和成长为目标的分享会，每个人都会谈对业务的洞见、对产品的思考、对用户的理解，这种“纯粹”的分享，不只是加深了大家之间的相互了解，更可通过知识的跨界组合产生创意，让人才不断迭代成长。

及时优化与公司发展不相匹配的成员。及时淘汰不符合公司价值观、不能创造价值的人，会提升公司的人才密度。初创公司往往因为招人难，而不敢淘汰与公司不匹配的人员；成熟公司中的新创业务，往往又由于规模小、风险大，而不能吸引A类人才来担任要职。如果不能破除认知遮蔽，创新业务将面临夭折的风险。

创新人才管理机制：人尽其才

人才不是公司的核心竞争力，人才管理的能力才是

在一些大中型公司，真的缺领军人才吗？真的缺高潜力的青苗吗？我们常常看到的情况是，在一些企业中被认为很一般的人才，却在竞争对手那里大放异彩。组织设计的目的是释放人的潜力，协同合作，创造更大的价值。但传统的组织却可能成为制约人才发挥的桎梏，而不是尽情发挥才华的舞台。在很多低效能的组织中，A类人才常常被“雪藏”了，甚至劣币驱逐良币的现象屡屡上演。这些现象背后的深层次因素需要我们分析，并拿出切实可行的解决措施。

如何看出一家公司真实的人才观呢？当公司的A类人才流失时，公司是以什么态度对待他们的？这可以检验一家公司真实的人才观是什么。杰克·韦尔奇明确表示：“失去A类员工是一种罪过。所以一定要热爱他们、拥抱他们、亲吻他们，而不要失去他们！每一次失去A类员工之后，我们都要做事后检讨，并一定要追究造成这些损失的管理层的责任。”华为就曾为博士群体的流失做过专门复盘，并撰文《作为公司创新主体的2012实验室及研发体系的博士员工群体为什么流失》，反思华为人才土壤“肥力”的持续流失。

员工的价值创造与管理机制关系紧密。正所谓，橘生淮南则为橘，生于淮北则为枳。今天很多组织都在强调人才的重要性，而这

必须落实为一项一项的具体行动，建设吸引人才、发展人才、留住人才的机制。打造创造价值、评估价值、分配价值的机制是 HR 的关键职责之一。

创造人才涌现的机制

卓越公司总是致力于吸引顶级的 A 类人才，并为他们塑造发挥才干的环境。在吸引人才方面，字节跳动张一鸣想了三个办法：第一是回报，包含短期回报与长期回报；第二是成长，让人才在这个公司能得到成长；第三，人才在这个公司的精神生活很愉快。因此字节跳动提出了“pay the top of the market”（支付市场最高价），经常开出天价聘书也要招到最优秀的人。顶级公司的行动的背后逻辑是我们可学的。在创造人才涌现的机制时，组织要追问自己三个方面的问题。

首先，与种稻谷同等重要的是培育土地肥力，我们企业的土地肥力如何？这要求企业“边造船边出海”，点线面相结合开展工作。“出海打鱼”相当于实战做业务，“造船”相当于建设体系和机制，只有船造得够大够强，才能到深海区捕捞到大鱼。

其次，企业是否建立了支撑、引领未来发展的人才管理体系，其框架、流程、支持措施是否经过精心的思考和设计？

最后，更具深度的人才盘点是对组织中不合理的人才管理流程、制度、资源等进行全方位盘点，建立驱动创新与发展的人才管理机制。这样才能治标、治本，统筹好短期、长期的工作。

麦肯锡的一项调研显示，大型公司的创新力常常被压抑，使得极有想象空间的种子业务没能发展起来。在孵化、培育新业务的过程中，母公司的已有机制抑制了内部初创公司的健康成长。成熟的老牌企业在孵化新业务的过程中面临的主要挑战不是缺乏灵感，而是过度的集团管控。许多受访者称母公司制约了旗下初创业务的发展，限制了创业团队的决策自由。

为了创造活力，提升创新力，成熟的大公司应做好如下工作：

第一，必须让新业务摆脱不必要的官僚负担，例如大量无效的会议和报表。

第二，给予免于财务压力的自由。优先考虑市场份额和规模，而非利润。早期的初创公司更注重商业模式的验证，是否可以跑通；而过了破局点之后，则更关注用户增长、市场份额等要素。过早地伸手向新业务要利润，会导致新业务忽视长期利益，聚焦在短线操作上。

第三，给予免于繁文缛节的自由。赋予创新团队快速决策能力。初创公司的首要事项是抢占先机，市场给予的窗口期很短，如果决策链条过长，很容易在竞争中处于被动地位。

第四，给予招募人才的自由。创新业务的招聘权应归属领导团队，让他们按照行业规律和业务发展属性招募最合适的人才，而不是按照成熟业务的标准招募人才。

传统机械型组织在向创新型组织进化的过程中，要能够直接面对重大挑战，并针对挑战给出针对性的解决措施，这样才能激活组织中的人，让创新涌现出来。

除此之外，我们还应当树立起跟创新涌现相匹配的人才观。管理思想大师汉迪感慨：组织往往成为束缚人的囚笼。在一个机械型组织中，人的才华、潜力被抑制，创新型人才流失严重，而留下来的员工往往只是“适应”了那里的生存方式，知道该说什么，不该说什么，才能更好地在这样的环境中生存。在 VUCA 时代，那种“极少数聪明人决策，其他人只负责执行”的方式已经成为过去式，事实证明，大型组织自上而下推动变革的成功概率极低。机械型组织的人才观更多把员工视为“螺丝钉”，上下级泾渭分明，“领导不俯视，员工不仰视”几乎是一种奢求。在人才观上，创新型组织与机械型组织有着本质的差别。创新型组织“视人为人”，倡导相对平等的氛围，弱化层级和职务，“不唯上，只唯实”，创意不是领导说了算，而是市场的验证结果说了算。这样，有想法、有能力的人自然会冒出来，他们会定高目标，小步快跑，迭代升级。

第 10 章
T-RPC 模型之资源

创新型组织需要怎样的资源活力？

企业资源活力

瞬时竞争优势加速组织新陈代谢，提升资源活力成为关键

资源是影响组织能力的四因素（T-RPC）中最为直观的一个，它通常表现为事务和资产的形态：可以被使用或闲置，被购买或出售，可贬值也可升值；它由公司控制，并用于使公司能够制定和实施提高效率与效益的战略。与人才、机制和文化相比，资源更易于在不同组织间实现转移。

当前，在消费升级、科技进步、市场门槛下降以及资本运作等力量的推动下，中国市场已经进入超竞争时代，企业越来越难以维持竞争优势；大多数企业只能在有限窗口期内获得瞬时竞争优势。因此，为了维持企业在较长周期内的市场地位，企业需要持续开展新的战略行动，随时准备失去并再次获取新的瞬时竞争优势。

在这种情况下，组织愈加需要具备资源活力，也就是说有足够比例的资源用于不确定性的处理和探索，持续投入能量，保持组织的新陈代谢。

进一步讲，这就要求面临变革或有创新需求的管理者，不仅能够根据业务需求正确高效地分配资源，还要确保获得这些资源的机构有能力获得成功。

获取大量的优质资源，有助于提高组织变革创新时的成功率。

组织保持青春：将冗余资源转化为活力

冗余资源

冗余资源是指企业拥有的超过实际需求的剩余资源或未利用资源，布罗姆利（Bromley）将其界定为“在既定的规划周期内，组织存储的可用的过剩资源”。冗余资源很大程度上决定了企业开展竞争活动的数量和速度，是企业建立竞争优势，维持并提升市场地位的必要条件。从冗余资源对企业的作用出发，国内外学者对资源冗余的内涵界定可以分为两个方面。

一方面，组织理论认为，在一个企业的资源冗余量达到过量水平之前，企业的冗余资源对企业绩效具有正面的影响。尤其当企业面对外部环境变化时，它能够起到缓冲的作用，为企业战略的制定提供灵活性，从而使企业能够存活更久。在复杂的权衡过程中，企业从资源冗余获得的好处要大于为冗余资源付出的成本，并且对于企业来说，零冗余的组织是不现实的。

另一方面，代理理论认为，资源冗余对企业具有消极作用，代理理论从委托–代理关系出发，提出组织是由委托人和代理人通过契约所构成的综合体，而冗余资源的存在仅仅对作为管理者的代理人有利，对于整个企业而言，冗余意味着资源的浪费、低效。

本书认为，创新的发生依赖于一定数量的可支配资源，因此冗余资源是企业创新和基业长青发生的基础。当企业拥有丰富的冗余资源时，它将不必担心当前的生存状况，会具备较高的变革信心，愿意将精力投入创新活动，并且对于变革不确定性和创新失败所受冲击的抵抗力也会较高，为企业打造良好的创新氛围、开展创新变革提供了资源保障。

并且，冗余资源本身是中性的，其在效用方面是显示为短期的投资理财收入，还是被投入有利于企业长期发展的方向、显示出资源活力，是由组织对冗余资源的分类和资源管理机制决定的。

冗余资源的分类、特质和作用

不同性质的冗余资源差别较大、作用不同，组织在应用冗余资源时首先要进行资源盘点，厘清企业冗余资源有哪些，并进行区分判断，根据资源特征进行合理运用，从而使得效用最大化。

根据冗余资源使用过程中流动性和灵活性两个维度的水平高低，沙夫曼（Sharfman）等人将冗余资源分为沉淀性冗余资源和非沉淀性冗余资源两类。

沉淀性冗余资源表示已经存在于企业生产经营过程中，不进行开发不能作为其他用途的资源，比如管理费用、半成品或闲置物品。其特征是灵活性低、专用性强且数量有限，但在企业稳定存在。在企业遇到危机时，沉淀性冗余资源的稳定特质，作为资源优势，可以持续地给企业帮助，起到保护膜的作用。但也是由于其稳定性的特质，这部分资源已经嵌入了企业的运营中，进行二次开发消耗的成本较高。

非沉淀性冗余资源是指还没有确定用途，也没有在生产经营活动的过程中使用，可根据战略选择转化的资源，主要包括富余的现金、现金等价物、信用额度等。非沉淀性冗余资源流动性强、使用灵活、易于转化为企业所需资源，使得企业具有自主选择支配的权利，能够根据市场环境制定新战略并投入资源，及时应对市场环境变化。但也是由于非沉淀性冗余资源比较容易获取、二次转移、二次分配，容易造成过度投资等问题，所以在研发创新的活动上十分不稳定。

布儒瓦（Bourgeois）和辛格（Singh）按照资源的可获得性将组织冗余划分为三种类型：可利用冗余、可开发冗余及潜在冗余。可利用冗余指那些没有被投入组织设计或具体程序的资源；可开发冗余指那些已经被吸收到生产系统中、运行成本较高，但可以通过组织的重新设计或效率的提高恢复到正常成本的资源；潜在冗余，是指组织里的一种潜在能量，是通过增加债务或投资，可以从外部环境中获得的额外资源。前两者是指进行组织资源盘点，内部可以盘活利用的资源；而潜在冗余则提醒组织需要尤其关注外部可利用的资源。

在2019年中国互联网企业20强中，芒果TV作为唯一一家国有企业上榜。从湖南卫视到芒果TV，再到芒果超媒，湖南卫视在发展中也在不断进行组织资源盘点。

例如，2013年底爱奇艺以2亿元价格购买了湖南卫视旗下

《爸爸去哪儿2》等六大热门节目的网络独播版权，大幅提升了爱奇艺的市场份额、流量排名，传统媒体的头部内容变成了视频网站的头部流量；而对湖南卫视而言，相当于用内容版权养大了竞争对手，这次版权交易后湖南卫视开启了独播战略。这一系列操作中，湖南卫视对于内容版权的开发应用，就是组织对于可开发冗余的重新设计。

湖南卫视在创新改革中，也十分注重挖掘潜在冗余，从社会上引入资本。《媒体融合的芒果实践报告》一书特别提到强化资本运营能力包括：加速可经营性资产上市融资，解决融合发展条件下的资金需求；设立相当规模的产业投资基金，充分运用投资并购等手段，完善产业布局，做强媒体产业链。

冗余资源管理机制：投入方向和投入比例

克里斯坦森在《创新者的窘境》中提道："有意思的是，'宣称的战略'和'力行的战略'往往不一致，经常存在着很大的差距。正如英特尔创始人格鲁夫曾说，'如果你要了解一家公司的战略，要看他们实际做了什么，别光听他们说'。资源配置的优先级才决定了战略到底是什么。"

当盘点清晰组织冗余资源后，冗余资源的管理机制就成为资源转化为活力的关键一环，包括两个要素：一个是资源的投入方向，一个是资源的投入比例。也就是说，资源配置优先的方向和比例才体现了企业真实的战略意图到底是什么。

在冗余资源投入方向上，要呈现为组织的资源活力，推动组织新陈代谢的持续性。投入的资源不仅要用于处理确定性，还要用于主动探索不确定性。

资源投入的方向可以从空间维度来考虑，主要表现为全局思维和抓重点思维。资源配置是一盘棋，只有站在全局角度去考虑，才能把棋下活，让资源在更大范围内流动起来；同时，资源肯定是有限的，不能“撒胡椒面”，一定要把资源投入最关键的地方，投入最能产生杠杆效应的地方。

面向未来，是卓越企业的必然选择；寻找未来，则是伟大企业的永久课题。2018年，三星宣布一项重磅决定，未来三年新增投资180万亿韩元。由于这是韩国单一企业集团史上最大规模的投资计划，也是全球颇负盛名的跨国企业集团极具风向标意义的投资计划，所以引起了全球各界的持续关注。从三星公布的具体投资方向看，虽然三星手机业务继续保持着全球市场出货量第一的良好成绩，但该投资计划并未提及手机产业，而是重点提及要将25万亿韩元用于人工智能、5G、生物技术、汽车半导体等新兴产业领域。这正是三星践行未来产业战略，持续不断对科技创新发力，将企业带入全新发展期的重要决策。

而冗余资源在不确定性上的投入比例，真正反映着企业的决策价值观和实际在做的事情。

冗余资源投入比例可以从时间维度来考虑，主要表现为成长性意识和前瞻预测思维。企业会根据外部环境的变化动态调整公司的方向和业务，在冗余资源的投入上也要根据变化做出适应性调整。冗余资源是企业面向未来的投资，所以我们要有成长性思维，尽可能地把资源倾斜到那些有高成长性的业务上去，同时要对未来的发展做出适当的预测，再通过资源的逐渐投入来不断验证对未来发展的价值判断。

众所周知，华为坚持每年将 10% 以上的销售收入投入研究与开发。而 2020 年，在业绩增长速度放缓的情况下，华为依旧保持了对研发的高投入，投入资金甚至再创新高，达到 1419 亿元人民币，占全年收入的 15.9%。至此，近 10 年累计投入的研发费用超 7200 亿元。与此同时，华为从事研发的人员数量也创新高，达到约 10.5 万名，占公司总人数的 53.4%。在巨大的研发投入下，华为是全球最大的专利持有企业之一，截至 2020 年底，全球共持有有效授权专利超 10 万件，超 90% 的专利为发明专利。

在冗余资源转化为活力的过程中，尤其要注重创新所需要的关键资源，以及让资源转化为活力的冗余资源管理机制背后的阻碍和底层思维，比如为什么资源没有流向对企业长期发展有效的方向，建立冗余资源管理机制背后要遵循的思维是什么等。

创新所需的关键资源

经营资源：资金、流量、品牌

组织创新中可直接用于经营的资源主要有资金、流量、品牌。所谓“背靠大树好乘凉”，创新业务是否有充分的经营资源支持，或者组织内是否基于经营资源优势进行业务创新，是冗余资源转化为活力的关键表现之一。

资金方面，例如企业是否有专项业务创新预算，对创新业务的资金支持速度和数额如何，都影响创新。

流量方面，相比于白手起家的创业公司，组织内创新可以依赖存量用户的优势，获得更快速的业务发展和破局。例如蚂蚁集团所在的各个市场竞争均比较充分，参与竞争的任何一方都不太容易在其中获得持久而超额的收益，但蚂蚁集团的海量用户为其带来巨大的流量优势，使得数字金融科技平台业务的快速发展成为可能，从而带来公司的成长性。

品牌方面，基于在消费者心中已有的优质品牌形象，以品牌背书进行新业务的推广，极大地缩短了消费者购买的链路。这背后的原因是品牌代表着确定性，而人是天然被确定性吸引、抗拒不确定性的。需要注意的是，品牌背书的同时，品牌所传递的价值和信息对创新进行了捆绑，使其难以脱出固有形象，创新受阻。

信用资源：关注、信任、权力背书

组织创新业务要获得相应的经营资源，组织要给予一定的信用资源，其中包括高层的关注、对团队的信任以及权力背书。

业内常说 93% 的创业公司都活不过第三年，足见创业之艰难。从 2015 年以独创的共享计算模式引领云计算行业变革浪潮以来，迅雷旗下的网心科技不仅成功度过了最为艰难的创业初期，还保持着高速增长，以 795% 的高收入增长率入围 2018 年德勤发布的深圳高科技高成长企业 20 强。时任迅雷集团 CEO、网心科技 CEO 陈磊把创业的成果归功于网心科技独特的信任文化。

陈磊认为，信任成就了公司不畏艰难的创新力。在创业初期由于业务过于创新，一起创业的伙伴大部分还不清楚未来的路要怎么走，但由于彼此之间有着高度的信任，把看似不靠谱的事情做靠谱了，创新的业务得以一步步实现。创新的路上总要调整方向，而对员工的责任心和能力的高度信任，可以激发出他们无穷的自驱力和成就感，使得他们站在CEO角度去思考问题，从而让公司拥有快速反应的战斗力。

组织需要建立授权、赋能的新体制和新文化，致力于建立信任关系，给予优秀人才充分的自主性。

动力资源：激励

自主创新是企业的生命，是企业爬坡过坎、发展壮大的根本。除了氛围的营造，创新的发生需要企业提供动力资源，激励组织中的人才进行创新。激励可以分为激励谁、如何激励两个大的方面。

首先谈激励谁的问题。创新涌现的背后，往往离不开众多的失败和付出。企业需要对创新过程中的不同角色进行激励：不仅对具有耀眼创新成绩的团队给予激励，也对通向成功试错、为未来可能性久久为功的团队和个人给予激励；不仅尊重立竿见影的智力劳动，也尊重过去的付出。

2021年春节，任正非宣布在华为公司内部实行“回溯激励计划”，对两类科研“雷锋”给予物质和精神奖励：技术探索前期方向和价值不清晰，能够克服资源不足等挑战坚持开拓进取，并最终取得胜利的团队和个人；技术探索存在多个路径，证明所探索路径不可行、帮助公司少走弯路的团队和个人。

创新是前无古人的实践活动，具有高度不确定性，评价创新成果和科研人员的劳动价值应本着“风物长宜放眼量”的原则，不能局限于一时一地。对过去甘于奉献的科研“雷锋”给予精神和物质层面的价值肯定，可以减少创新活动不确定性带来的心理压力，也是对当下科研“雷锋”们的鼓舞和激励。华为的“回溯激励”是创新主体在实践层面上激励创新的一次尝试，也反映出创新主体对创新活动的认识渐趋客观、全面——看似是在追认历史，实则是在保障未来。

回顾工业革命的历史，企业家和创新型企业发挥了关键驱动作用，亨利·福特、约翰·洛克菲勒、史蒂夫·乔布斯等企业家都曾做出了有益于社会进步的创新。今天，新一轮科技革命方兴未艾，我国正积极参与引领这一进程，重视对科研“雷锋”的激励，还需要更多创新主体重视“无用之用”，在实践中探索，让甘于坐“冷板凳”的人保持“热心肠”。当然，“回溯激励计划”是华为公司依据自己内部情况制定的激励机制，从意图来看无疑是一种正向尝试，但并不意味着这是唯一形式。不同领域、不同类型的创新主体在思考类似激励机制时还应当从实际出发，具体问题具体分析，创造更多不同形式的创新激励机制。

再谈激励方式的问题。除了传统福利性质的休假、教育等，鼓励创新的激励方式有股权激励、晋升通道改革、业务评估体系改革等。例如湖南卫视近年来重构激励机制，把过去的收视奖励办法变成宣传、创新、收视多维度的评估体系，更为科学系统地鼓励创新。

至于常用的股权激励，创始人、CEO 需要对可用于股权激励的股份总量，也就是未来公司核心人才在整体股权架构中的持股比例，有总体概念和规划。初次设立计划时，至少规划出 3~5 年的激励资源，首次搭建的股权池一般占公司总股本的 10%~20%，具体比例基于公司起步资金规模、股东结构，以及创始人的分享意愿设定。股权池的占比会在使用过程中随着公司的发展融资被稀释，也会因为激励需求再增加，从使用结果上看，上市前股权激励授出总量基本占上市增发前总股本的10%~15%。

激励资源的使用节奏与公司价值和发展阶段相关，在上市前的激励计划下，平均每年授出的激励总量约占总股本的2%~3%。从趋势上看，公司早期使用的激励资源相对占比较高，在IPO（首次公开募股）前三年之前的授出数量约占上市前总授予量的60%~70%，后期年平均授予总量会随着公司价值的提升而降低，直至上市后约占总股本的1%~1.5%。

激励对象与激励方式的多元化，其实质都是在鼓励组织内的人愿创新、能创新，以培育组织创新土壤。

资源转化活力的思维

资源投资的悖论

大公司几乎宿命般地面对“创新者的窘境”，是因为会出现资源错配的问题。虽然企业在口号上宣扬要进行创新，但资源仍然集中于成熟的业务和产品，很难倾斜到创新业务中，新的产品难以受到足够重视与足够的资源倾斜。

而资源错配的背后，是内外部环境的束缚：内部的组织心智与成熟业务相依而存，其决策价值观本身就跟新业务相悖；外部的资本市场要的是效益、赚快钱，这也导致公司迫于压力使新业务畸形发展。

如何解决资源错配问题？需从业务类型进行具体分析，不同属性的业务应该有不同的管控方式和绩效重点。

核心业务的战略目标是维护行业地位、提升利润率，那么其绩效重点应该是近期的利润表现与现金流，如利润、经济增加值、投资回报率、生产效率、零费用增长等。

成长业务的战略目标是迅速扩张、形成和凸显竞争优势，那么其绩效重点应该是收入的增长和投资回报，如收入增长、净推荐值/新客户/关键客户获取、市场份额增长、净现值。

新兴机会的战略目标是形成新的增长点、抓住新的趋势和机遇，那么其绩效重点应是投资回报的多少和出成果的可能性，如项目进展关键里程碑、机会点的数量和回报评估、从创意到商用的成功概率、技术优势地位评估等。

长期理财思维

组织在发展过程中，往往面临着长期与短期关系处理的问题。后疫情时代，越来越多的企业和管理者开始意识到，长线思维和可持续发展战略不再是一句空话，而是攸关企业未来生存的关键。但现金流和融资紧张、经济衰退等迫近的大趋势又提醒着他们现实的残酷，短期内的首要目标是活下去。

最有价值的增长一定是可以平衡好短期价值和长期价值的。当窗口期来临，可以不顾一切求增长，但不能牺牲长期价值去获取短期的高增长。

从营业收入、总资产增长率看，多年来中国企业一直持续着高速增长的势头，这可能使我们在思想上形成一种速度惯性，习惯高增长而难以忍受低增长。但实际上，僵化刻板地要求一个公司长期保持高速增长是不现实的，特别是在中国经济发展方式转型的今天，一味地追求高增长甚至会是一种灾难。速度只是表象，问题的实质在于“节奏”。成长速度问题的根本是企业的管控能力问题。在《长寿公司》中，德赫斯经大量研究后发现，保守的财政是公司一个非常重要的特征：有效控制自己的增长与进化的能力。

这就要求企业在资源转化活力方面具备长期的理财思维。基于长期的企业使命、组织发展战略，进行资源的规划、维护和经营，对长期的经济增长负责。

比如亚马逊以“成为全世界最以顾客为中心的公司”这一使命作为核心驱动力，坚持长期思维：不看利润，只看增长；不看今年的短期利润，而是看自由现金流。利润的本质是今年的盈余，在销售额不变的情况下，花钱越少，利润就越多，财务报表就越好看；而自由现金流是一个长期指标，除了短期投入，还可以投入长期增长。

有一句话说明了贝佐斯的长期增长战略：所有只能产生短期利润的项目都不重要，无论它现在赚多少钱；能够产生长期现金流的项目才是重要的，无论它现在亏多少钱。

坚守长期主义，意味着企业面对环境的不确定性，必须有强大的战略洞察，及早布局，提前打造自身能力。但这也并不是说要放弃眼前利润，而是以使命作为核心基点进行价值判断。

风险投资思维

风险投资主要指向初创企业提供资金支持并取得该公司股份的一种融资方式。风险投资公司的资金大多用于投资新创事业或未上市企业，以协助被投资公司获取更大的利润为目的，所以说风险投资是一种追求长期利润的高风险、高报酬事业。之所以叫风险投资，是因为有很多的不确定性，但不容否认的是高回报率的存在。

风险投资思维实际就是期权思维，本质就是掌握对风险的主动权，不是被动地抵御风险，而是主动对未来风险和机遇中受益的权利进行提前锁定，当然为此付出的代价在早期是较少的。

小米生态链就是一个应用风险投资思维的典型案例。2013 年下半年小米通过对互联网三阶段“传统互联网—移动互联网—万物互联”的分析，判断 2014 年是智能硬件创业的元年，万物互联时代所有的设备可能都具有互联网的属性。为了不错过这一风口，小米从 2013 年底组团队开始“抢项目”进行投资，而小米则给予航母式支持，包括品牌支持、供应链支持、渠道支持、投融资支持、产品定义、ID 设计、品质要求。运作两年后，小米生态链投资的 60 个创业团队中，以工程师为主，有 4000 人左右的规模，估值超过 10 亿美元的独角兽企业已经有 4 家。按照风投机构的普遍成功率衡量，这样的成绩很突出。

所有的公司都会对未来 5 年做想象，但事实证明没有一家公司的想象是正确的，因为世界变化太快了。而小米的风险投资思维就是在今天对所有可能的未来热点进行布局，当其中一部分真正成为未来时，小米的未来也就实现了。

《反脆弱》的作者塔勒布给期权做了一个定义，期权 = 不对称性 + 理性选择。期权的英文是 option，翻译成中文就是可选项，是说可以选，也可以不选，是权利而不是义务。如果它对你来说是可选项，你希望它波动越大越好，因为你有权利挑选好的，而没有义务承担坏的。这是一种不对称性：波动上行，你的盈利上不封顶；

波动下行，你的损失只有固定的一点点。也就是说，期权思维只关心上限，而投资者需要做的就是在众多不确定性中进行理性选择。

只有当你手里有期权的时候，你才谈得上“拥抱不确定性”，要是你拿的是股票，你就得承担一切下行的波动风险。因此，期权让我们看到“可选项”的高价值，在组织资源的投入中，要考量是否在组织内创新的早期阶段就进行风险投资，给予自己可选项和不确定性。

风险投资肯定会对公司内部造成一定的资源浪费，但也是保持组织最大灵活性和敏锐度的一种思维方式。类似企业内部的赛马机制、创新孵化机制等其实都有风险投资思维在其中。接受失败带来的一定损失，但保持多选项和高波动性，这是公司能够拥抱不确定性、建立自组织能力、进行理性决策的基础。

开放思维

开放思维是近年来搭建创新型组织时提到比较多的关键词之一，我们认为开放的本质是保持多元化和分散政策，而这一切的前提是宽容，宽容是衡量系统开放性的标准。

在资源的投入上保持开放性，具体有投入方向、投入机制、投入原则的多元化，并且对此保持可探索型和迭代性。开放思维的优点是为革新创造组织管理空间，可以更好地适应不可预测的环境改变，赋予公司承受压力和灾难的弹性，有利于公司长期生存。缺点也比较明显，就是造成一定程度的资源浪费，并且与核心业务的资源供应产生竞争关系，可能会影响核心业务的发展。

公司是否采用宽容政策，取决于公司的生态，也就是由公司与其他生物（包括自身）的关系决定：公司与环境的关系、公司与内部人员的关系（包括个人成员、附属公司及分支机构）。在所生存世界有相当的控制权，有稳定的外部环境且可长期生存的公司可以不遵从宽容政策。而当公司所处环境不稳定时，多元化和开放性是最好的管理方式，组织在资源应用上也有快速学习的必要。

红线思维

所谓“针尖大的窟窿能漏过斗大的风”，这一简单而形象的论述告诉我们要有红线思维。在组织资源投入上要明晰边界，明确资源投入的方向边界和数量边界。如果说长期思维是思考什么能做，那红线思维就是思考什么不能做。评价资源投入的好坏，必须要有一个基准线，以判断对什么事情是零容忍的，而不能一味开放和增加多选项。

比如资金使用上的红线，可以是保证一定的资金使用比例，不超过某个上限，当然这个比例也是动态的标准，需要结合环境情况进行判断。还有当判断失误时，出现何种情况要及时止损。又如对哪些业务可以投入资源，对哪些业务坚决不支持发展等。

第 11 章 T-RPC 模型之机制

机制活力让创新在组织中有序生长

企业机制活力

一个组织必然有运作机制，机制可以分成两大类：处理确定性的机制和处理不确定性的机制。如果是一家大中型企业，那么显然是确定性的机制会占主流，甚至全部。一家企业在其经营发展历程中，随着业务壮大、人员增加，企业的复杂度会提升。为此，企业会将一个又一个已经确定的事情机制化，将其变成流程、分工、制度、权限等。这就像一个有机体，随着生长变大，细胞不可能无序增殖，而是要分工合作演化出各种功能，与此同时，机体会有一系列的机制来保证机体的有序。随着企业发展壮大和成熟，机制化进程一直不会停止，每个人都在机制中扮演特定的角色，确定性会越来越强化。但是，确定性强化到一定程度，组织对不确定性就不适应了。处理确定性的制度，不仅自身会排斥一切不确定性，还会将已经长期习惯于这些机制的人禁锢在固有的套路中，没有人能够接受和适应不确定性了。

组织如果要具备活力，需要有针对不确定性的机制，来专门处理不确定性。具备创新力的人，也要有配套的机制来支撑。我们不能寄希望于在原有确定性的机制中有创新发生。也就是说，企业需要有专门的、做创新的机制。

创新型组织的机制活力，其标志是用于处理不确定性的机制运行，也就是处理不确定性的机制的确定性。

创新的底层机制：不确定性的转化循环

我们先要搞清楚创新的底层机制，以此为基础来看表层的机制设计和外在表象。创新作为处理不确定性的工作，其机制的底层逻辑与处理确定性的机制是完全不同的。而传统管理学在流程、机制、设计方法上，都是基于对确定性的处理。而且，创新有其固有的难点和挑战，如果忽视创新本质上的难点，可能会用一些非常表面的机制，创新会浮于表面而缺少价值提升，造成组织资源的浪费，甚至对组织既有确定性造成巨大的破坏。大家要知道，应对不确定性是有挑战的，但也是有解决办法的。

首先，要有创新的机制，就可能有更多创新涌现，没有的话创新几乎不会发生。因此，创新的机制，只要有就能提升创新的发生率。

其次，我们再看创新的成功率。我们根据创新的根本挑战，来看创新机制的大原则。之前谈到过，企业进行创新所面对的挑战就在于创新的不确定性。因为不确定，所以创新本身就有风险，投入是必然的，但是不一定有价值产出。因为不确定，所以创新的过程与企业原有管理体系冲突。由此可见，企业创新的关键对策，是提高成功率，控制冲突发展率。创新机制的核心是对价值和风险的管理。在这一点上可以借鉴金融行业，尤其是创业投资领域的经验。

如果说让创新运行的是一套机制，那么这套机制要让创新有应对挑战的对策。在价值和风险中取得合适的动态平衡和闭环，在适度的平衡中向前发展。既要促进价值提升，又要做好风险控制。因此，设计创新机制有几条对策，用以提升创新成功率。

第一，要提升创新的质量。从一开始就尽量用具备创新力的人才和团队，从始至终尽量提升创新的质量。

第二，要尽早、客观评价验证创新的阶段价值和未来潜力。由于创新的不确定性，我们不能一次性确定获得价值，因此需要一步一步地将不确定性转化为确定性，也就是随着创新的开展，逐次地、从小到大地迭代和验证价值。这需要组织有对创新进行评判的能力。

第三，逐次投入资源，验证一点，再投入一点。资源的投入要有节制和节奏，随着创新的发展，一点一点获得价值验证，确定性逐步增加，随之投入更多资源。如果价值验证有问题，确定性没有增加，那么就要控制投入资源。如果创新的价值被验证很小，甚至已经被验证不成立，那么就要停止投入资源。

为了符合创新的对策，成功的创新往往是在循环迭代中发展的。价值提升的方案来自思维，思维决定行为，行为产生结果。有了结果之后，会对原来的思维产生反馈，根据反馈可以对原有方案进行验证。如果验证有瑕疵，那么思维这一环要有所调整，再进入下一个迭代循环。如果验证成功，那么就说明创新思维带来的增值方案是成功的。那么，经过验证的思维就可以认定为确定性的认知，用于指导和复制后面的行动，就可以将创新价值快速放大了。这个循环就成功了，创新就往前走了一步，价值就确定性地提升了。这里要强调的是，好的创新迭代闭环，是以有了确定性的认知提升为标志的。

创新的机制，一定要符合创新的价值规律，所以机制的判断指标就是创新的一个一个迭代闭环和阶段性的里程碑，也就是确定性。而机制的骨架，就是创新发生发展的阶段，我们要根据创新的发展阶段来制定创新的流程。在流程上的关键节点，判断创新的价值，并根据价值来进行管理，包括反馈、资源投入和人的支持。

所谓反馈，就是创新价值是好还是不好。这是创新的操盘者首先需要的确定性答案，也是组织需要的确定性答案。

资源投入，就是根据创新价值的确定性，进行资源投入的变更。如果创新价值是好的，那么要追加投入，反之就要减少资源投入（见图 11-1）。

人的支持，就是根据创新价值的确定性，进行人和组织支持的变更。如果创新价值是好的，那么就要有更多的人才加入，组织也给予更多的关注与支持。这点很容易被忽略。创新早期没有得到价值基本确定性的时候，贸然在组织里搞得轰轰烈烈尽人皆知，很可能有非常大的风险。一方面老业务的人可能会排斥甚至阻挠。另一方面大家会给予过高期望，导致对创新项目的误判，到头来一旦价值有问题甚至不成立，就会跌得更惨。因此，组织对创新项目的关注和支持，是需要有所控制和有节奏的。

总的来说，创新的机制是基于创新的发生发展规律，在创新的流程中施加必要的管理，控制价值与风险，合理配备相应的人才和资源的整套机制。随着创新的价值提升和风险可控，创新机制在不同阶段赋予人才和资源，让创新价值不断提升放大（见图11-2）。

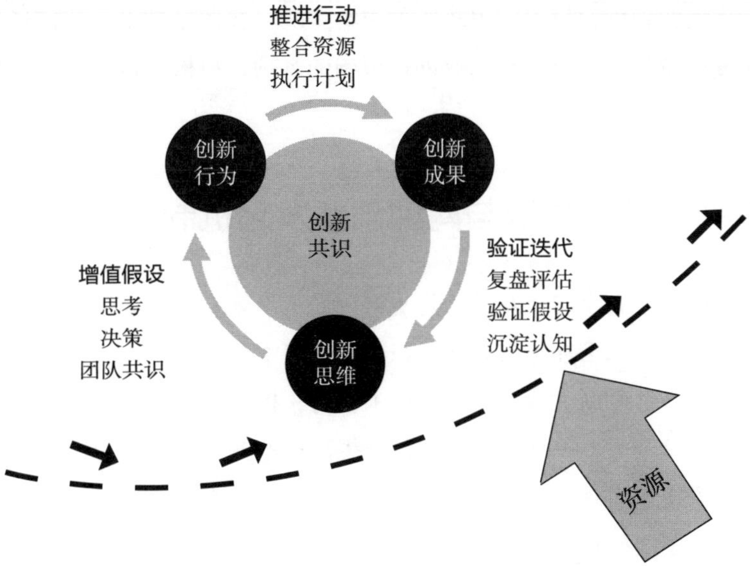

图 11-1 资源投入随创新价值的提升而加大

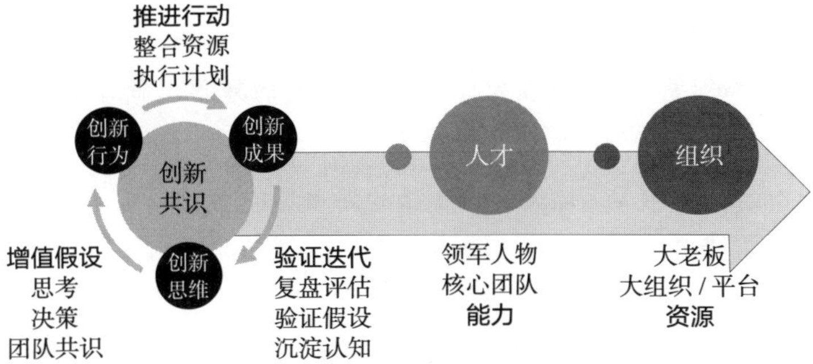

图 11-2 企业创新实践随创新价值提升而扩大范围

其实创新的这些问题以及所需要的机制，在创业和创业投资领域早有解决之法，并且有成熟的、确定的模式。作为企业组织，可以将创业和创业投资的模式作为逻辑主线。在此基础上，我们还需要考虑清楚企业组织和创业创投市场的区别，再根据这个区别做进一步调整。

创新的两个层次与两种创新发起机制

创新要有发起机制，这是支持创新从无到有。如果没有创新的发起机制，那么在绝大多数组织中创新根本就不会发生。比如一些公司会举办创新大赛，让很多员工参与，提出他们的创新想法。如果没有这个大赛，那么员工的创新想法根本就没有展现的途径，更不用说得以实现了。

为了更好地支持创新发展，也为了让组织的价值和风险达到最佳平衡，我们需要将两大类创新区分对待。这两种创新分别是效率创新和价值创新。效率创新和价值创新是以创新在企业组织中所改变的对象为区分的。

效率创新（E）改变价值产生和传递的效率。简单地说，就是改变市场买的、供给的方式。

价值创新（V）改变价值主张和对市场的满足。简单地说，就是改变市场买的、用的价值。

组织的创新机制，之所以要以这两种创新来区别，主要是因为这两种创新对于组织来说，在价值和风险上有量级差别。这就好

比一个是信贷，而另一个是证券投资，不能笼统地用相同的机制来管理。

效率创新与创E机制

效率创新有很多例子，比如：生产线上的工艺优化、改进；使用CRM（客户关系管理）系统，提升销售效率；营销应用新渠道，比如直播带货；品牌营销创意idea……

效率创新，或者叫创E有以下几个特点：

第一，效率创新的核心是优化效率，没有改变原有的价值主张，只是改变价值的实现。比如，市场部从原来的电视广告投放转向新媒体，这就是一种效率创新。它改变的是将产品价值传递给用户的方式，并没有改变产品的价值。

第二，效率创新是在原有的价值体系内解决问题，在体系内自己消化改变带来的冲击，对体系本身的根本价值源头没有冲击，更不会或者很少对价值体系以外的大组织带来冲击。还以市场部的新媒体营销创新为例，它不会对公司原有的价值体系产生冲击，相反可能会给原有价值体系带来帮助。它没有改变原有产品的目标，反而支持目标的达成。

第三，效率创新可以在原有价值体系内做效率验证，不需要做市场价值验证。它可以直接看效率产出来验证创新的成败，比如成本低了多少、时间节省了多少、产出增加了多少。它不需要做市场端的验证，不需要验证用户是否有需要、有多少以及哪些用户有这个需要，他们是否愿意付费、是否愿意放弃原有产品来接受新产品的价值。要知道，做市场价值验证要比效率验证的难度大得多。

价值创新与创 V 机制

价值创新是新建价值的创新，也可以理解为我们常常说的第二曲线创新。因为第二曲线与第一曲线的核心区别就是独立的新价值，可以说第二曲线是不同于第一曲线的价值。一家企业在创业时，做的创新必然是价值创新。如果价值创新所开创的价值不成立，那么这家创业公司就活不下去。一旦价值成立，也就是价值创新成立，那么就会在这个价值之上持续开展效率创新，公司就越来越成熟。而成熟公司如果要顺应时代，就需要在适当的时候重新开启价值创新，发展出第二曲线创新。这样的例子也有很多，比如：腾讯在 PC 时代的 QQ 成熟后，在移动互联网时代做微信；在微信社交成熟后，做自媒体平台，做公众号；微信做微信支付；微信支付做生活缴费……微信公众号和微信支付虽然都是基于微信做的，但都是价值相对独立的创新。

价值创新，或者叫创 V 有以下几个特点：

第一，价值创新，要改变价值主张，会对原有效率系统产生大的冲击。组织的既有系统都是为了保证原有价值主张实现而存在的，包括系统里的人和事。价值创新是对价值的改变，那么就会冲击原有系统的根基。原有系统的人和事的价值也需要随之改变，这是很难的。比如微信原本是做社交的，后来有了支付这个新的价值出现，那么原有做社交的团队的价值就不适应创新的需要，这就是冲击。如果还是用这个团队，那么团队的人就都需要大幅度改变自己，如学习金融支付相关知识，很多人会不愿意，很多人学也学不会。如果从外面招募金融支付的人才进入团队，那么新人融入团队也是一个大挑战。可见，价值创新是有较大难度的。

第二，价值创新，既要做效率验证，又要做市场价值验证。对于组织来说，新的价值主张能否被市场接受，这有较大不确定性，需要得到市场的验证。需要得到市场验证的新价值，就意味着有较大风险，因为不仅要动用用户、客户，还意味着有较大的时间滞后。从提出价值到实现价值，再到验证价值，这个链条还是比较长的。做市场价值验证的同时，也要做效率验证。效率验证就要保证这个价值创新在经济上是可行的，不然即使市场价值成立，组织亏钱也不行。

第三，价值创新对原有系统的破坏性、风险性、未来潜力是并存的，其大小视系统大小而定。价值创新的最小价值单元就像SKU（库存量单位），风险小，潜力也小。大的价值创新如全新的业务，风险大，价值也大。

创新的风险控制

创新就是价值和风险的平衡，这很像金融工作。对于一个大型企业来说，创新者和创新团队就像一个需要融资的经营实体，而大组织就像金融机构。大组织作为有资源的金融机构，一方面要考虑让自己的冗余资源流动起来，用以支持新的发展，即投资获利，另一方面要考虑控制风险，要把资源投入风险收益合理的新项目。因此，大组织可以参照金融机构的机制，来建立组织创新的机制。

效率创新，由于价值是清楚的，收益是容易衡量和验证的，时间也是可控的，所以属于低风险、低收益的项目。因此，对效率创新的投资，相当于金融市场中的信贷。即组织将资源借贷给创新者和创新团队，用以进行效率创新。

价值创新，就类似于新的创业项目，所以属于高风险、高收益的项目。因此，对价值创新的投资，相当于金融市场中的一级市场股权投资，也就是创投，即组织给创新者和创新团队投资，用以实现新的价值。

创新的流程

创新机制的骨架就是创新流程，也可以说是创新的价值链，它体现了从无到有的价值增加过程。创新机制在价值链的不同阶段的关键节点对创新有所干预，保证价值提升、风险可控。

这里所谈的创新流程，其范围截止于成为成熟业务之前。一旦形成成熟的业务就进入确定性放大和复制阶段，组织有其他机制可以配套。创新的流程，就在创新从无到有，从不确定再到价值确定这个范围。通常来说，创新的价值链可以分成三个阶段：项目发起阶段、增值方案阶段、验证迭代阶段（见图 11-3）。这三个阶段是完全的不确定性朝着确定性转化发展的三个阶段。每成功通过一个阶段，就可以进一步投入人才和资源，创新就朝着成功迈了一大步。

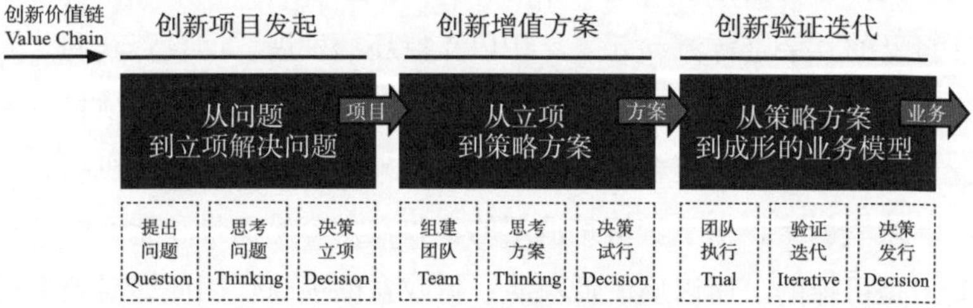

图 11-3 创新的流程

发起阶段：从问题到立项

发起阶段，是从看到问题到确定要去解决这个问题的阶段。简单来说，发起阶段要处理的是，这是不是一件事，需不需要去解决。发起阶段要形成第一个确定性，那就是这是一个好问题。这个阶段的创新是传统组织最不会处理的，因为这是不确定性最大的阶段。

要知道，传统企业中的绝大部分创新机会在这一阶段就流失了。因为根本没有人提问题，或者提出了问题也完全没有进一步的处理机制。

很多企业一开始搞创新会很松懈地对待发起阶段，这会导致提出的问题没有价值，从一开始就注定是错的。

在创新的发起阶段，科学的方法是要先提出问题，再对问题进行思考，判断好问题的价值，然后决策立项。立项的前提是，这是一个好问题。不要急于跳过这一步直接去找解决方案，一旦问题错了，后面一系列的行动都是没有意义的。

方案阶段：从立项到开干

方案阶段是从立项开始，组建团队，思考和讨论解决方案，有了不错的方案后试运行。简单地说，这个阶段就是针对问题找答案的阶段，找完答案就可以尝试去做了。方案阶段就要形成第二个确定性，即针对问题的解决方案。

方案阶段，通常是大型企业组织看起来最擅长的部分。无论是大型国企、外资企业还是民营企业，从管理者到员工往往训练有素，从上到下最擅长的就是做方案。此外，还可以聘请外部的咨询公司、专家等来帮助设计方案。因此，在方案阶段，很多组织和团队是用力过度、性能过剩的，方案要素太多、太复杂，但对核心价值反倒难以聚焦。我们常常看到，做出的方案局限于方案本身的完备，但对上对下逻辑不通畅。对上，缺乏对问题的理解，以及如何解决问题的逻辑联系，不清楚到底要解决什么问题、提升什么价值，为什么这个方案可以解决。对下，缺乏可以实施和验证的思路，难以落地，不清楚从何下手，不清楚到底要验证什么，怎么算成功，怎么算不成功。

方案阶段，关键在于是什么解决办法能解决问题，这个价值逻辑是不是对的。一个创新，能否通过这个阶段，要判断的也是这个价值逻辑。即使只是改进一个螺钉，也要弄明白为什么改这个螺钉就能解决问题。即使我们不能确定这个方案一定是对的，也能让这个逻辑成为一个可能成功的假设，之后验证这个假设就好了。如果糊里糊涂地就去做，不管成还是不成，都是瞎蒙，后面放大资源投入可能会带来巨大的损失。从本质上讲，创新的每一阶段都需要将不确定性转为确定性，如果没有新的确定性，那么这个阶段就没有通过。

迭代阶段：从方案到业务

迭代阶段是从基本的方案开始，确定团队并开始执行，从实践中验证价值，根据反馈进行反思和调整，使创新价值获得验证，取得确定性的价值认知，最后确立为创新成果并可以扩大为创新业务。迭代阶段，要取得第三个确定性，就是经验证的创新价值的成立。

迭代阶段需要对前面所有阶段的不确定性和假设想法给出确

定的结论：第一，问题是对的，或者说需求是成立的，去除伪需求。第二，方案是对的，或者说供给的价值是成立的，去除没有价值的部分。第三，效率是对的，或者说商业模式是成立的，去除整体和部分的浪费。以上三点都成立，一个商业上的创新才是成功的。

虽然不同行业、不同领域的企业，创新是非常不同的，但创新价值链是共通的。虽然价值链条有的长，有的短，过程有的快，有的慢，有的验证迭代容易，有的验证迭代不容易，但本质上都是在不确定性中创造增值。人和组织，不管多么强大，都会犯错，都会有局限，都会有失败的可能性，因此创新不能靠应对确定性的方法，不能靠自认为完美的一次性设计方案。

创新的评价方法

创新流程的关键点和难点如何评价

混沌学园在给大型企业授课或辅导时，最常被询问的问题就是如何评价内部创新项目。这也是企业创新的关键点和难点。关键的挑战就在于如何在不确定性中衡量价值，这与企业中惯用的直接根据经营数据甚至直接根据财务结果做评价有很大不同。显然，直接知道结果，做评判就很简单。而对创新的评价很像投资买股票，需要基于一定程度的确定性对未来价值做判断，这就难多了。但是大家要看到，在不确定的环境中对项目做评价、对未来做判断，已经成为当今我们需要高频做的事情了。即使是个人投资买股票、基金、房产也需要有这样的评价和判断，何况是企业创新这样重要的事情。因此，我们看清其本质和挑战后，不能回避，必须有方法。

对创新的评价，可以分成对人的评价和对事情的评价。越是不确定性强的创新，对人的评价就越重要。因为有创新力的人，可以改变事情，这样在大不确定性中就有了核心的确定性，毕竟事在人为。这也是为什么在大幅度的创新或早期创新中，往往要先对人做判断。比如国家级的科研项目，带头人是最重要的。再比如风险投资人对早期创业项目的评判，基本上是基于对人的评价。就像雷军所讲的，投资创业要投熟人就是这个道理。小幅度的创新或已经接近成果的创新，对事情的评价就占更大比重。这个时候往往是事情带着人走，由于确定性强，对创新力的要求就低了。

我们可以从金融投资中参考如何来评价不同阶段的创新。只不过企业内部创新和公开市场上的创新还有一些区别，因此我们在借鉴的基础上需要有所调整。

组织内创新与公开市场上的创新创业的区别

组织内的创新和公开市场上的创新创业创投不太一样，主要是因为范围有较大差别。组织内的创新，基本是在组织内部的，通常创新者和创新团队都是组织内的人，所用的资源也都是组织内的资源。而公开市场上的创新创业创投，创新者和创新团队来源于大市场大范围，所用的资源也来源于大市场大范围。

人的区别

人才能力区别：公开市场上的创新创业，是在大范围人才中优中选优。成功的创业者很可能是市场上最优秀的顶尖人才。而组织内的人才，是在一定范围内选出来的，所以通常不是顶尖的创新创业人才。因此，从人才的创新力来讲，组织内创新的人才在能力上不是最佳的。

人的动力区别：公开市场上的创新创业，创新者是自己给自己做事，事业是自己的，所以人才的动力是最强的。而组织内的创新，创新者往往是经理人，所以做来做去，成果往往是老板的、公司的，但有很大部分风险要创新者来担，因此，组织内创新的人的动力是较弱的。

信任度区别：公开市场上的创新创业，创业者与持有资源的投资人，大多没有共事过，缺乏充分的了解和信任。而组织内的创新，创新者和持有资源的公司决策者多是长期的同事关系，双方有更充分的了解，也会有更多的信任。因此，组织内创新中的信任度会更高。

资源的区别

资源有限度的区别：公开市场上的资源可以说是无限的，从天使投资到公开上市，创新到不同阶段都有可以借用的资源。而组织内的资源是有限的，一家组织不是专业的投资机构，不可能有太充沛的资源持续投入。

资源成熟度的区别：公开市场上的投资机构往往是专业的，他们对于自己从事的投资领域有成熟的投资方法，也有成熟的对创业者的扶植套路。而组织内掌控资源的人，不是专业的投资人，他们对创新的资源投入往往是不够成熟的。这就会让资源的稳定性远远不及市场上专业的投资机构。

资源优势的区别：公开市场上的资源，往往就是资本，其他的资源都是附加项。而且资本一般是横向的，也就是说一个投资机构只是投某个特定的阶段，有的机构专门投资早期创业项目，有的机构专门投资上市前的企业等。而组织对创新的投入不仅是资金上的，更多是产业上的资源，尤其是对组织所从事产业的认知，会让创新项目有先天的产业优势。而且组织对创新的支持是纵向的，从头到尾都会给创新项目带来帮助。

基于组织内创新与公开市场上创新的这些区别，对创新的评价也有一些区别。组织内创新的风险偏好和收益规模潜力的偏好要具有一致性，整体上要小于公开创业创投市场，但要更多考虑组织的产业资源和能力的相互作用，也就是说组织内创新项目要尽量能借用组织原有的核心能力，同时也可能对组织的大战略格局的形成有促进作用。

创新的评价原则

前文说过，创新项目要想成功，需要搞清楚三个确定性的结论：第一，问题和需求成立；第二，解决方案的价值成立；第三，财务和商业模式成立。

这三个确定性是几乎不可能同时获得的，要在不同阶段做验证（见表 11-1）。验证的方式分三个层次，分别是：

逻辑验证，也就是创新在逻辑上要成立，逻辑上成立的事情，事实上才有可能成立，逻辑上成立的事情才值得一试。

小样本验证，就是在小范围中获得客户、用户或需求者的验证，在一个小范围获得实践上的确定性。

市场批量验证，就是市场上做了批量用户验证，这就在较大范围获得了实践上的确定性。

发起阶段的评价

对创新项目发起阶段的评价，需要对三个确定性都给出逻辑上的验证，必须在逻辑上都成立才可以立项。在此基础上，最好是对问题和需求有更加确定的验证。因此，可以在发起阶段就做小样本验证，甚至是批量验证。比如要对部分客户进行调研，确定客户的需求是真实的。如果只是内部效率创新，那么就要判断要解决的问题是否有普遍意义，不能只是偶然的小问题。

此外，需要对创新者进行评价。如果能够对其自身的创新力有所掌握是最好的。如果是临场考察，主要是要对其进行询问，看他的思维是否清晰，逻辑是否通畅，不能缺乏思考。这个阶段，要重点看创新者是否有思路，是否把问题想清楚了。

方案阶段的评价

对创新项目方案阶段的评价，需要至少在问题、需求以及价值输出上有进一步的确定性，除了逻辑上的验证之外，要求有小样本的验证。创新的解决方案，要给小样本的客户和用户验证，看看是否真的能被接受。

对创新者的评价，要对创新思维能力和行动力两方面进行判断，以创新思维为主。主要是看他对创新的价值是否有清晰的思考，即使方案通过，后面还是要做调整迭代，思维能力还是占主导地位的。

迭代阶段的评价

对创新项目验证迭代阶段的评价，需要在三个确定性上都有实证。问题和需求以及方案价值需要进入批量验证，确保大方向和核心价值都是大致正确的，这样才能进入系统的业务进程中，到这一步就需要动用一定规模的资源了。在商业模式方面，需要给出实践上的确定性，也就是说要通过小批量验证。至此，应该有完整的确定性结论。

表 11-1 创新各阶段的评价

	发起阶段	方案阶段	迭代阶段
问题和需求	逻辑验证 + 小样本验证	小样本验证	批量验证
价值输出	逻辑验证	小样本验证	批量验证
商业模式	逻辑验证	逻辑验证	小样本验证

创新的决策机制

创新型组织机制建设的落脚点是创新的决策机制。这是创新机制的核心，通过创新决策，创新就有基本的确定性，即明确要不要做、要不要继续、要不要进入下一阶段。由于创新一开始就是从不确定性中发生，因此难以适用于一般事务的决策机制，不能以事为先，而需要更多地以人为先。要知道，机制是从一个确定性开始的，而不是漫无目的地从完全的不确定性开始的。企业里传统业务、传统管理都是事推着人走，所以决策机制是以事为先，事情需要人做什么，人就相应地做什么。而创新是人推着事走，人比事情的确定性更强，所以决策机制是以人为先，人发挥能力创造价值到什么阶段，需要事情走到哪里就走到哪里。没有想明白这点，做创新的决策机制就抓不到核心。这也是很多公司都想建立创新机制，但一直没有找到真正有用的机制的原因。

决策者授权和赋能机制

首先是决策者机制，也就是明确创新的关键角色有谁可以担任。在一个组织中，任何一个人都可以提出创新的想法，如果没做，那么这个创新就等于零，如果开始做了，那么创新会产生可能的价值和必然的投入。那么，决定做还是不做的人是关键角色，这个人是创新的关键节点，而且是最有确定性、最能有所把握的节点。因为，人可以在任何时候、任何情况下提出创新，这个节点是不可控的，控制起来也不经济。而所有创新都需要决策，所以决策人是一切创新机制的枢纽。

到底哪些人可以做创新决策者呢？这就要看企业要做的创新是什么价值量级的。基于企业追求的创新价值量级，管理权限在这个价值量级之上的人就应该是创新决策者。如果公司希望找到新业务的机会，那么创新决策者的管理层级就应该在业务单元之上，而不适宜由老业务的管理者来担任。比如，字节跳动如果想找新闻之外的新业务机会，这个创新决策者就不能是原有新闻业务中的人，因为他们在全力做新闻业务，是跳不出新闻这个价值体系的，怎么能指望他们评判和决策新闻以外的新业务呢。那么新闻业务的负责人能做什么创新的决策者呢？他可以做新闻业务范围内的创新决策者。因此，组织要做的创新机制的关键节点，在于根据想要做的创新量级，来制定创新决策人的选择、任命、授权和赋能机制。

以上讲的是大原则。典型的情况是，如果企业要做的是战略级的创新，是超出原有业务这个层级的新业务，那么创新决策者就应该是企业最高层，要高于任何业务层级。要么是企业 CEO，要么是 CEO 任命的战略层级的创新管理负责人，总之要是独立于原有业务部门的人。

如果企业希望业务管理者担负起企业创新的关键角色，让他们发挥创新的价值，那么企业就可以认定要做的创新范围和量级是业务内的，或者做不了价值创新但可以做效率创新。

一家企业如果想更好地成为创新型组织，就需要想办法赋能这些创新决策者，让他们具备足够的创新力，能够在应对不确定性的方向上有足够的判断力。要知道，即使员工再是天才、提出再棒的创新想法，都需要经过能做决定的创新决策者，如果这些人不识货，那么这些想法都是零。某个大公司的某个员工提出某个创新想法，结果被公司管理层忽略，结果这个员工自己出去创业，把想法实现并把公司做大，这种事情比比皆是，其关键原因就在于决策者的局限。因此，一个组织创新力的天花板是创新的决策者，而不是组织中最有创新力的员工。

评价和决策机制

创新决策机制中还需要建立对所出现创新的评价和决策机制，这些机制都要围绕决策者来制定。如果老板自己是创新决策者，那么评价和决策机制就围绕老板来做。如果事业部负责人是创新决策者，那么评价和决策机制就围绕事业部负责人来做。

我们见过很多企业建立创新评价机制是围绕员工或者围绕创新点子来做的，这都走进了误区。员工不是关键节点，而且员工水平参差不齐，提出的创新想法不确定性太大。而创新点子的不确定性往往大得没边。

一些创新活力强的企业，希望能够让“听得见炮火的人做决定”，也就是让员工做创新者，这是很好的方向。如果要达到效果，那么就需要员工承担创新决策者的角色，授权给员工，而不仅仅是提出一句口号。为此，组织必须对获得这个角色和授权的员工有所要求。首先员工要能力强，其次要限定创新的范围。

至于评价和决策机制的形式，其实不是特别重要。最简单的形式往往就很有效，比如创新项目汇报评审或者创新大赛，都是有效的。关键在于创新决策者以及报项目的人的创新力是否足够。

数字化升级在创新机制中的重要作用

新时代的创新型组织，还需要考虑数字化系统，对数字化系统的升级就是现在我们所说的“数字化升级”或“数字化转型”。前文我们谈道，组织创新机制的枢纽是创新决策者，而实际上我们再深挖一层，创新决策者的本质是具有创新力的载体。而谁说这个具有创新力的载体一定是人呢？的确，不管是在逻辑上还是在实际情况中，数字化系统已经开始扮演这个角色了。大量的创新决策是数字化系统做的，很多创新决策是在数字化系统的辅助下做的。

数字化升级的本质是处理不确定性的数字智慧

思考一下，这个时代谈的数字化与上个时代谈的信息化有什么区别?

信息化，是在确定性的前提下，将固化的事情沉淀在信息系统中，从而以机器的高效率提升整体效率。

数字化，是在不确定性的前提下，对动态数字信息（数据）进行实时收集、快速处理，通过机器算法等输出动态的、相对确定的智慧，帮助人们决策或直接指导决策，从而提升企业经营智慧。

信息化仅仅是把已经确定的流程、步骤、工序等在信息系统中重现。比如工厂生产工序本来是工人确定的工作，用机器照着完成，只不过机器的力度、精确度、效率比人要好。再比如会计算账，原本用算盘或计算器，后来用办公软件和OA，流程步骤没有改变，只是机器效率高了，而且不会出错。

数字化的不同点在于数字化系统要参与决策，而这点在信息化时代是不可能实现的。比如，我们逛京东、淘宝，每个人看到的推荐商品是不同的，都是更加适合自己的。而谁来决定给谁推荐什么商品呢，是数字化系统决定的。

数字化系统是新时代企业重要的创新能力

数字化升级的目的和意义是什么？

我们要从价值出发，而不仅从工具出发来看数字化升级。数字化升级是有价值的趋势，是这个时代对广泛企业的要求。

数字化的价值不在于解决某个问题或者某些问题，而是解决如何应对时代的问题。经验时代结束，创新时代来临，企业也需要随之升级。中国企业的经营，开始进入边观察、边分析、边决策、边试验、边验证、边调整的创新发展时代。数字化系统的核心意义，在于提升企业应对不确定性并将之转化成确定性的能力，即提升企业创新力，是建设创新型组织的重要硬件系统（见图11-4）。

应对不确定性的创新发展，进入企业的方方面面，不仅是战

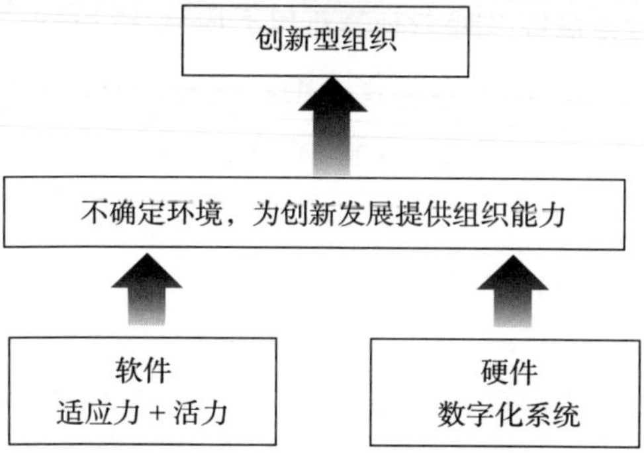

图 11-4　数字化系统的价值定位

略层面，产品、营销、运营等各项工作都面对这样的要求，这就需要有创新能力跟上。当然，具有创新能力的人，是核心，但不是全部。随着科技的发展，数字化系统逐渐有了处理不确定性的能力，换句话说，机器有了创新力。比如，电商平台靠人来判断不同用户需要推荐什么商品是不行的，那么就依靠数字化。数字化系统的创新力没有人那样高级和深入，但是比人有更细的颗粒度和更高的效率。它难以像创新人才那样做长远规划、大趋势判断、新业务机会探索，但是能够同时对数以万计的商品做排序，让更受欢迎的商品更容易被消费者看到。数字化系统能够对数以亿计的用户进行画像，让每个用户偏好的不确定性变成确定性，从而进行智能化定向推送。

数字化升级，是人的创新力的延伸，是组织创新能力的升级。

数字化与人一起来提升企业的整体智慧，建立创新发展的能力，在这个时代中产生竞争力。在快速变化、不确定的环境下，企

业原来的经营方法以及经营智慧难以适应变化，这就需要升级。如何动态地明智决策，动态优化调整，成为新时代企业的努力方向，而要想做到，需要数字化升级和数字化转型。

基于数字化的创新设计

基于数字化升级的创新如何做，如何才能对组织产生价值？这也是“数字化转型”这个流行趋势下，大家都弄不清楚的问题。建设一套数字化系统并不难，难的是这个数字化系统到底能干什么，能解决原来企业解决不了的什么问题，能产出什么新价值。我们从数字化升级的本质出发来看这个问题。

数字化升级的本质，是处理不确定性的数字智慧。数字化系统相对人的优势，是颗粒度细、速度快、效率高。数字化系统运行的基础是大数据。从这三个基础出发，我们就可以得出以下数字化升级策略：

第一，寻找有价值的、未被处理的不确定性，作为数字化升级的方向。比如开始阶段的网约车，司机和乘客如何进行更佳的动态匹配，这就是有价值的、未被处理的不确定性。再比如工厂制造出来的产品，原本只能抽样检查，没有被抽样的产品就有存在瑕疵的可能性，这也是有价值的、未被处理的不确定性。

第二，判断要处理的不确定性的规模，决定数字化升级的 ROI（投资回报率）。对于网约车来说，司机和乘客都是非常大量的，所以对两者匹配这个问题做数字化处理就很有规模效应，有巨大的价值潜力。再看工厂里面的产品检查问题，如果这个工厂产出的产品是大量的，对质量要求又高，人力检查又困难，那么通过数字化升级实现全部自动化检测就有规模性，比较值得。

第三，盘点已有的数据资产，以此来看要实现数字化升级的差距。数字化需要大量的数据，如果已有数据较多较完备，那么数字化的进程会很快，否则会有相当大的差距要逾越。

第 12 章
T-RPC 模型之文化

创新型组织的文化活力打造

资源总是有限的，唯有文化会生生不息。充满活力的文化支持组织持续革新，不仅让企业活下去，还要活得好。

组织文化的本质

文化价值观：约定俗成的评判标准

组织文化本质上是一种价值观，是群体的共同认知，是一种约定俗成的评判标准。组织文化一旦形成并固化，即显示出极强的影响力和支配力。组织用这套标准来判别什么受欢迎，什么不被接受，什么是对的，什么是不对的。

从生物学的角度来看，企业文化的这种表现与生命的进化有一定的同构性。达尔文《进化论》的核心观点是“物竞天择，适者生存”，能生存下来的物种，往往不是那些最强壮或者最聪明的物种，而是那些最能适应变化的物种。在社会组织中，文化就是类似于环境的一种评判标准，我们用文化来判断什么是对的，什么是错的，什么可接受，什么不被接受。它同时也是决策优先级所遵循的标准。

例如，有“增长至上”和“客户至上”两种组织文化的企业，即使处于同一行业，也会表现出迥然不同的风格。这种底层的决策价值观，对于组织内人员的思维特质、行为方式、业务流程、业务结果等都会有非常不同的影响。因为日常大家一定是以文化为潜在标准去做判断的，这就决定了什么样的员工、什么样的行为能够在公司长期存在。文化本身所代表的价值观，其作用就是帮助在某些事情上没有决定权的人了解做决定的原则，并且引导他们做出组织所期待的行为和结果。

组织文化是企业约定俗成的评判标准，是“暗地里”对员工行为产生影响的。事实上，在真实的企业中，我们也常常会看到一些互相矛盾的文化表现。

倡导的文化与践行的文化

组织如人，也常常言不由衷，知行不一。我们观察一家公司的文化，不能只看它说了什么，更主要的是看它做了什么，员工的行为表现才是企业文化的真实写照，也反映了一家公司的决策价值观。

我们可以追问四个问题：员工能背诵企业的使命、愿景、核心价值观吗？员工理解这些文化宣言的含义吗？宣言里的内容，员工都认可吗？企业和员工的实际行为跟宣言一致吗？

回答上述问题，有助于我们分清组织文化是“倡导的”，还是“践行的”，以便重新思考和梳理组织的决策价值观。

授权型文化与管控型文化

文化对内、对外表述了企业的理想和承诺，也是员工共同认可的行为准则。它是对员工的一种授权方式，文化是充满力量的。在授权型文化氛围里，遇到问题时大家大概知道怎么做，每个人都有主动作为的方向和空间；而在管控型文化里，大家知道更多的是什么不能干，这样的文化是以限制员工日常行为为目标的。例如，丰田的精益生产、JIT（准时制）看板管理制度："在发现任何质量问题时，流水线上的任何一位员工都有权拉绳中止生产。"谷歌的"不做恶"也具有同样的力量。在谷歌的一次会议上，大家讨论到对广告体制做出一项改变可能带来的好处，虽然这一改变有可能为公司带来丰厚的利润，但一位工程师却拍桌反驳道："这是在作恶，这事我们不能做！"屋里顿时鸦雀无声。

文化的功效：让符合文化的行为自发出现

为什么要建立文化呢？因为文化不仅具备评判作用，还具备传播思想、引导行为的功能，文化能够让组织成员呈现组织文化设计者期望的行为，而且能够让这种行为自发持续产生。

具体来说，文化能够引导什么样的人才、什么样的行为、什么样的结果涌现？在人才方面，创新文化引导发问、联想、观察、试验等创新思考力，想做事、能做事的人自发出现；行为方面，创新文化引导理性思考、理性沟通、提出问题、分析问题、提出方案、尝试验证、理性判断、迭代这类触发创新的行为自发出现；结果方面，创新文化引导有意义的改变，有效益或者有成长的结果自发浮现。

公司真实的文化观让员工自发产生创新行为

2002 年 5 月，一个周五下午，谷歌创始人拉里·佩奇在网站上闲逛。他输入搜索词条“川崎 H1B”，搜索结果包括许多律师帮助移民申请 H-1B 美国签证的广告，但没有一条是有关搜索词条所指的川崎老款摩托的。他接着又搜索了“法国洞穴绘画”，结果搜索出的零售商让人一眼就看出不是销售这类产品的。搜索结果让他非常不满意，这些信息真是毫无价值，这让他不寒而栗。他把自己不喜欢的搜索结果打印出来，把存在问题的广告特意做了标记，又将打印出的文件贴在台球桌旁厨房墙壁的公告板上。他在纸张上端重重地写了“这些广告糟透了”几个大字，然后便回家了。他没给任何人打电话、发邮件，也没有组织相关部门紧急开会。

第二周周一清晨 5：05，一位工程师给这位创始人发了一封电子邮件。这封邮件详尽分析了问题出现的原因，提供了一份解决方案，并给出了他们五人团队利用周末时间编写出的解决方案模型、超链接，还附加了测试结果，证明新模型与当时的通用系统相比有哪些优越性。这份解决方案细节烦冗且专业性强，大意是：我们准备计算出“广告相关度数值”，以此来评估广告与搜索请求的相关性，然后根据得出的数值来决定广告是否出现，以及出现在页面的什么位置。广告的先后排列应以其相关性为判断标准，而不是只以广告商愿意支付的费用或每条广告所获的点击量为依据。这位工程师叫杰夫·迪安。这个核心理念成为谷歌 AdWords 引擎赖以生存的基础。由此，一项价值几十亿美元的业务应运而生。

其实，广告根本就不属于杰夫及其团队的管辖范畴。他们只是碰巧在那个周五下午来到办公室，看到了留言而已。他们也觉得评价很中肯，在情理之中。他们明白，既然谷歌的使命是“整合全球信息，使人人皆可使用并从中受益，”那么糟糕、无用的广告就自然是问题，因此他们决定即使牺牲周末时间，也要立刻解决这个问题。①

看完以上案例，我们可以看出谷歌员工最关心、最重视的事是什么，他们行为背后的价值观是什么。谷歌的招股说明书中明确地罗列出了它的价值观，我们可以看出，上述案例中谷歌员工的行为，是跟其企业文化紧密相关的：着眼于长远，为用户服务，让世界更美好，创意经营，切莫自扫门前雪。

什么决定文化：创始人和初创团队表现出来的倾向

在组织初创阶段，组织文化就是创始人文化，它体现出创始人的思想轨迹和认知程度。为什么呢？我们来看文化建立的过程。组织早期成员是创始人的选择，在这个过程中创始人会选择与自己愿景相同、价值观相同、能协同作战的成员；随着业务发展和组织扩张，长期团队建立，而这又是早期团队的一种选择。由于创始人和初创团队成员的独特地位和强大影响，企业文化就是创始人和初创团队文化（见图 12-1）。如果这种假设被市场验证成功，那么它会不断自我强化，这也被称为“组织基因”。

组织基因需要遗传，并体现出强大的影响力，基因也会随着环境的变化而发生“变异”，从而保持物种对环境的适应性。一个有活力的文化，不仅能被动适应环境，更能积极主动预测环境的变化，在

① 埃里克·施密特，乔纳森·罗森伯，《重新定义公司：谷歌是如何运营的》，中信出版社，2019 年。

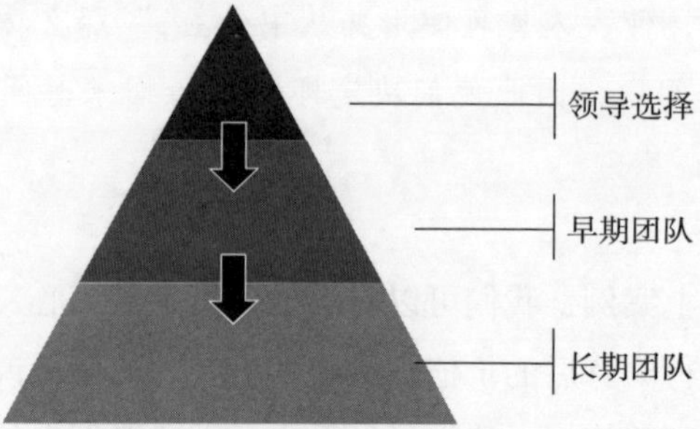

图 12-1 企业文化的形成过程

核心业务遭遇极限点之前，提前做出正确的反应。阿里·德赫斯在《长寿公司》一书中归纳出超大型“百年老店”的共同要素，指出长寿公司对自己周围的环境非常敏感，对环境的变化随时做出及时的反应；同时，它们也是宽容的，对边缘化的行为宽宏大量，鼓励擦边行为以及大胆的尝试。这些公司经历九死一生，还能好好活着，才是真正的伟大和成功，它们体现出“遗传和变异”相融共生的特征。

无可否认，企业文化会在一定程度上反映领导者的偏好，但把两者完全画等号是不对的。在一个传统的机械型组织中，如果领导表现出来的偏好是喜欢听话的人，那么组织会议大概率表现为执行文化：领导大说特说，同事保持沉默，只要执行分配给自己的任务就好了。如果领导表现出喜欢有想法的人，那么组织会议大概率表现为开放文化：同事各抒己见，领导反而说得少，只做一些简短关键的发言。

但创新型组织文化的形成更为复杂，它是创业者、创始团队、顶级人才一起反复碰撞的产物，既反映了他们的事业理想，也体现出产业的发展规律。创始人是依赖对产业发展远超他人的认知，才能在早期吸引到一群志同道合的精英，他们相互滋养、相互尊重，最终形成了公司的文化，这种文化是愿景、使命、价值观、人才理念等的浓缩精华，文化本质上就是公司战略的长远体现。

我们以谷歌最为人熟知的“不作恶”为例，这是由谷歌工程师保罗·布赫海特、阿米特·帕泰尔在公司成立不久的一次会议上提出，这句简短的口号彻底渗透到谷歌的方方面面，真诚表达了员工感同身受的企业价值观和目标，这句话也是给员工授权的一种方式。

再以字节跳动为例，在官网上，“和优秀的人，做有挑战的事”，“每个人的声音都可以被听到”，“体验最极致的成就感”，“拉近全世界年轻人的距离”等一个个小故事，淋漓尽致地体现出“字节范”。“字节范”的表述年轻而时尚，它既符合互联网产业发展规律，也充分展示出这一代年轻人的活力和激情（见图 12-2）。

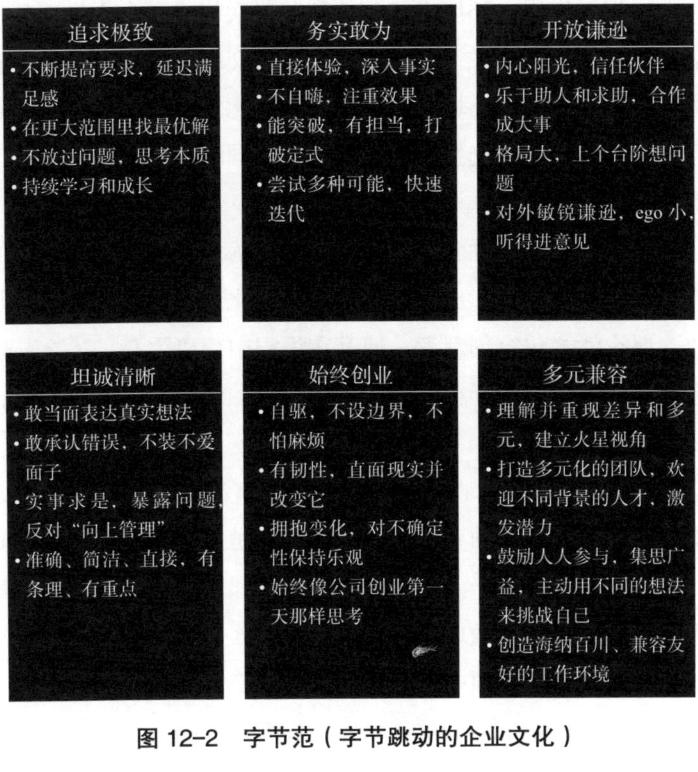

图 12-2 字节范（字节跳动的企业文化）

组织文化的活力

第八章中曾提到，组织文化的活力，也就是对不确定性的接受能力。那么评判组织文化活力的两个标准，就是对“拥抱不确定性的人”和“拥抱不确定性的行为”的态度，也就是对“创新者”和“创新行为”的态度。

创新者在组织的生存度

组织文化活力的第一个指标是创新者在组织的生存度。个人与环境之间相互作用，环境中的相关利益要素构成了个人生存的价值网络。对于创新者来说，企业内的要素所交织的环境就是他生存的价值网络，比如工作环境、流程机制、文化氛围、领导同事、客户等等。价值网一方面支撑着个体的生存，同时也反向束缚着个人的发展。

创新者往往会“跳出画面看画面”，提出与当前模式不同的新价值主张和业务模式，应对变化。如果文化价值观对不确定性是认可的，那么就会包容创新者，使其在组织中得以生存；反之，创新者会被看成组织中的异类，所推行的观点和行为受到重重阻碍，难以在组织中生存。

例如，约翰·拉塞特是著名动画工作室皮克斯动画的灵魂人物，是皮克斯创造力的驱动者。然而，拉塞特是在迪士尼开始他的职业生涯的。当时他还是一名年轻的动画设计师，那个年代的动画都是先用纸笔画出来，再做成电影胶片。一天，一名同事给他看了一段当地会议的视频，视频中介绍了新兴的电脑动画技术。拉塞特萌生出一个大胆的想法：迪士尼应该拍一部完全用电脑动画技术制作的电影。他找经理说明了自己的想法。他们认真听他说完，然后让他回到自己的办公桌前。几分钟后，他收到了迪士尼动画总监的一通电话——通知他被解雇了。他被解雇的理由是：他的疯狂想法让他无法专心工作。开创某一领域的人才，往往是具备创新思维、最顶尖的A类人才。这类人才在组织中究竟是被当作明星还是异类，在组织中是否留得住、活得好，是公司打造创新型组织亟须重视的一项指标。我们认为，企业要把“遗憾人才的流失率”纳入人才管理指标，监控组织的健康度。

成熟公司为了成功孵化新物种，一般会采取“遗传＋变革＋隔离”的策略。这既能充分利用母体的资源优势，也能够保持初创公司的灵活性。“隔离”实际上是为新物种创造适宜成长的环境。例如，2011年10月，华为公司高层、领域专家悉数聚集三亚，召开了为期三天的华为终端战略研讨会。在这场异常激烈的研讨会上，在to B市场征战多年的华为决心进军to C领域。华为消费者业务CEO余承东总结说：“要特别感谢华为集团的开放授权，让我们按照子公司相对独立运营模式、遵循B2C行业规律开展业务，实现研发、销售、营销、服务、供应链、财经等全流程端到端的管理，打造to C业务的完整流程与IT支撑体系，实现高效精细化运营，明显提升经营运作效率。”这段话很精辟，很多成熟公司的新兴业务往往死于不按行业规律办事，依然延续核心业务的管理办法，缺乏独立性。在这样的环境中，创新者的行动受到过多的限制，甚至被指责，可能落得个“出师未捷身先死，长使英雄泪满襟”的结局。

创新在组织中自发产生

组织文化活力的第二个标准是创新能够在组织中自发产生。

从是否有明确目标来区分，创新有两种：一种是有明确目标的创新，就是朝着既定目标一步步攻克难关，最终达成目标，这种创新自上而下发生，例如郭士纳领导时期的IBM；另一种是没有明确目标的创新，事先不知道创新的具体成果，而是在企业战略大方向下进行逐步探索迭代，这也是当前企业创新更为常见的情况。这种创新是在业务的主航道中，自下而上发生，通过MVP市场阶段验证，从一个小团队项目制业务，成长为公司的核心业务。比如字节跳动旗下的App工厂，培育出抖音、飞书等业务。这种创新带有很大的自发性和偶然性，但并不是说企业可以完全放手，放任自流。

我们来看看自发性创新是如何发生的。首先原创想法能够密集产生的地方，一定是有创新氛围的，员工可以自由地讨论、争辩、对话，进行高密度的碰撞，从而让创新想法产生，并进行推敲打磨。接着，从创新想法到创新发生，通常是团队协作的结果，而不是某个人的灵光乍现，创新就此发生。著名经济学家周其仁教授曾说，创新的发生需要很多元素“凑”在一起，诸如原创想法、支撑技术、知识产品保护、融资、科学家、发明家、工匠、企业家、（各类）投资家、商人……一个都不能少。就拿支撑技术来说，有原理不够，原理解决不了关键问题就变不成产品，所以关键的技术支撑非常重要。

最重要的是文化氛围，这是企业最宝贵的资产，很多地方并不缺乏上述元素，而是缺乏创新的氛围，也就是对于不确定性的探索和追求。哪里有创新氛围，哪里就有最大概率的创新出现。

凯文·凯利在《科技想要什么》一书中把技术创新和生物演化做了类比，创新从来都是自下而上自发演化的结果。组织文化作为组织内约定俗成的评价标准，对于创新的自发浮现起到了关键性的促进或阻碍作用。

以混沌学园为例，混沌所期望的理想组织形态是“自涌现”的创新型组织，在这里，好作品是“长”出来的，to B 业务是“长”出来的。如果说需要设计，那应当设计的是“自涌现”组织，这来自混沌学园所培育的开放互动、极度关注成长的土壤，公司总部、创新教练、各地方校区、客户等各生态间的高频互动，共创出一幅幅美好作品。

创新型组织文化的特征

创新型组织所需要的文化活力，其标志就是面对不确定性所表现出来的文化价值观。传统组织的文化价值观，长期遮蔽于老系统，会越来越趋向确定性，形成组织心智，对不确定的新生事物本能地排斥。与此相反，创新型组织的文化价值观会倾向于接受不确定性，对不确定性、变化、新价值创造进行包容和认可。一般来说，创新型组织文化有三个表现：成长度，开放度，理性度。

成长度：进化为一家充满生命力的组织

成长文化与非成长文化的区别

看动态：成长型文化更多是动态思维，看事物不停滞在静态层面。看动态其实就是看变化，进一步讲就是与变化共舞，因为一切都在变，时时都在变。所以，成长型文化里的各方面决策都要随着变化的发展动态调整。

看潜力：成长型文化更多是看潜力，而不停留在眼前的安全感。看潜力其实就是看未来，是一种理性的长期主义思维。一方面看事物的长期价值，另一方面对员工也要看潜力，不能只顾眼前。

看学到什么：成长型文化更多看学到什么，而不停留在短期得到什么。看学到什么其实就是投资面向未来的能力，是一种更长远的前瞻思维。重视学到什么背后还体现的是一个组织的学习能力，学习能力强的组织，应变创新的能力也强。

生命组织的成长：不断学习，自我革新

《长寿公司》的作者阿里·德赫斯认为，公司有学习能力是因为它们是生命体。生命体都有其“人格面貌”，它有三个显著特征：

第一，人格面貌受目标驱动。每一家公司都希望活下来，而且希望活得好。

第二，它有自我觉察的能力，了解自己在世界中的生态位。

第三，它有生命，但生命有限，某一天出生，到某一天逝去。

正因为公司具备自我觉察的能力，才使得学习变得重要，它在与周围世界的相互作用中成长，这种成长包括三个层次。

第一层次：当公司的角色与外部世界和谐一致的时候，它会通过不断总结复盘、案例分析、最佳实践，强化这种能力，这是一个强化自我肯定的过程，也是放大原有确定性的过程。

第二层次：当公司的角色与外部世界不匹配的时候，它会变得紧张、焦虑，有强烈的危机感。公司希望通过调整自身角色重新与外部世界保持一致。

第三层次：极少一部分公司不是等到危机来临的时候被动地适应环境变化，而是通过持续不断的深度思考，在阳光灿烂的时候修屋顶。

颠覆传统中介行业，又自我颠覆的链家，属于第三层次。很多企业只有在走下坡路时，才会去思考怎样孵化新的业务，但链家并非如此，它在自己的高光时刻就选择退居二线，并全力推出了贝壳。从 2010 年开始，链家每年会办两次战略研讨会，进行蓝军跟红军之间的对垒。简单来说，就是将与会者分成两组，一组人“扮演”链家，另一组人的“任务”则是“干掉链家”。

在链家这样的攻防战中，谁能把谁干掉呢？很多人认为一定是互联网思维组干掉传统中介组。其实恰恰相反，几乎每次都是传统中介组获胜。怎么会这样？为什么不是互联网干掉传统的？因为在房地产交易行业，经纪人非常关键，经纪人在交易过程中，扮演着不可替代的关键角色。当然，谁赢谁已经不重要了，而是通过攻防战，链家对行业的本质、生意的本质有了更为深刻的理解、反思。这种远超同行、跨界入行的“野蛮人”认知，其实源于他们超前的内忧外患意识。

从吸收式学习到重构式学习

心理学家让·皮亚杰（Jean Piaget）提出，学习有两类：吸收式学习和重构式学习。例如，公司通过萃取已有的经验（最佳实践），形成解决问题的观点、方法和规则，这对于处理已知的、重复出现的场景非常有效。这属于吸收式学习，在短时间内对系统的稳定运转至关重要。而公司要想成为百年老店，积极应对 VUCA 时代，则必须掌握另一种学习方式——重构式学习。这是一种更为积极、激进的学习方式，在实验、探索的过程中，参与者全情投入，以适应变化着的世界，组织内在的信仰、价值观都将发生结构性的改变。重构式学习能够带来变革、自我更新，创新型组织掌握了这把密钥。

我们从链家到贝壳的案例中可以发现，重构式学习的发生，需要组织具备几个条件：（1）决策层敢于直面危机，强烈的危机感和进取心。（2）逆向思维："谁能干掉链家？"类似这样的问题，视角都极为独特，一个犀利的好问题是重构式学习的开始。（3）模拟推演，在探索中寻找事物本质。模拟越深入，就越能触发想象，越能接近真相，决策也更为有效。

如果一家公司的学习速度长期低于竞争对手的学习速度，在 VUCA 时代，这将造成毁灭性的灾难。自然学习的速度很慢，加速学习是公司的必然选择。

与此同时，我们还应规避低效的学习方式。

在一些机械型组织中，我们常常听到这样的抱怨：为什么要参加这么多无聊的会议呢？这样的培训究竟有什么意义呢？显然，我们可以感受到在这样的组织中，学习和工作是二元对立的。这种传统的学习方式已经不能适应环境的变化，主要表现为：第一，学习成长、识变应变总是比竞争对手和新进入者慢半拍。例如，京东、今日头条的崛起，都与巨头没有认真对待它们进入自己的腹地所带来的威胁有关。反应速度慢在复杂变化的环境中是极其危险的，等危机临近，再要扭转局面为时已晚。第二，畏惧失败，不敢以空瓶心态从零开始学习。在这里，成功成了一种包袱，畏惧失败既限制了想象力，也使得他们偏爱复制过往成功的经验和模式，导致创新成长的效率极为低下。

开放度：组织对抗熵增的文化保障

开放对抗熵增，带来组织活力

本书第 2 章曾论述过，生命以负熵为生，有生命的企业组织也遵循着同样的底层规律。对于企业而言，其发展的自然过程也是熵由低到高，逐步走向混乱并失去发展动力。任正非认为，企业要想生存就要逆向做功，把能量从低到高抽上来，增加势能，这样就发展了（华为厚积薄发的理念）。人的天性就是要休息、舒服，这样企业如何发展？这也构成了任正非企业管理思想的源头——以奋斗者为本，长期坚持艰苦奋斗的理念。①

从企业生命周期的视角看，时间和规模并不是引起企业老化的原因，我们见过成立百年依然活力四射的企业，也见过成立十年以内就步履蹒跚的企业。企业的生命活力是在可控性和灵活性之间均衡，终极目的是永葆盛年，也就是既有可控性，又具备灵活性，具备处理复杂问题的能力。

那么，究竟是什么导致了企业的老化呢？大企业里的官僚主义、层级制度是导致企业失去活力的罪魁祸首，是不断熵增的过程。当官僚主义成为主流，一家企业就不可避免地走下坡路。官僚主义会让一部分个体的意志越来越强烈，而不同的意见和信息越来越少，组织的开放度越来越低。而层级制度则会增加组织信息传递的节点，

① 丁伟，《华为之“熵”与激发企业活力》，《哈佛商业评论》，2017 年第 3 期。

并且每个节点的意志和想法也会相应附加，处理不好就会导致组织方向的一致性降低，混乱程度增加。

所以说，一家企业要保持活力，就必须与官僚主义做斗争。下面，我们将讲述华为和招商银行的案例进行，看看他们是如何与官僚主义做斗争，从而保持开放、对抗熵增的。

华为的干部管理八条与自我批评

华为的干部管理八条（见表12-1），实际上是倡导践行其价值观，而坚持自我批判（见表12-2），实际上就是不断纠偏。例如，华为倡导“以客户为中心”，但事实上人们很容易走着走着就忘记因何出发，偏向“以自我为中心”“以领导为中心”，“眼睛盯着客户，屁股对着领导”是很难做到的。倡导自我批判并不是批判他人，而是不断反思、反省自己，自我批判的目的是寻求进步。

表12-1　华为公司改进工作作风的八条要求

序号	作风要求
1	我绝不搞迎来送往，不给上级送礼，不当面赞扬上级，把精力放在为客户服务上。
2	我绝不动用公司资源，也不能占用工作时间为上级或其家属办私事。遇非办不可的特殊情况，应申报并由受益人支付相关费用。
3	我绝不说假话，不捂盖子，不评价不了解的情况，不传播不实之词，有意见直接与当事人沟通或报告上级，更不能侵犯他人隐私。
4	我们认真阅读文件、理解指令。主管的责任是获取胜利，不是简单的服从。主管尽职尽责的标准是通过激发下属的积极性、主动性、创造性去获取胜利。
5	我们反对官僚主义，反对不作为，反对发牢骚讲怪话。对矛盾不回避，对困难不躲闪，积极探索，努力作为，勇于担当。

（续表）

序号	作风要求
6	我们反对文山会海，反对繁文缛节。学会将复杂问题简单化，600字以内能说清一个重大问题。
7	我绝不偷窃，绝不私费公报，绝不贪污受贿，绝不造假，我们也绝不允许任何人这样做，要爱护自身人格。
8	我们绝不允许跟人、站队的不良行为在华为形成风气。个人应通过努力工作、创造价值去争取机会。

表 12-2　华为的自我批判典型活动回顾

阶段	时间	活动
探索实践（1996—2000 年）	1996 年 1 月	市场部集体大辞职
	1998 年 4 月 5 日	研发体系“反幼稚”大会
	2000 年 1 月	市场部集体大辞职四周年颁奖典礼
	2000 年 9 月	中研部将呆死料作为奖金发给研发骨干
全面开展（2001—2010 年）	2006 年 10 月至 2007 月 11 日	全公司中方 18 线及以上管理者、专家的自我批判活动
	2008 年 7 月 9 日	管理作风自省自查活动
	2008 年 9 月	核心网产品线表彰大会
	2009 年 8 月 2 日	开展例行自我批判工作的通知
	2010 年 11 月	“马电事件”总结和反思
深入推进（2011 年至今）	2011 年 5 月	体系干部大会
	2012 年 11 月	对公司管理的有益观点进行学习及心得总结

招商银行的“清风公约”

2019年11月14日，招行正式发布了“清风公约”。“清风公约”是招行刀口向内、自我革新，从文化层面对“大企业病”开出的一剂药方，开启招行管理变革的全新一页。“清风公约”就像是一个系统的自我诊断疗法，从恢复机体活力的角度对症下药，帮助招行减脂增肌、去除窠臼，在未来的竞争中身轻如燕。“清风公约”也是7万招行人共同认可、共同践行、共同监督的理念，是一份郑重的“心灵契约”。

清风公约

1. 长话短说，大家都挺忙的。
2. 我们不是美工，别把时间花在做PPT上。
3. 最难的是下地干活，最简单的也是。
4. 发现问题不解决，比不发现还坏。
5. 市场不等人，待决事项只协商一次，协商未果提级决策。
6. 做正确的事，不管它在不在你的KPI里。
7. 领导不俯视，员工不仰视。
8. 有反对声不可怕，可怕的是一点声音也没有。
9. 所有人的所有想法，在数据面前人人平等。
10. 别用权力刷存在感，别人拥抱你只会因为你创造价值。

开放文化与非开放文化的对比

思维同频：开放型文化重视思维同频，而不陷入大组织病。思维是指导行为、决定结果的基础，所以只有思维同频，大家才能“心往一处想，劲往一处使”。思维同频有助于组织战略方向贯彻的一致性，减少熵增，提高效率。

简单规则：开放型文化打造简单规则，而不是构建各种复杂关系。简单规则可以保证组织方向的大致正确，又不至于限制太多，给组织活力的涌现留出了空间。简单规则既可以提高协同的效率，也可以打破烦琐的组织关系的束缚。

有能者上：开放型文化鼓励有能力者上，而不是陷入各管其事的局部思维当中。有能力者上是一种流动的秩序，这种秩序没有停留在部门系统或者人事职务上，而是务实地紧紧围绕在组织战略达成的方向上。有能力者上也是人尽其才的表现，让更多有能力的人有空间贡献智慧和价值，同时也吸引更多有能力的人加入，持续提高实干的人才密度。

如何打造开放的文化？

前文提到，公司要保持活力，就必须不断对抗熵增。而在一个封闭的系统内做功，最终会导致熵死。在成功面前，高层需要保持“清醒冷静的头脑”，不为一时的成功沾沾自喜，也不能产生傲慢的情绪；同时，在组织内部，要保持定期的“自我批判和自我革新”，认真检视组织、氛围、流程、目标、人才等关键要素，减脂增肌，保持机体的健康度和灵活性。具体工具见下一章的“T-RPC诊断表”。

张一鸣认为：“互联网技术并不是垄断或者绝密的，团队和文化才能保证持续的创新和优秀的自省。我们的核心竞争力是团队和文化。”人才快速流动，知识快速共享，互联网技术的壁垒很难长久保持，关键在于企业如何组织人才，最大化发挥效能。我们可以从细节中探索字节跳动的团队文化。

组织层面：少汇报、少层级、多共享。例如，在今日头条刚刚成立的时候，每双周举办分享会，分享自己对业务、行业、产品的理解；同时，还建立了知识库和 OKR（目标与关键结果），这都反映了字节跳动开放的文化氛围。

氛围层面：温和的氛围，不唯上，不强调“领导”，弱化层级和职务。

管理层面：少规则、少流程、高效率。

目标层面：定高目标，快速迭代。

人才层面：核心高管担任 HR 负责人，寻找最优秀的人。①

理性度：在不确定性中寻找确定性

创新型组织根据环境变化，分析产业逻辑发生了哪些深刻变化，业务应当如何调整、变革，而不会根据直觉、感情和经验做出判断。例如，微软 CEO 萨提亚·纳德拉在上任的一年，必须着手思考微软“何去何从”的问题，这包括：刷新微软的使命、愿景和价值观，重新发现微软的灵魂；时刻准备赶上下一波创新和平台变革浪潮，在“移动为先，云为先”的世界里寻求机遇，并快速执行；建立耳目一新、出人意料的伙伴关系，共同做大蛋糕，并做到客户满意。这些思考和变革的举措都很本质、很理性。

---

① 《今日头条张一鸣和他的创始团队》，左林右狸，2020 年 4 月。

相比于传统组织的感性文化，创新型组织的理性度主要表现在以下三个方面。

讲逻辑：理性文化下更多讲逻辑，而不是只谈感情。组织本来就是一个理性的目标性系统，公司资源的投入也是有成本的，蛮干就是浪费资源。对于大大小小问题的决策应该看是非曲直，而不是看组织里面人员的亲疏远近。

讲结构：理性文化下更多讲结构，而不是只谈直觉。这里的结构更多指的是因果关系，一切的判断都需要依据，仅凭直觉是靠不住的。凡事多问原因，而不是只盯着结果谈直觉，只有盯着原因才能解决问题。

讲发展：理性文化更多讲发展，而不是只谈经验。讲发展是面向未来的思考，经验是停留在过去的总结。如果只凭经验，那组织就永远只会被过去的决策价值网限制，代表着新价值的事物是入不了决策者的眼的。所以，要用发展的眼光看问题，判断事物价值的标准也要适应变化，与时俱进。

打造理性文化需要注意大胆假设，小心求证。没有大胆的猜测就没有伟大的发现，小心求证则需要企业家通过试点、实践验证。创新型组织的理性度体现在企业在决策思考过程中的严谨程度上，组织所体现出来的是拥有明确的目标和方向，不盲目随着内外因素的变化而变化，在严谨的逻辑推演和审慎的判断下做出决策。例如：华为的价值观“以客户为中心，以奋斗者为本，长期坚持艰苦奋斗”没有变；亚马逊致力于“成为全世界最以客户为中心的公司”没有变；在从链家到贝壳的升级中，“做有尊严的服务者，让行业变得更好”始终没变。在变化中的世界，寻求不变的“一”，将是笃定感的力量源泉。

加强理性度需要处理好以下三者的关系。

重与轻：当你坚持你的愿景、使命和价值观时，必须要去干一些很多人不愿意干的脏活、累活。

长与短：“快就是慢，慢就是快”这是一个辩证的哲学问题。企业不能因为短期利益而牺牲长期利益，但这需要极大的魄力。

难与易：企业需要“做对的事，做难的事，做需要时间积累的事”。贝壳的创始人左晖始终坚持“做难而正确的事”，他曾说：“我不太喜欢做容易的事情。商业上的事情其实是没有什么捷径可言的，越是碰到容易的事情，越是看起来像捷径的事情，我们就越是比较回避。”

建设、培育创新型组织文化

组织同频

组织同频主要包括三个方面：认知同频、使命同频、成长同频。

认知同频：创新是做非共识但正确的事，创新者在某一领域具备远超同行的认知。在起始阶段，创新者被误解是再正常不过的事情，作为先行者，他必须通过坚持不懈的努力，和利益相关方达成认知同频，取得他们的支持。

使命同频：也即前进的方向同频，奋斗的目标同频，这是最长期的激励方式。企业需要依据自身的产业逻辑、行业特征，制定本企业的愿景、使命和价值观等。从组织的搭建来说，组织同频可以分三步去完成，首先是领导者同频，其次是小团队同频，最后是大组织同频，由这样一个自上而下的同频过程，搭建组织共同的心智模式。

成长同频：指在前进的过程中，通过一场场胜利，打造出强大的组织能力，团队成员也取得极大的进步。

例如，华为消费者业务CEO余承东指出，华为消费者业务一直秉持“要么不进入，一旦进入一个领域，就要成为该领域的王者”的信念（使命同频）。这就要求各级主管对业务有深刻的战略理解力和洞察力，要比对手站得更高、看得更远（认知同频）。通过在电池续航、通信性能、拍照效果、安卓操作系统优化等方面的创新，先在部分领域实现全球领先，逐步培养出一支勇于追求、敢于挑战、简单务实的作战队伍。一个团队“三分战略七分风貌”，从指挥官到基层的作战风格以及团队气质的塑造和改变，是未来能走多远的关键（成长同频）。

把企业文化融入业务的关键环节

公司日常业务会集中体现出组织的文化倾向，因此，文化必须融入业务的关键环节。这包括组织结构设计，人才的选育用留，组织的氛围和气候，制度流程，目标设定与执行等。在这个过程中，有一个关键点需要特别注意，即文化和各个业务流程之间的一致性。

一家公司的理想和行为准则往往通过愿景、使命、价值观的方式呈现，好的愿景、使命、价值观会吸引、保留一大批志同道合者为之奋斗。但很可惜的是，组织可能会走着走着，忘记了出发时的梦想。百度连续出现的“贴吧事件”“魏则西事件”引起了网民对百度的广泛批评和质疑。李彦宏撰文《勿忘初心、不负梦想》，提出以下关键问题：“为什么百度的用户不再热爱百度？为什么我们不再为自己的产品感到骄傲了？问题到底出在哪里？”继而反思：“我更多地会听到不同部门为了 KPI 分配而争吵不休，会看到一些高级工程师在平衡商业利益和用户体验之间纠结甚至妥协。……因为从管理层到员工对短期 KPI 的追逐，我们的价值观被挤压变形了，业绩增长凌驾于用户体验，简单经营替代了简单可依赖，我们与用户渐行渐远，我们与创业初期坚守的使命和价值观渐行渐远。如果失去了用户的支持，失去了对价值观的坚守，百度离破产就真的只有 30 天！”

百度的案例反映出组织内部的矛盾和冲突，KPI 的设计和价值观之间出现了不一致，这会让员工困惑、迷茫，因为价值观所倡导的行为和 KPI 所引导的行为是相反的。李彦宏对此做了深度反思，创新型组织不是不犯错误，关键是犯了错误之后要有纠偏行动。直面现实，复盘关键细节，分析导致问题出现的流程、制度等，通过不断的自我革新实现一次一次的飞跃。

避免组织心智自动化

我们在前面的章节提到过，组织在运行发展过程中，很容易便形成组织心智，在对原有系统增加确定性的同时，必然对新的不确定性有排斥。本来用于提高决策效率、降低沟通成本的组织心智，就会成为变革时期最大的阻碍，让整个团队展现出盲目、迟钝、不知所措的状态。

下面以三星集团的变革为例，看组织心智固化对企业发展的束缚，以及企业如何打破旧的组织心智，重构新的组织同频。

1993 年是三星发展的拐点，在这一年，李健熙提出了三星的新经营。新经营的核心是推动三星从一家生产本土低价格、低质量产品的企业成长为世界级领先企业，李健熙有这样的雄心壮志。

李健熙在 1988 年宣布进行“二次创业”。但是“二次创业”失败了，创新停留在口号层面，他下达的 284 条指示，得到执行的只有一小部分，变革陷入了僵局。李健熙分析其中核心的原因是三星 50 年来形成的企业结构根深蒂固，让三星人没有办法从“三星第一”的固定思维中摆脱出来。

三星重新发起“新经营”是因为二次创业失败，而失败背后最核心的原因，则是公司里根深蒂固的组织惯性。组织惯性——已经形成的组织心智，是阻碍公司变革的主要内部因素。组织惯性主要包括三方面：一是思维定式，二是路径依赖，三是利益格局。

李健熙打破变革阻力的路线图值得很多企业家借鉴（见图 12-3）。

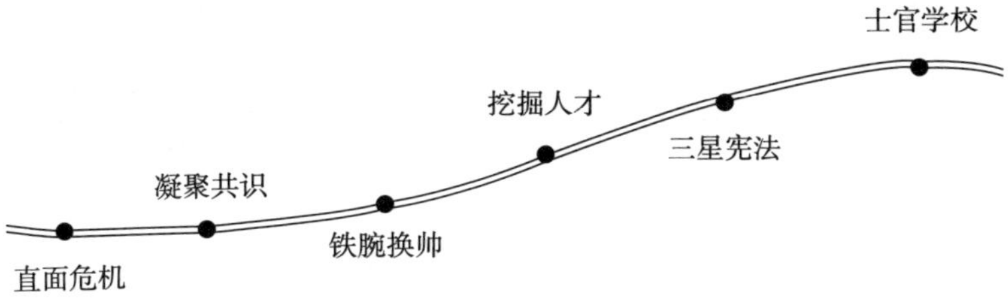

图 12-3　三星重塑组织心智地图

三星花了大概整整一年的时间凝聚共识。当时三星选了洛杉矶、东京、法兰克福等几个地方，在 1993 年开了马拉松式的会议（见图 12-4）。而这些地方的选择是有讲究的，需要打开大家战略思维的空间，像日本是电子产业的高地，美国是整个全球存量和增量最大的市场，而选择法兰克福是因为东西德刚刚统一，社会迸发出巨大的活力。李健熙在法兰克福发表了三星新经营的宣言，法兰克福会议也被称为三星发展历史上最重要的会议。整整一年的时间里有1800多人参加会议，李健熙也提到法兰克福会议使三星重获新生，是永远值得纪念的。通过这个漫长的过程，三星核心干部理解了新经营的背景、产业发展逻辑，也对外部世界有了更深刻的认知，打破了固有的组织心智，凝聚了新的共识，为三星长周期增长打下了坚实的基础。

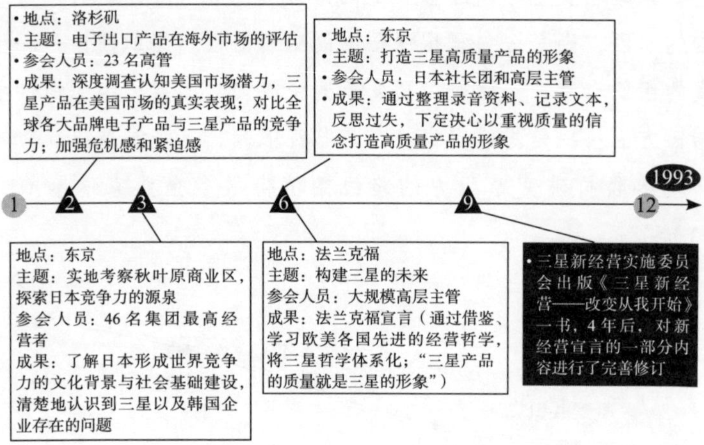

图12-4　三星新经营的漫漫长路

第 13 章
创新型组织的建设方法

如何从头开始打造一个创新型组织？

伊查克·爱迪思认为，“可控性”和“灵活性”这两大因素之间的关系，能够反映企业成长和老化的实质。年轻的企业富有灵活性，对多变的环境反应敏捷，做出变革调整相对容易；而“老”则意味着缺乏灵活性，对变化反应迟缓，变革的意愿相对较低。企业的理想状态是追求盛年，兼具可控性和灵活性，这一阶段的企业既有变革的意愿，也有能力把握未来。企业作为生命体，就必须不断地为自己注入新的活力，这样企业就能够永葆青春。[①]

一般而言，初创企业充满活力，但决策的可控性不强；而成熟企业则缺乏活力，但可控性较强。本章根据企业实际情况，主要针对成熟的大企业，探讨激活组织活力，进化为创新型组织的建设方法和路径。

社会心理学家库尔特·卢因（Kurt Lewin）将组织变革分为三个阶段（见图 13-1）。

---

① 伊查克·爱迪思，《企业生命周期》，中国人民大学出版社，2017 年。

第一阶段，解冻（unfreezing）——创造变革的动力。组织必须清楚认识到新的现实，才能让成员真正认识到变革的不可逆性，这样才有动力打破原有的行为模式。

第二阶段，变革（changing）——指明改变方向。实施变革，使成员形成新的态度和行为。

第三阶段，再冻结（refreezing）——稳定变革。因为在取得胜利之后很多人会变得松懈，这时需要把组织稳定在一个新的均衡状态，将变革的基因沉淀下来，稳定改革成果。

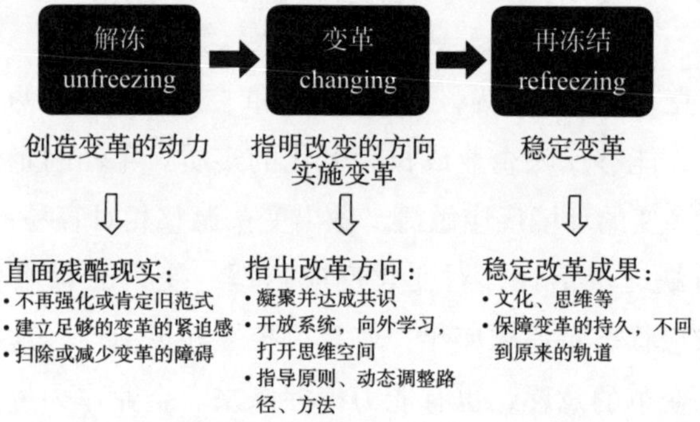

图 13-1　卢因三阶段变革模型

这套方法非常适合成熟公司的变革，很多企业将这套理论模型运用在组织变革中。参考卢因变革理论，我们将创新型组织的建设方法分为三个步骤（见图 13-2）：

第一步，组织诊断——认清组织现状，识别影响组织活力的关键因素。

第二步，变革计划——实施变革，建设创新型组织。

第三步，巩固创新成果——深化创新思维，重塑创新行为，加强组织活力。

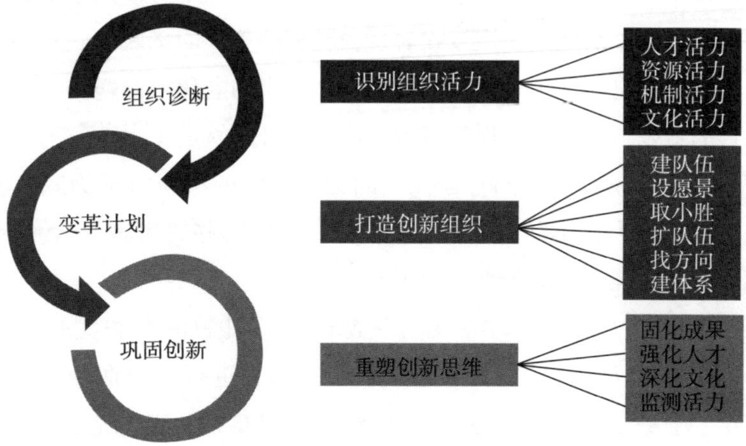

图 13-2　建设创新型组织的三个步骤

诊断组织活力

在多变复杂的商业环境下，企业要成长，唯有创新，创新需要组织活力。创新型人才的价值不是杜绝所有问题，而是建设一家能够解决复杂问题的组织——创新型组织，引导企业从孕育到诞生，到学步，到青春，最终进入盛年。这样，实质上是把一类问题转化为另一类问题，成长的过程只不过意味着组织能够应对和解决更大、更复杂的问题。

创新型人才用动态的、发展的眼光看待成长。这就意味着他们必须与导致组织僵化的因素顽强斗争，例如官僚主义、内耗等，才能减脂增肌，保持组织的活力。反观很多企业随着规模的扩大逐渐僵化，发展进入瓶颈期，由于缺乏合理的增速，官僚代替了创新，内耗代替了奋斗，内部政治代替了团队合作。这个时期的组织，就如同将入暮年的老人，沉浸在对过去胜利的美好回忆之中，对曾经的辉煌沾沾自喜。不过值得庆幸的是，组织的老化可以逆转，创新的目的就是让组织重新焕发活力，步入上升的轨道。

对此，我们需要问自己三个问题：我们的组织有活力吗？我们组织的活力在不断增强吗？我们必须预防哪些“疾病”，做什么“锻炼”，才能进化为创新型组织？

组织活力包括人才活力、资源活力、机制活力和文化活力。诊断组织活力，实质上是对组织内四种活力进行的识别过程。决策层、业务单元的总经理、HR 可根据 T-RPC 诊断表（见表 13-1），一一识别组织存在的问题，并对问题进行优先等级排序，解决关键问题。

表 13-1 T-RPC 诊断表

	创新型组织区别于普通组织的关键要素	存在的问题
人才 talent	1. 公司决策层从非共识到存共识 2. 领军人物 3. 创始团队 4. 全员人才密度 5. 全员人才机制 6. HR 在组织变革中的角色	1. 2. 3. 4. 5. 6.
资源 resource	1. 冗余资源的投资 2. 新业务的资源应用	1. 2. 3.
机制 procedure	1. 业务形态与组织机制的匹配度 2. 主动探索不确定性的机制	1. 2. 3.

（续表）

	创新型组织区别于普通组织的关键要素	存在的问题
文化 culture	1. 成长度 2. 开放度 3. 理性度	1. 2. 3.

创新人才活力：创新人才的充足率

创新型组织的人才活力主要体现在创新人才的密度。组织可以从数量、质量、结构、人效四个维度进行人才扫描。

数量是指在组织变革期，关键岗位上是否有具备创新力的人才，如果该岗位一直空缺，或者岗位上的人员不合适，会导致组织缺乏活力。在大型组织中，战略性岗位的评估是重中之重，人才任用应当看人才是否能够实现"未来使命"或攻克"当下难题"，而不是看"历史贡献"。据我们观察，很多组织活力不足，就是因为不合适的人才在战略性岗位把持时间太长，而这背后的原因又是由于在位者是公司元老，曾经在历史上为公司做出过贡献。顶级CEO往往是"无情之人"，他们会建立有效的退出机制，实现战略性岗位人员的有序更迭。

质量是指组织内创新型人才的密度及人力资源资产负债比。高人才密度意味着组织创新人才占比高，高密度的人才使得创新更容易发生。组织内的员工分为两类：资产型员工和负债型员工。资产型员工给组织带来绩效并且充满正能量，负债型员工则相反，干不出成绩还散发负能量。人力资源资产负债表警示，不能忽略组织里的"蛀虫"。要准确识别并淘汰负债型员工，避免这类员工对组织发展造成影响，从根源上防止“帕金森定律”的发生。

结构体现组织中各类员工的构成，可以从不同的维度分析员工结构，例如年龄结构、人才多样化的结构、能力结构等。很多企业存在人才的结构化矛盾，即“员工冗余与人才短缺并存”。企业想要健康充满活力，就需要识别结构问题，之后通过招聘、培养、调配等手段优化人才结构。在此，我们想再次强调，结构对战略的构想、创新的涌现、执行的效率等都有直接而长远的影响。

人效是识别创新成果的指标，数量、质量和结构都以“价值创造”为中心，而人均效益则从人的视角衡量价值创造的过程。通过人效可以有效识别现状，寻找差距，规划数量、质量和结构的调整与改进方向。

我们能够在识别组织整体人才情况的基础上，从数量维度分析创新人才占比，以及创新人才的增长率和流动性，从质量维度分析组织中创新人才的密度，从结构维度识别非生产性人员占比、前中后占比等，判断人才结构是否合理，从效能维度得出人均绩效产出。

在诊断人才活力时，可按照如下步骤：（1）按照四个维度，设计符合本公司的衡量指标；（2）以公司或业务单位为主题，定期（如季度）进行全面扫描，诊断人才活力健康度；（3）随时监控重要指标，如“遗憾人才的流失”；（4）HR 牵头，与业务部门分析原因，制定对策；（5）可收集本行业顶级公司的数据，进行对标分析。

表 13-2 是一家独角兽公司所设计的指标，仅供读者参考。

表 13-2　某公司的人才活力诊断指标

维度	指标	常用公式
数量	人员增长率	员工增长率 = 本期新增员工人数 / 上年同期员工人数 ×100%
	人员离职分析	员工离职率 = 离职人数 / [(期初人数 + 期末人数) /2]
	遗憾人才流失情况	
	新人留存率及人力成本分析	新人留存率 = 留存人数 / 入职人数
	关键岗位人才空缺清单	
	关键岗位人才空缺时间（天）	
	关键岗位人才充足率	
质量	司龄	
	学历	
	从事本行业时间区间分布	
	新人占比	
	关键岗位资格证书占比（含金量）	
	关键岗位比对分析（与最重要的竞争对手比较）	
质量	某领域顶级人才（首席科学家等）	
	管理岗位领导能力评估	
结构	地域结构分布	
	年龄结构分布	
	士兵和士官的比例	
	前台和后台的比例	
	总部和分公司的比例	
	关键岗位人数占全体员工比例	

（续表）

维度	指标	常用公式
效能	人均产出（单位时间内人均创造的产出）	人均产出 = 净销售收入或净利润 / 人数（需要根据战略目标选择）
	人工成本投入产出	人工成本投入产出 = 净销售收入 / 总人工成本
	各业务单元人数分析	

组织资源活力：冗余资源的投资率

创新型组织的资源活力是由冗余资源投入创新的比例来判断的。种子业务的孵化代表了公司孵化的方向，创新在早期需要资源倾斜。一方面，经营资源、信用资源和动力资源三类创新关键资源的投入直接影响创新的进程，另一方面，这三类资源的管理机制也影响资源活力。

从经营资源来看，资金的投入确保顺利推进创新，流量的引入促使创新快速发展。从信用资源来看，取得高层管理者的支持，能够有效减少内部阻力，提升驱动，更易于创新的推进。从动力资源来看，激励促使从下到上的推进力增强，加速创新，激励也使组织成员对创新带来的不确定性的疑虑减轻，期待通过创新有更好的发展。

第二曲线创新告知我们要在 S 曲线到达极限点之前就开始孵化第二曲线，而很多成熟公司往往是遭遇增长瓶颈的时候才开始变革，这样还有机会扭转局面吗？我们认为，成熟公司的优势在于其多年累积的资源优势，即使遇到危机，也可通过内部资源盘点，优化资源配置的方式，重回合理增长的赛道。

组织机制活力：处理不确定性机制的存在度

机制活力需要从两方面着手，一是组织中应当有一套应对自下而上创新的机制，二是有自上而下的创新配套机制（见表 13–3）。今天的经营环境变化极快，我们认为第一种机制更为重要。

表 13–3　组织机制示例

维度	重点评价内容
创新的机制	控制价值与风险 / 人才配备 / 资源投入
创新发起机制	效率创新 / 价值创新
创新流程	项目发起 / 增值方案 / 验证迭代
创新评价	对人的评价 / 对事的评价
决策机制	决策者机制 / 创新的评价和决策机制
数字化升级	数字化系统 / 数字化升级策略

投入资源才能启动创新，资源运营有效率才能使创新实现。资源投入的方向和效率是创新的关键，我们常说某企业把一把好牌打烂了，就是说该组织刚开始冗余资源很多，但运用不当，资源投入白白打了水漂。如下问题需要创新者思考：

资源是否充足？（组织需要系统盘点资源，知道资源的储备情况）

资源能否满足组织应对变化的需要？（储备情况）

资源能否支持组织创新，两者的匹配度高吗？（匹配度）

资源参与者之间的沟通协调合作如何？（沟通协作）

投入方向和分配比例合理吗？（占比）

创新无法完全规避风险，组织在创新过程中只能尽量规避风险，减少风险带来的损失。所以对于风险的机制建立需要思考：创新风险的识别及评估；风险监控机制；风险预防工作的准备。

人才作为创新的关键推动力，匹配创新人才机制，一方面进行人才导向与激励，促使人才创造更大价值，另一方面对人才进行保障，确保人才能够不断成长，增强创新能力，推动创新。关于创新人才机制，需要思考：

组织中是否有创新氛围？（创新环境）

组织的价值观是否支持创新行为？（创新引导）

组织中是否有合理的奖励制度？（物质激励）

组织中是否能够满足员工对控制感、胜任感及自主性的需求？（精神激励）

组织结构是否灵活？（扁平化、分权化、柔软化）

组织中创新人才制度是否完善？（资源配置、人才管理、激励制度）

组织文化活力：理性度、成长度、开放度

埃德加·沙因（Edgar Schein）在 2004 年明确将组织文化区分为三个层次：语言，行为，拥护的价值观和深层次的假设。进一步细分，文化结构可以分为精神文化、制度文化、行为文化和物质文化四层，精神文化是其中的核心。

文化活力中的理性度考量的是组织精神文化所形成的制度、行为及物质。精神文化在创新的过程中不断变化成长，保持自我革新，影响着制度、行为及物质的变化，这也是为什么创新组织强调组织文化需要接纳并认可不确定性。因为创新需要从精神文化开始转变，

从而引发制度、行为及物质认可不确定性，实现创新。

创新需要画下句号，一直处于创新的不确定性状况会对组织产生负面影响。理性度需要从底层思维逻辑思考：组织上下是否同频，具备共同的心智模式？组织文化是否深入到制度、行为及产品？组织是否有打破组织心智的文化？

成长度意味着组织需要对周围世界有自我察觉意识，不断学习，主动拥抱变革，适应周围环境的变化。关于组织文化的成长度，需要思考：组织是否会不断总结复盘，不断强化自我肯定？组织是否会调整自身角色，与外部世界保持一致？组织是否会不断思考，主动寻求创新变革？

创新型组织的目的是减少组织的熵增，创新的不确定性使组织保持紧张感，让组织保持危机意识。因此开放的组织文化使组织步步为营，担心温水煮青蛙的发生，从而使组织长期保持活力，不断对抗熵增。关于组织文化的开放度，需要思考：组织是否不断与大企业病、官僚主义进行斗争？组织是否持续保持自省，反复打磨队伍和文化？组织是否包容并认可创新（不确定性）？组织是否认可并鼓励创新人才？

设计变革计划

明确识别了人才、资源、机制和文化的活力后，下一步是在变革中不断增强组织能力，建设创新型组织。这里的关键是，创新型组织都是在创新的实践中锤炼出来的。我们提炼变革步骤（见图13-3），作为组织变革的参考，指导创新在公司中落地生根。

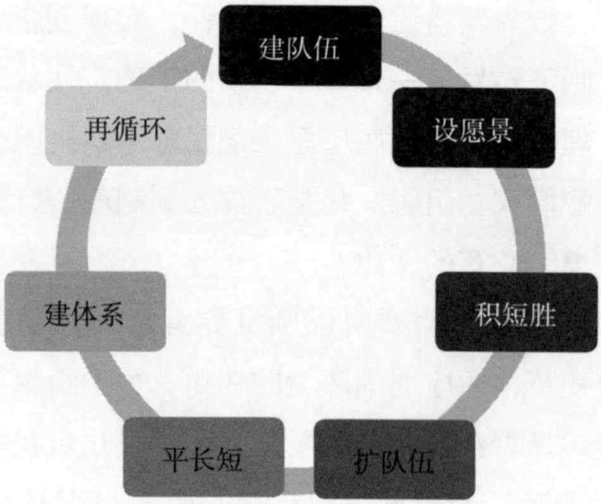

图 13-3　组织变革步骤

第一步：建立创新人才队伍

创新的基础是组织中人才所表现出的创新力，一个充满活力的创新队伍是变革成功的前置条件。约翰·科特（John P. Kotter）在《领导变革》一书中指出组建推进变革的团队分为三步：（1）选择合适的人，即领军人才；（2）建立信任；（3）建立共同的目标。

领军人才的标准及选拔方式见第 8 章，此处不再赘述。

领军人才、初创团队确定后，需要营造创新团队成员之间的信任关系。由于创新的不确定性，人们的天性会质疑甚至畏惧不前，建立信任的基础才能克服对不确定性的顾虑。

建立共同的使命和目标，团队才能做到“力出一孔”。目标的设立能使团队成员清晰看到创新的未来终点，便于理解，同时也激励着团队成员不断地追求卓越，实现更高的目标。

例如，海尔在面对物联网转型变革时，从自身出发，打造出

“触点网络转型加速训练营”项目。为推动此项目顺利进行，海尔大学事前搭建无边界项目团队，获取触点迭代生态圈总裁及人力资源平台的大力支持。在培训过程中，项目团队全流程为学员营造学习型组织氛围，共同推进项目开展，对项目价值产出负责。[①]

第二步：设定有效愿景战略

在 VUCA 时代，成熟公司不在变革战略中新生，就会在固守旧战略中灭亡。愿景反映了对行业发展前景的洞察和创造性的思想。创新组织是以创新人才为主，辅以资源、机制来激励、发展人才，也建立创新的文化理念，将个人自我价值的实现和组织的美好未来紧密相连，形成组织共同的价值观，促进人才活力的同时，也激活了组织活力。

沃伦·本尼斯（Warren Bennis）在《领导者》一书中提道：“领导者必须首先在心里勾画出一个可能实现的、理想中的组织画面。”愿景所描绘出来的组织未来形象必须具有可行性、可信性，能够吸引人，必须在某些重要方面优于当前。愿景有三个重要作用：清晰创新变革的目的和方向；激励人们，让人们找到工作的意义；有利于团结个体。

“好”的愿景战略会促使人才采取正确行动来推进变革，这类愿景战略至少需要具备 6 个特点。

（1）可想象的：描述了一个未来是什么的美好画面。

（2）值得做的：以员工、客户、股东等利益相关者的长期利益

---

① 卢娜娜，《海尔为物联网时代输送“关键人才”》，《培训》，2018 年第 12 期。

为诉求。

（3）可行的：现实的、可实现的目标。

（4）聚焦的：对于决策制定起到清晰的指导作用。

（5）灵活的：允许在条件变化的情况下，推行个性化的创新计划以及采取不同的应对措施。

（6）易于沟通的：易于沟通，能在5分钟之内解释清楚。

例如，微软创立时的使命是："让每一个家庭、每一台办公桌上都拥有一台电脑。"在20世纪70年代，这一使命极具感召力，但随着这一使命成为现实，微软该何去何从呢？微软CEO纳德拉发出了灵魂拷问："如果微软消失了，我们必须要清楚这个世界会失去什么。我们必须要回答的是：这家公司是做什么的？我们为什么存在？我告诉他们是时候重新发现我们的灵魂了，也就是说，是什么使得我们与众不同。"他对微软的使命进行了刷新：予力全球每一人、每一组织，成就不凡。以新的使命为起点，仅用了短短几年的时间，微软就迅速扭转了格局。

第三步：积累团队短期胜利

创新的过程是不断迭代的过程，创新人才队伍和愿景初步确定后，接下来的工作是摸索正确路径。在这一步，计划、实施、查错、复盘、再循环，反复摸索直到获得胜利。创新过程遇到挫折是一定的，但是要坚定不移，保持初心。一次胜利就会给团队带来极强的士气，激励着团队提升，促进创新变革的进行。

例如，2016年成立的元气森林准确抓住年轻人对无糖、健康产品的需求及"颜值即王道"的心理，凭借"0糖0脂0卡"的健康产品定位和时尚高颜值的产品包装，聚焦年轻消费人群，以互联网式的组织架构和迭代速度、全新的社交媒体营销方法，打出了一条差异化道路，引领了气泡水品类的消费热潮。2020年“双十一”期间，元气森林再次展现出“爆款收割机”的势头，42分钟便突破了2019年“双十一”全天销售总额，同比增长344%，在天猫“双十一”水饮销量排名和京东食品饮料双十一竞速榜均获得水饮类销量第一名。[①]

元气森林的成功不是一蹴而就的，经过了解年轻人的喜好、产品包装的反复调整、优化渠道等行为，不断突破自己原有的产品形象，才能形成差异化，在气泡水行业中打出品牌。

第四步：扩大创新人才队伍

取得初步胜利后，业务快速发展扩张，原有团队无法应对逐渐增多的工作，竞争环境快速变化也对人才队伍造成了巨大的负荷。扩充人才队伍已经迫在眉睫，有两个问题困扰着组织：一个是如何解决人才缺乏的情况；另一个是如何能具备充足的后备人才队伍。

组织逐渐发展壮大的同时，人才机制需配套。首先，团队的短期胜利验证了商业模式的价值，为快速扩大战果，组织需要从外部吸引大量的优秀人才加入，这考验HR团队招募工作的效率；其次，完善人才的选育机制，给内部高潜人才机会，对内部人才进行培养，提升人才创新能力。内外部的结合会迅速提升人才密度。最后，完

① 华平投资，《华平投资加码新消费，新兴饮料领军者元气森林完成新一轮融资》，2021年。

善激励机制，以战功和战果为基础，将价值创造和价值分配相结合，建立长期、短期的分配机制。

例如，在从链家到贝壳的产业升级中，贝壳的业务模式——ACN网络（经纪人合作网络），从一家中介公司成长为一个生态，贝壳在赋能同行的时候，也必须不断扩大自身的队伍，调整人才结构。一方面贝壳招募互联网精英，并让招募的精英必须弯下腰了解传统的中介业务，然后再运用互联网技术，把业务场景落地。另一方面，大部分传统中介员工很难适应新技术，如VR（虚拟现实）看房。通过VR，用户可以看到房子的实际情况，但是在刚开始推出这项技术时，很多老员工并不愿意用这个系统，他们觉得如果客户都通过VR看房，谁还来线下看房子？要克服这些障碍，组织需要开展培训，并重新设计价值分配机制，确保创新落地。

第五步：平衡长短目标关系

经过多次小胜后，组织茁壮成长，人才与业务逐步趋于稳定，创新的不确定性也逐渐趋于确定，但这只是阶段性地完成了创新。成功的变革需要充分规划一次次的短期胜利，创新变革的目的在于实现长期目标，短期胜利会让人们盲目，所以组织在积累短期胜利后需要进一步处理好长期创新变革和短期胜利的关系，以及领导创新变革和管理创新变革的关系。

第六步：优化创新支持体系

创新组织在行为及物质层面已经逐步趋于确定，这时组织需要建立与创新匹配的制度，使不确定性进一步转变为确定性，支撑并强化创新行为。这主要体现在两方面：一方面是提供支持和培训；另一方面是将变革制度化。

向员工提供变革的相关信息并及时给予辅导和支持，通过信息交流减少员工的疑虑及担忧。这样也可以提升人才的创新能力，能够更有效地推进创新的进行。

将变革制度化是指变革计划在实施了之前的几个步骤后已经趋于明朗，这时可以明确变革的支持和阻碍因素，复盘此次创新过程，为之后的创新变革提供更好的反馈建议。此外，高管支持机制使创新顺利推进。创新的激励制度，对组织或个人来说都是正向的反馈，能够进一步激发创新行为的出现。在创新的过程中会遇到不少问题，反馈系统的建立，保证沟通顺畅，能够及时解决问题。最后，在必要时调整组织结构，冗杂的组织结构不利于创新的推进。

例如，韩都衣舍基于小组制建立蚂蚁军团组织，核心模式是平台 + 小组制，一方面获取平台资源，另一方面直面消费者，贴近消费者前端，满足消费者的个性化需求。再有，小米打造的平台型 + 生态型组织，经过近 7 年时间形成独特的生态圈，以客户和技术为核心，通过产品和服务构建起一个全新的产业生态。还有京东的三维组织结构——建立客户导向的网络型组织，建立价值契约的钻石型组织，建立竹林生态的生态型组织。在京东的组织生态中，人力资源部不再管人，而是管任务市场。①

---

① 彭剑锋，世界经理人论坛，《这 8 个案例，代表了组织变革的趋势与人力资源变革方向》，2018 年。

第七步：再循环以上步骤

至此，创新型组织的建设基本完成。创新变革的道路崎岖不平，只有保持必胜决心，才能抵达终点。计划、实施、改进、复盘的循环，能保持组织活力，不断提升组织的创新能力。这里补充实施创新变革计划需要注意的几个关键点。

持续沟通：在计划和实施变革的全过程中持续沟通，与每个人说明创新变革产生的影响。

破除谣言：快速响应出现的问题，开诚布公地回答。

让员工参与变革过程：积极地支持参与变革的员工，请中层管理者日常指导员工，尽早取得小胜，稳固军心，固化创新成果。

沉淀创新成果及组织能力

沉淀创新成果的过程其实是沉淀创新思维。创新只有从底层思维逻辑上进行改变，才能改变行为，进而收获创新成果。否则，只有形式上的创新，随着时间的流逝，组织可能又被拉回到原来的状态。

固化创新成果

创新过程是不确定的，而创新成果则是可视的、明确的。通过诊断识别组织的差距，进而制定变革计划、实施落地、收获成果这一系列的过程，组织已经摸着石头过了河，找出了一条属于自己的创新路径。创新路径确定，宣告初步胜利，再经过反复多次尝试，在河上架起桥梁，实现创新成果的固化。

创新成果激励着组织，肯定了创新的阶段性成功，肯定了创新思想的正确性。从创新的底层逻辑出发，到创新行动的改变，对于组织来说，这些变化都是巨大的成功。

强化创新人才

"橘生淮南则为橘，生于淮北则为枳"，同样是橘子，因为环境不同而发生变化，人才也是如此。组织需要为创新人才提供合适的土壤，让他们的才能有"用武之地"，不然人才只能沦为废材。因此，要营造鼓励创新的氛围，为创新人才提供培养和激励，驱动人才进行创新。

创新人才的创新力是解决不确定性的制胜法宝，促进人才成长，才能实现组织创新的可持续发展。首先，建立人才培养计划，打造"系统＋个性化"的人才培养体系，不断增强人才的创新能力，满足创新之需。其次，建立能力素质模型，对人才的能力素质进行全面盘点，结合培养体系进行具有针对性、实效性的人才培养。

深化创新文化

创新变革后的组织会形成新的心智模式，例如，对新价值的包容和认可，对不确定性和变化的认可等。一方面，创新过后大家意识到创新产生巨大价值。另一方面，组织心智避免了自动化，组织接受不确定性，更多的创新想法不断涌现，且人们试图实现创新想法。

识别了文化活力后，管理者应当思考制定对应的行动计划来促进文化深入企业。体现在字面上的文化是企业价值观，以此为基准可判断企业文化的理性度、成长度和开放度，而文化需要进一步深入渗透到企业的制度、行为和产品。对于文化的深入，创新者需要持续思考：企业的文化是什么样的？如何营造企业文化？为了保持企业文化，应该停止做什么？为了深化企业文化，应该继续做什么？

创新的历程伴随着压力、磨难和锤炼，它是一个从思想萌芽，到方案探索、推演、决策、形成共识，再到实践落地的漫长过程，也是创新型组织和创新型人才进化和成长的历程。创新思维和创新机制的迭代构成了企业最大的财富，将推动企业持续成长。

Part 4

典型的创新型组织

本书前面章节系统性地介绍了创新的本质、创新型组织模型以及能够支持创新、使企业获益的创新型组织的建设方法。我们从T-RPC四个维度，系统性、结构化、流程化地阐述了企业应该如何构建能带来价值的创新型组织。

接下来的三章，将描述三种不同的典型创新型组织形态，给读者以更直观、明晰的印象，其中不乏对不同形态和阶段的创新型组织在行为表现以及T-RPC四维要素构建中的具体阐释。读者可以对比阅读，并结合自身所在企业的实际情况，来分析企业所处的状态，以及想要充分利用好当下组织形态或升级成为更高层级的组织形态需要做出哪些努力。

创新型组织是能够应对复杂的商业环境，展现出极强的适应性与进化活力的组织。简言之，在复杂多变的商业环境中，企业需要适应、生存、进化，就需要创新，而企业创新的载体，是创新型组织——一种能够帮助企业实现创新，且保障创新成果的组织形态。我们在描述创新的时候，根据其在新时代给企业带来的效益，分为创E（效率创新）与创V（价值创新），这两种创新的主要区别在于创新给企业带来的主要是原有价值主张边界内的效率提升，还是改变原有的价值主张以追求新的价值。

企业对这两种创新的追求，需要通过不同的创新组织形态来实现，为了方便理解，我们暂且将其称为“创E组织”，即以追求效率创新为目标的组织，以及“创V组织”，即以追求价值创新为目标的组织。

典型的创E组织如著名车企丰田，通过创新的手段，将内部车辆设计、研发、生产制造及销售、售后全价值链流程的效率最大化，整个公司全员参与持续不断的快速迭代。典型的创V组织，则能够在其组织内部不断突破已有的价值网络，孵化产生出新的产品或业务，并发展成为企业，为市场和客户提供新的价值点，构建新的价值网络。

除了这两种典型的创新型组织形态外，我们还看到一种组织形态能够在创E、创V中自由切换，在企业发展的不同时期，根据所处市场的不同阶段、客户的不同特性，来灵活匹配企业，在效率和价值的追求上做到极致，我们称之为“创X组织”。比如我们经常提到的谷歌，在搜索引擎业务上始终坚持底层价值逻辑，不断提升客户使用效率，同时从未停止对前沿科技和更高价值的追求，在人工智能、大数据等领域取得突破性成果，为人类社会创造了前所未有的价值。

创E组织：创造效率，促进第一曲线增长，主要表现为成长型创E组织和项目型创E组织。

创V组织：创造价值，生长第二曲线，主要表现为独立产品单元和独立业务单元。

创X组织：创造效率、创造价值，开拓第二曲线，主要表现为合作生态和投资生态。

现实商业环境中，由于竞争的日渐激烈，企业的生存空间和生存环境无时无刻不在接受不同方面的挑战，很多企业在复杂多变的环境中，由于没有足够的底层创新思维能力，缺少对商业本质的思考，组织每天都在应对接踵而至的问题，从而失去了应对市场和竞争的主动性。只有真正具有创新思维力，且坚定创新战略方向的组织，才有可能更好地迎接挑战，实现在多变复杂环境中的生存和

发展。但有了方向和战略，与真正的创新实践和创新行为成果还相去甚远，创新型组织是企业能够真正从内在激发活力，从外在提升适应力的组织保障。在接下来的章节中，我们将重点介绍创E组织、创V组织、创X组织的特点，以及企业应该如何诊断和选择这几种组织形态，并通过正确的方式和手段，实现企业的短期和长期发展。

第14章
创E组织

效率创新，夯实第一曲线

在2000多年前，亚里士多德就有了一个惊人的洞见，他说："自然界选择最短的道路。"到了文艺复兴后的科学大爆炸时期，法国著名的数学家和物理学家皮埃尔·莫佩尔蒂提出著名的最小作用原理，他说："对于所有的自然现象，作用量趋向于最小值。"在商业领域，我们认为一个产品、服务或组织在不确定的时代变化中，通过最小作用力帮助企业实现突破和持续性提升价值创造的途径，是迭代。每一次的迭代都会产生差异，而且这个差异在不断地对外界变化进行适应。物种为了求生，每个个体从最小尺度，以迭代的方式产生对自然环境变化的适应，这就是自然选择的本质，而所谓的选择就是用迭代求适应。同样地，企业要通过不断的迭代，快速提升产品的品质特性以及运营和服务过程的效率最大化，从而提升企业的客户价值。

前文中我们多次提到并比较了效率创新与价值创新，在本书中，我们定义效率创新与价值创新的本质区别是创新所带来的效益是否突破了企业已有的价值网，是否在新的市场为新的客户提供了新的产品或服务。本章我们将具体剖析创E组织，通过迭代改进的方式，帮助企业在现有的价值网里，即我们所说的第一曲线内，去实现效率创新，提升第一曲线创造价值的效率，帮助企业稳固市场地位，提升竞争能力。

创E组织适应范围：效率创新/第一曲线创新

创E组织要解决的问题，是企业主营业务的效率问题。当人们在谈论创新的时候，会经常联想到那些影响世界的突破性创新，如第一台电子计算机的研发、新冠疫苗的研发、埃隆·马斯克对SpaceX的开发等这些给全行业甚至全人类带来巨大价值的创新。然而，人们经常忽略的是，绝大多数企业在日常经营过程中也需要不断创新，从最基本的创新做起，将当下的业务做到极致，并不断沉淀核心能力，才有可能在时机成熟的时候产生具有影响力的价值创新，开拓第二曲线，或创造出影响巨大的新技术/产品/服务。因此，我们希望强调的是，效率创新是企业中最常发生的创新场景，也是一个企业从无到有，从小到大，最需要具备的基本组织能力。也就是说，衡量一个企业是否具备创新的基因，看它在企业运营过程中能否做到效率创新是一个最简单直接的检验方式。

创E组织的适用范围，是在企业主营业务中追求不断创新和效率精进，这可以从企业价值链和供需链等多个维度拆解要素，找到将每一个要素的价值发挥到最大的方法和路径，并付诸有效实践。比较典型的效率创新包括过程创新、营销创新、组织创新、产品创新等。

过程创新（process innovation）一般指产品或服务生产创造过程中的创新，包括新的工艺流程、新设备的采用。过程创新一般并不带来产品和服务的改变，其目的是通过降低成本或提升效率的方式，提高企业的市场竞争力。比如，在传统制造企业中，生产过程从手工加工到机器化生产，再到半自动、自动化设备生产的过程，极大地提升了生产过程的效率。

营销创新（marketing innovation）指企业随着环境的变化，结合自身特点，寻求某一个或一系列营销要素的变革，以寻求更好的市场反应与客户反馈。比如，市场部从原来的电视广告投放转向新媒体的过程，提升了营销的效率，是一种创新性营销方式。

组织创新（organization innovation）是指全面系统地通过创新形式解决企业组织问题的过程。组织的创新是企业刷新能力，适应市场与业务变化必须经历的过程。传统的组织创新可能涉及六个方面的组织变革，包括职能结构、管理体制、机构设置、横向协调、运行机制和跨企业组织联系，是为了提升组织效率。本书中讲到的创新型组织，则是从探寻组织本质的角度出发，帮助企业解决从效率创新到价值创新，再到生态创新的问题。

产品创新（product innovation）强调渐进式，是指在原有产品或产品体系上的迭代升级，而非从 0 到 1 的全新产品设计和开发。比如 3M 公司在原来的便利贴产品基础上，推出一种新型的彩色便利贴，这就是一种渐进式产品创新，能够提高客户满意度，增加产品或服务的功效，由此可以产生正面的影响力。虽然我们通常认为渐进式创新对于企业收入和盈利状况的影响力有限，但对于致力于开拓新市场和开发新产品的企业来说，企业通过渐进式产品创新的积累，不断改进和提升竞争力，是获得成功的关键要素。

创E组织适用于处于第一曲线上升期的企业，促进企业技术、产品、服务、组织的迭代与效率提升，夯实第一曲线，实现第一曲线快速发展。

创E组织的价值：降本增效、提升企业价值创造的效率

根据本书对创E的定义，创E组织的价值是帮助企业实现第一曲线的效率提升。比如，通过技术创新实现新技术对旧技术的取代，提升研发、生产效率；通过精细管理提升生产流程工艺的效率；通过数字化营销提升营销效率，更快更好地传达产品和服务的价值到客户端；通过引入新的管理系统来提升组织管理的效率，改善各部门沟通协作效率；通过商业模式创新来实现产品和服务价值传播的效率最大化等。

创E组织的最大价值，是帮助企业降本增效，提升企业价值创造的效率。

现实的市场和行业中，发生在每一个公司中最多的场景就是效率创新。不是所有的创新对用户和企业的增长或赢利能力都有同等的作用。不同程度的创新行为会带来不同程度的创新成果价值。比如效率创新通常带来的是渐进式创新成果，而价值创新则通常带来突破式创新成果。但同时，不同的创新行为和结果所需要付出的努力和代价也是不同的。为了追求突破性创新成果，企业必须勇于投入更多的资源，去挑战无人区，无论是在技术研发还是在市场探索领域都需要走在前列，伴随着更大的失败的风险，去实现那些 new-to-market（新上市）的突破性价值创造。同时，企业日常经营

过程中，更基础的创新，一定是风险和投入相对可控，结果也相对可预测的渐进式创新，即那些常被忽略或不被人们提起的效率改进和工艺流程的迭代、服务意识的提升、营销手段的升级、销售理念的更新等等，帮助企业不断迭代升级，做强做大。

因此，我们认为创E组织为企业带来的价值是巨大的，是保证企业基于主营业务价值链的不断精进，使得每一个环节都在效率上得到提升，降低成本，提升产量，提高质量等，它应该无时无刻不在公司内部发生。除了我们上述提到的过程创新、组织创新与营销创新，产品的不断迭代升级也是重要的部分。我们始终强调，不是只有发明创造才算创新，企业现有团队日常工作的进步都是创新。只不过随着时代的变化，企业对创新力有了更高、更快的要求，但越是在这种时候，我们越不能低估这些原本的工作和团队的价值。创新的第一步和最佳路径之一恰恰是通过现有团队的能力进化，在当下业务场景中挖掘创新。创E组织就是帮助企业达到这个目的的组织形态。

那么如何通过创E组织的搭建来促进企业对效率创新的产出呢？经过本书前面章节的论证，我们认为企业的核心资源还是目前的人才和团队，创新如果可以通过现有团队，辅以恰当的资源配置、机制保证和文化载体得以实现，对企业来说是最完美的选择。本章我们将会介绍日本车企丰田对创E组织形态的打造，帮助读者更好地理解创E组织形态在整个公司以及部分模块中的体现形式。

创E组织的两种表现形式

组织运行机制通常是为适应企业过去和现在的业务结构而存

在的。它定义了企业完成某项特定任务的能力，能使企业按照既有方向高效运转，同时，它也限制了组织灵活性，定义了组织无法完成其他任务的能力。克里斯坦森说："对于面临变革或创新需求的管理者来说，他们所要做的不只是根据任务需求正确分配资源，还要确保获得这些资源的机构有能力获得成功。而在进行评估时，管理者必须仔细分析机构的流程和价值观是否和任务相匹配。"

因此，在进行具体的创E组织机制分析之前，需要明确一个概念，我们所描述的创E组织，是指一种组织形态和组织能力的体现形式，它可以是一个企业整体的组织形态和能力表现，也可能是企业的某一个部分在某一个阶段的形态和能力表现，不拘泥于强调全系统。我们认为从组织的某一个部分尝试构建这种创E组织形态，无疑是一个良好的开端，但争求在全组织系统内建设创E组织应该是企业追求效率最大化的目标。

在大多数组织内，创新只是一种偶发性活动。而在创新型组织中，创新不再是一种偶发性活动，而是流程的一部分。这样的组织通常表现为：有一套高效的机制可以发掘问题，产生想法，并及时对想法进行反馈。进而，针对这些想法提出具体行动方案，使组织的问题获得具体且实际的解决。组织创新的关键挑战，就是在特定的环境中匹配最合适的组织机制。在不确定的环境下，根据内外部的资源条件和约束，来选择最适合的创新组织形态及其应用范围。以下介绍两种创E组织形态，一种是全员效率创新的成长型组织形态，另一种是组织的某个模块为了完成特定使命而搭建的联合攻关项目组的创E组织形态。

成长型创 E 组织形态

成长型组织形态是我们认为企业需要具备的最基础的创新型组织形态，也是企业在第一曲线业务中追求极致与效率最大化应该具有的团队、资源、机制与文化的保障。

成长型创 E 组织形态适合追求持续改善，通过动态迭代，不断解决问题的企业。根据创新型组织 T-RPC 模型，组织首先要提升员工创新力，即团队进化，来作为创新行为的基础。团队进化机制的表现形式通常为：企业通过鼓励全员创新，建立广泛的提案通道和机制，最大化激发员工的创新参与度。比如中国移动的创新提案系统和创新评比活动、维珍集团的开门政策，为个人贡献者敞开绿色通道，使个人贡献者可以直接与领导者交流自己的创意；丰田 QC 改善小组和通用电气的六西格玛通过持续改善推动创新；字节跳动通过透明化组织创新信息，激励“有能力者上”。这种类型的组织机制在自由开放创新的基础上，需要配以明确的权限，最核心的要求是员工能力足够强，员工基础素质高，并且组织要帮助其不断进化提升，才能够支撑这种开放式创新有序进行。

下面，我们将基于创新型组织 T-RPC 模型，来诊断分析成长型创 E 组织各要素的特征表现，读者可以进行对比分析。

人才（T）：全员具备创新力

从人才的角度来讲，成长型创 E 组织形态需要全员具备创新能力，因为效率创新发生在组织方方面面的细节之处，是无法仅仅通过公司领导人、关键决策层或核心领军人物的意识和行动来实现的。我们说创新就是非共识，在第一曲线的群体共识区进行效率创新，需要员工在群体共识区具备非共识的意识，但这种非共识与第二曲线创新的非共识不同，是更容易被员工接受、容易实现和容易达成一致的。比如在企业追求精益生产的效率创新过程中，要求每一个员工，尤其是一线员工，对生产环节中的每一个细节进行思考，打破常规，去发现其中能够优化和精进的部分，提出问题，改进迭代。因此，成长型创 E 组织是全员具备创新力的组织形态。

当然，我们强调全员创新力是成长型创 E 组织成功的基本要素，全员创新力是需要企业不同层级的决策者在对成长型创 E 组织的概念有深刻的理解与认同的基础上实现的。无论是传统行业还是新兴行业，企业的决策层需要先就企业是否追求效率创新，及是否需要打造创 E 组织形态达成共识，而后将这种共识形成机制，甚至文化，在员工中传播渗透，进而在行动上给予资源支持，以真正做到提升全员创新力，促进全员参与的创 E 组织。

资源（R）：自给自足自闭环

成熟的成长型创 E 组织在资源配置上能够实现自给自足的闭环。由于成长型创 E 组织追求在全组织范围内，全员实现效率创新，其本质是在相同的价值主张体系内，提升企业的资源利用率，以促进企业拥有更多的冗余资源。

在不需要耗费大量冗余资源的情况下，成长型创 E 组织的冗余资源投入主要体现在早期搭建过程中技术、设备、工艺、流程等的引用投入，以及在培养员工创新力过程中的资源激励等。一般情况下，成长型创 E 组织在冗余资源的调配和使用上，不需要特别大量投入，而是在投入–产出的过程中实现自给自足，且从长期来讲，一旦创 E 组织形态形成，组织将实现自闭环和冗余增加。

机制（P）：问题机制、改进机制

在培养全员创新能力的过程中，组织机制是非常重要的部分。在传统企业的多层级管理中，组织需要明确的机制来开放全员创新的空间，在互联网企业更加扁平化的组织机构中，这种主动的创新意识更加需要好的机制来培养。因此，我们强调成长型创 E 组织在追求全员效率创新的过程中，需要给予员工充分明确的权责，激发员工的主动性去发现问题、改进问题。

企业组织在运作过程中，每一个环节都有可能蕴藏着各种各样的问题，这些问题可能不会危及企业的短期成败，或给企业带来看得见的重大损失，同时这些问题是企业决策层所无法窥见的，只有一线员工能洞察和感觉到。那么，如果员工没有足够的主动性，不明确个人的权责，缺乏创新的意识，就很难将这些问题提出并改进。员工应在任何一个操作环节中，都能够积极主动发现问题，把个人当作这一环节的主人。因此，拥有一套调动员工把每一个操作做到极致、主动发现问题、遇到问题主动提出并积极探索改进措施的组织机制，是成长型创 E 组织的重要保障。成长型创 E 组织，应该设定明确的权责，并精心策划全员提出问题、寻求改进的组织机制，激发员工的创新主动性，培养员工的创新能力。

总之，成长型创 E 组织，在机制设置上的主要任务，应当是建立良好的问题机制、改进机制，以保证效率创新的持续发生。

文化（C）：理性 + 成长

在讨论创新型组织的文化时，我们认为三个方面至关重要，分别是成长度、开放度和理性度。这三个维度的特性，构成了企业在不同成长阶段的文化基础。文化是一个企业员工、机制与行为的统一特征，作为一个比较难量化的指标，企业文化在很大程度上体现和决定了组织的创新性。梳理关于成长型创 E 组织的特征，我们发现，无论是全员创新、效率最大化、追求持续迭代等，都反映出一种不断成长和理性的组织文化属性。因此，成长型创 E 企业在文化的理性度和成长度上有卓越的表现。

成长度体现在企业持续的迭代与员工不断地追求精益进步的过程。如果一个企业组织所体现出的是追求卓越的精神，其员工体现的是不断改进、精益求精的氛围，那么这个企业就具备了效率创新的环境和土壤。同时，理性度体现为企业在决策思考过程中的严谨程度，组织所体现出来的是拥有明确的目标和方向，不盲目随着内外因素的变化而变化，而是在严谨的逻辑推演和审慎的判断下做出决策。理性度作为成长型创 E 组织文化的一个维度，体现了组织对迭代成长的审慎与专注。

项目型创 E 组织形态

除了前面所讨论的针对整个组织和系统的成长型创 E 组织形态，另一种创 E 组织形态并不在组织整体体现，而是在组织局部的某个特定场景下实现，我们称之为项目型创 E 组织形态。这种创 E 组织通常是企业在遇到特定项目时，临时搭建的跨部门项目组织。这种组织在短期内具有极高的效率创新能力，创新主体同样来源于组织内部的原有团队成员，他们也仍旧保持原有岗位。不同的是，项目组是企业为了解决某一创新课题成立的，从不同部门抽调相关人员，他们用兼职的方式建立临时跨部门项目组，课题结束后回到原工作岗位。

项目型创E组织适应于渐进式改善、解决现有业务难题，尤其是短期临时项目。保证其组织效果有两个核心要求：首先要有明确的主要负责人，具备专业的创新项目管理能力；第二点尤为重要，是必须确保跨部门沟通的有效性。由于大家来自不同部门，归属不同领导，通常能力也是互补的，所以在项目合作中最重要的是为成员统一思想、统一目标、统一沟通语言。

项目型创E组织形态的T-RPC模型诊断表现如下。

人才（T）：有主要负责人且具备强创新力

由于项目型创E组织是在企业特定时期、需要完成特殊任务时的组织形态，不同于成长型创E组织要求的全员创新能力，它要求在项目阶段需要具有较强创新能力的项目负责人，由负责人主导项目组的创新行为和成果输出。

项目型创E组织一般针对企业中重要且区别于日常生产运营的攻关项目，其团队成员一般来自跨部门的组织，临时搭建小组进行工作。由于其项目的目标与企业日常经营行为不完全一致，是企业投入、尝试创新的重要举措。那么这个项目组的员工首先需要具备非常自驱和开放的心态，能够围绕项目负责人，跟跨部门的甚至临时的同事伙伴进行充分合作。在这个过程中，主要负责人的强创新力得以在整个团队中得到更好的体现。

资源（R）：聚人聚力聚资源，专注专项专目标

在资源分配和投资上，项目型创E组织需要有特定冗余资源的支持，也就是说，作为创新机会的尝试，企业要做好资源投入的准备和接受失败风险的预期，对攻关项目组给予充分的资源供给，

以保证其团队不会因为资源的约束而无法进行最恰当的创新行为。

项目型创E组织所需要的资源支持，包括人才和资金等多方面，且需要组织内部形成共识，提升大家对攻关项目的认知和认可程度，甚至包括优先安排项目成员的工作时间，以确保项目能够在限定时间内取得成绩。除了资源的充分供给，攻关项目组需要具有明确的目标以及行动指南，让所有成员能够专注在项目上形成合力。

机制（P）：信息机制、决策机制

在确保了人力和财力的资源支持和供给之后，项目型创E团队尤其需要有明确的信息和决策机制，来保障其成员的投入与临时项目组的顺利运转。区别于组织整体的运营机制，攻关项目组需要更加明确的信息同频机制，以及更加独立的决策空间。

在企业尝试做新的流程、产品或服务的开发迭代时，其所解决的问题的重要性一般情况下要高于企业日常运营工作，且其解决方法通常需要突破既定思维和传统运营方式，因此攻关项目组不但需要拥有强创新力的负责人、充分的资源供给，还需要明确的信息通道与决策机制。当然，这个机制的设计需要考验主要组织领导者的认知与魄力，看他是否能够充分信任并给予攻关项目组决策的空间和权利，使得项目组在信息上与整体组织保持同频一致，但在决策和行为上能够拥有创新和尝试的空间。

文化（C）：跨部门共同语言、同频共识

项目型创E组织相对于成长型创E组织来讲，所需要的企业文化环境更多是开放度。成长型创E企业需要企业建立起“理性+成长”的文化氛围，而项目型创E组织，除了基本的理性度和成

长度外，还需要企业更加开放、包容。首先，只有在开放包容的文化下，才有可能产生跨组织部门的攻关项目组，从企业常规运营项目中脱离出来，成立独立的攻关组。其次，成立攻关组之后，由于成员来自不同的部门组织，需要对攻关项目组的目标、行动产生一致的理解，这一点也需要公司内部开放包容的文化做支撑，帮助不同部门的员工快速地融入、理解，形成一致的目标和共识，并使用相同的语言体系迅速进入工作状态。在很多现实场景中，项目攻关组的难点往往在于跨部门成员的沟通，因为项目攻关组在很多场景下是临时性的，是虚拟的组织形态，其成员均具有多重身份，且并未经过长时间的磨合，这样的团队的凝聚力和战斗力经常是这类项目成功与否的重要因素。因此，企业构建具有开放性的文化，能够促进项目型创 E 组织在关键时刻形成跨部门成员的凝聚力和快速进入同频状态的战斗力。

典型创 E 组织案例——丰田汽车

我们将通过对丰田汽车的组织分析，向读者展示典型的创 E 组织形态特性。创新型组织区别于传统组织的重要特征是其组织特性中的组织活力，以及对外表现出来的适应能力。创 E 组织作为一种典型的创新型组织，虽然其创新成果不是以具有影响力或直接价值体现的产品或服务来展现，但创 E 组织所带来的组织活力是一种有秩序的活力，产生有序的创造，且这种秩序与活力的协调平衡带来组织强大的适应能力。

丰田是一家有 87 年历史的老公司，从明治维新、二战、石油危机、金融风暴，到今天面临新能源的挑战，一路走来，它经历了无数次跌宕起伏，也陷入过非常困难的境地，但从 1950 年后丰田就再也没有裁过员。它是一家一直保持全行业最高利润率的公司，总是用少于别人的销量，实现远超他人的利润。

通常情况下，企业在追求高利润的过程中，一定会涉及成本的控制。很多企业为了降低成本，执行非常严格的工作流程和员工管理制度，将生产环节中的每一个动作做精细化的拆分。但往往生产和运营环节中的精细化管理是很难通过严格的流程和制度来实现的，即使到了数字化时代，很多企业也难以实现人机合一以及有效的供应链配比。通过分析丰田的案例，我们发现，激发员工的效率意识是解决成本问题的有效途径。这跟本书中介绍的创新组织 T-RPC 模型一致，人才是创新型组织的核心，员工对提升生产和运营效率的自主性，是创 E 组织实现效率提升的有效途径。

丰田在很多人眼中是一个非常不可思议的公司。丰田的所有员工都与其他公司的员工不一样，他们不仅工作认真，还会着魔似地为公司贡献各种想法，以减少工作中的浪费，从而不断为公司降低成本。41 年前，丰田只有 4 万员工，当时他们就每年提出 46 万条合理化建议，人均十几条；1986 年，整个丰田体系内的合理化建议达到了 264 万条，人均 47 条，员工参与率超过了 95%，而这 264 万多条建议最终的采用率达到了 96%；整个 20 世纪 90 年代，年均建议数目约 200 万条，平均每人每年 35.6 条。这些建议让丰田慢慢获得了一个全球知名的名号——全员持续改善的丰田。因为从 1989 年以来，丰田因员工提出的合理化建议，减少生产成本数亿美元，仅 1997 年全年就减少了成本 7200 万美元。2005 年，丰田收到了日本本土员工超过 54 万条改善建议……

一句话可以精准描绘丰田文化："永无止境地追求卓越。"杰弗瑞·耐克撰写的《丰田模式》总结了丰田管理的4P模型（见图14–1）：理念（philosophy）、流程（process）、员工（people）、解决问题（problem solving）。4P构成一个金字塔，塔基是长期理念，它着眼于为客户和社会增加价值。建立在该基础之上的是丰田的精益流程，这些流程致力于通过杜绝浪费来缩短交付周期。员工通过使用金字塔最上面两层所展示的严格的问题解决方法来杜绝浪费。

接下来，我们就基于丰田的4P模型和14条原则，从创新型组织机制T-RPC的维度来分析丰田汽车打造极致创E组织的奥秘。

培养深谙公司理念的领军人才与极具创新力的人员（T）

创E组织在创新人才活力上很可能是几个典型创新组织形态中最强的，因为它不依赖于某一部分人（领袖/员工）的创新，而是需要组织全体成员具有创新的意识、创新的思维和创新的能力。因此，创E组织通常具有极高的创新人才充足率。作为典型的创E组织，丰田在永无止境地追求卓越的过程中，表现出全体员工为了效率提升不断提出改进建议的状态，这一表象的背后，展现的是组织在员工创新力培养上所做的努力。在人才体系结构上，丰田坚持培养人才是公司的第一要务。在丰田公司，人们经常听到这样一句话："我们不只制造汽车，我们也在塑造人。"

领军人物对公司理念深入理解并传递能力

领军人物是塑造企业文化和组织行为习惯的核心人群，同时也是企业价值创造的重要抓手。丰田公司在领军人才的培养上，坚持

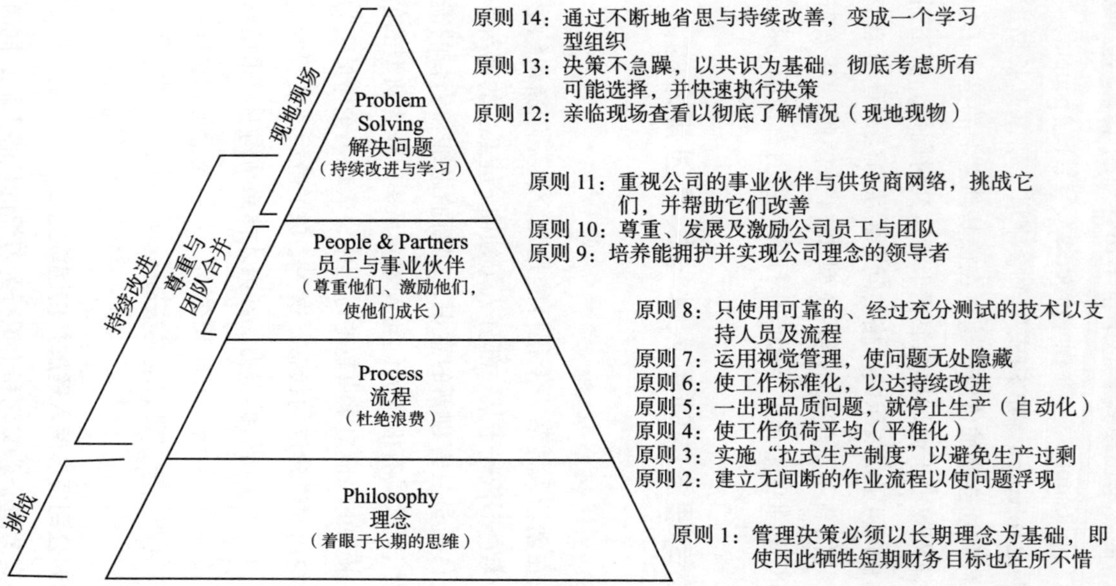

图 14-1　丰田模式的 4P 模型及 14 项原则

图片来源：杰弗瑞·耐克，《丰田模式》，机械工业出版社，2011 年。

注：拉式生产制度，亦即前制造流程只制造后制造流程所需要的数量。

宁愿从企业内部栽培领导者，也不从企业外聘用。从内部培养起来的领军人物对于组织理念有更加深入的认知，对于建设整个组织团队至关重要。领导者必须是践行公司理念与做事方法的模范，通过言传身教来传递正确的理念与方式。在丰田，领导者需要亲临一线，必须对日常工作和生产运营事无巨细地了解，只有做到这一点，才能成为优秀的领袖，成为公司理念最佳的教导者，将组织的理念传达给员工群体。

激励员工对组织理念的坚定与对创新价值的认知

通过领袖的言传身教和严格教导，丰田培养和发展了一个对于公司理念充分认知与信奉的团队，并通过长期关系发展，激励着员工与事业伙伴对公司理念进行不断实践。员工在这个体系中，不断地践行组织理念，不断地获得正反馈，强化对组织理念的笃定感，使公司的价值观与信念得到普及并延续多年。同时，在整个组织拥有同样笃定的信念和语言体系的情况下，跨部门团队协作提高品质与生产效率成为可能。有效的跨部门团队（项目型创 E 组织）可以充分整合不同渠道的资源、不同视角和思想，能够更加准确地解决困难、提升效率。同时，在良好的机制和流程保障下，员工又能得到充分的授权，去学习和使用相应的工具和方法。

提供必要的技术与工具资源帮助员工更好地理解和实践（R）

资源的活力是创新型组织的另一个重要特征。资源配给方面，创 E 组织给予员工充分的支持，以确保员工有充分的信心和空间去帮助企业提升效率。员工创新力的培养，除了需要上述提到的领军人物的言传身教和组织贯穿，足够的资源和支持是将员工创新意识变为创新实践的必备条件，这是员工能展现创新力的前提。

在创新的过程中，企业常常陷入一个误区，即技术和流程的迭代与改进，会导致人员的能力素质不匹配。这一误区会产生两个影响：一是员工对技术取代人工的不正确认知，会极大地降低员工的创新意识与创新行为；二是流程和技术的迭代将不能被员工采纳和使用，成为阻碍企业降本提效的因素。

在丰田，技术是用来支持员工，而不是取代员工或让员工感到为难的。许多时候，企业在进行新技术引进时，往往只考虑到新技术对生产和流程的改进，忽略了技术的直接使用者员工的反应。由于新技术往往不稳定且难以标准化，且有可能危害到流程，最好的方法是在把技术运用于流程之前，让员工更主动地参与，有更精确的理解和预期，在之后寻求新的工作方法落地时，才能更好地鼓励员工考虑采纳新技术，带来更高的员工接受度。

问题改进机制与持续稳健进步机制（P）

机制是创新型组织建设中非常难的一部分。通常，创新与机制相悖，人们认为机制的设立会妨碍创新的涌现。事实上，很多组织内部的机制僵硬、老化，也确实成为企业创新人才发展成长的羁绊，扼杀了企业创新的涌现。因此，机制活力是建设创新型组织极其关键的环节。只有机制建设足够恰当，在保证秩序的前提下，给予员工足够的空间和激励，才能发挥出创新人才的活力，打造创新型组织。丰田的案例提供了非常好的创 E 组织机制建设标杆。以人才为基础，丰田不仅构建了一套有效的人才培养机制，同时也开发了能够激励员工持续参与到创新和迭代过程中的流程机制。丰田的制度设计保证了员工个体和组织整体的不断迭代进步。

通过问题机制持续优化工作流程

在丰田的生产线上，工作流程的重新设计是一件非常普遍的事。每个员工都时刻在思考，一个既有的流程是否合理，是否存在问题，以及是否能够被改善。整个企业从机制上重视流程，这是促成真正的持续改善及员工发展的关键。比如：重新设计工作流程，使其变成创造高附加价值的连续流程；尽力把所有工作计划中闲置或等候他人工作的时间减少到零；通过流程化，以往复杂的问题被清晰地梳理，既帮助员工更加清楚地认识到问题，又让生产和运营中存在的问题，在不断梳理的流程中浮现出来。

另一个例子是丰田通过在生产线上使用简单的视觉指示，帮助员工立即确定生产设备是否处于标准状况，避免整个产线因为一个没有被及时发现的问题而承担后期的损失。通过这样刻意的工具化的问题发现和解决机制，生产线上的员工可以更好地安排生产，提升每一台机器设备与整体生产线的效率。类似这样通过问题机制来刺激持续的工作流程优化，一方面让员工得到不断加强的正反馈，另一方面，组织的活力得到大大提升。

追求持续稳健的进步机制

通过不断改进的流程，丰田的生产和运营各环节得以实现标准化，在工作场所中的任何地方都使用稳定、可重复的方法，以维持流程的可预测性、规律的动作时间，以及规律的产出。到一定时间时，应该汲取对流程的累积学习心得，把现今的最佳实务标准化，让员工对标准提出有创意的改进意见，把这些见解纳入新标准中。同时，制定人事稳定、缓慢升迁及非常谨慎的接班人制度，以保护企业的知识库。如此一来，当员工变动时，便可以把学习心得传递给接替此职务工作的员工。同时，把最佳实务标准化，以促进学习，而不是在每个新计划及每位新经理人上台后，又重新发明新方法。这样，员工个人和单个生产环节的迭代和效率提升就被沉淀下来，促进整个组织和生产运营整体的持续稳健进步和提升。

跨部门同频共识与持续改善的成长型文化（C）

企业文化是所有其他原则的基石，文化的活力是创新型组织得以长期持久发展的基础。创 E 型组织的文化活力更多体现在组织全员在追求效率创新上的信念与行为的同频一致。前面我们提到了丰田培养人才体系的基础是建立全员信奉的理念，通过由上到下的教导和日常工作中的普及和不断强化，形成丰田公司的长期理念和文化。丰田在管理决策时非常强调以长期理念为基础，即使因此牺牲短期财务目标也在所不惜。在组织同频的文化特征下，通过不断地持续改进，丰田形成了具有活力的组织文化，这正是创 E 组织的典型文化表现。

建立强价值导向的跨部门认知和语言同频文化

企业组织的起始点应该是为顾客、社会、经济创造价值。企业在评估其是否实现目标时，应该先评估这一价值。换句话说，为顾客提供的品质决定着你的价值。因此，在整个产品的生产周期，丰田始终强调质量控制，坚持使用所有确保品质的现代方法，以及使生产设备具有发现问题及一发现问题就停止生产的能力。在这种同频一致的步调下，员工在丰田不会因为害怕犯错误而放弃潜在的提升质量和创造价值的机会，从而实现更好的跨部门协作能力。

持续改善的成长型组织文化

创 E 组织的核心底层文化是持续改善和迭代，丰田通过不断的反省，建立了持续改善的文化底层，塑造了一个学习成长型组织。它在生产运营的各个环节，帮助员工发现问题并积极提出解决方案。比如，在建立了稳定的流程后，运用不断改进的工具找出导致缺乏效率的根本原因，并采取有效的对策。又如，在完成某个项目或里程碑后，所有成员进行系统反省，找出计划的所有缺点，总结经验，制定避免相同错误再发生的对策。在丰田，员工把错误看作学习的机会，错误不但不会归咎于个人，公司还将采取纠正措施，并把在每次经历中获得的经验在公司推广。这种开放包容的成长型组织文化，一方面鼓励了员工的勇于尝试和不断试错，另一方面激发了全公司范围内的持续性学习。上级鼓励并培训下级，前辈同样鼓励培训后继者，各个层次的团队成员彼此之间互相学习，形成组织从上到下、从内到外的活力与创造力。

本章介绍了一种典型的创新型组织——创 E 型组织，促进企业不断夯实第一曲线，不断提升现有业务价值产出效率，以“不变”应万变，实现持续、稳定的发展。作为最常见，也最容易被忽略的一种创新型组织，创 E 组织在人才、资源、机制与文化上的要求并不低。本章讲到了两种创 E 组织的形态（成长型创 E 组织和项目型创E组织），又进一步剖析了丰田汽车作为典型创E组织在人才活力、资源活力、机制活力与文化活力上的体现与做法，给读者更直观的感受。相比于创V组织（第15章）和创X组织（第16章），创E组织的活力体现在有序的组织运营与精细的流程中，是秩序之下的极致活力，是创新型人才在恰当机制与充沛资源下的不断涌现与创造。

第 15 章
创 V 组织

价值创新，生长第二曲线

本章我们将详细探讨创 V 组织的适应范围、功能价值和组织形态，同时以阿里妈妈作为典型案例，基于创新型组织 T-RPC 模型，分析其有哪些典型特征，并如何成功带来巨大的价值创造。

创 V 组织适应范围：价值创新 / 第二曲线创新

创 V 组织的定义

与创 E 组织不同，创 V 组织所要做的，是在企业主营业务之外，寻找新业务、新机会，并尽可能将其发展为企业新的主营业务，比如推出新产品、开拓新业务和模式等。这已经超出了企业原有业务的范围，带来了新的价值主张，并有可能成长为企业的第二曲线，因此可以称为价值创新或第二曲线创新。

既然创 V 组织是为了价值创新，那么，价值创新是什么？

这可以从创新型组织的本质特征来理解。创新型组织，一方面要有应对外在不确定性环境的强大适应力。另一方面，它还要有增加、转化、创造更多确定性的内在活力，这同时也提升了它对外在变化环境的适应力。因此，从底层上来说：价值创新，即是应对更多的不确定性，将其转化为更多确定性的过程所带来的创新成果。

不过，价值创新也可能来自两个方向，一个是从企业内部生长出来的，一个是从企业外部并入的。创 V 组织，正是为了催生企业内部生长新的价值主张而做准备的，因此从价值的角度，我们可以将创 V 组织定义为：

所谓创 V 组织，是为了能够在企业内部生长出新的价值主张、新的业务形态、新的增长曲线，而提供组织能力准备的一种典型的创新型组织形态。

创 V 组织适应范围

什么时候适宜启动创 V 组织？

为了实现价值创新的成果，创 V 必须具有能够与之匹配的独特组织形态，以便将其和原有组织中的价值网络和组织心智隔离开来。一般情况下，它会跟原有组织切割开，以独立小机构的形式呈现。创 V 组织，正是通过特有的独立小机构的形态，帮助企业提升外在适应力和内在活力，从而应对更多的不确定性，将其转化为确定性，带来价值创新成果。

因此，当企业为了满足市场的新需求，开创新的产品、新的业务时，即可采取创 V 组织的形式，以确保新的产品、新的业务能够生长成公司强大的第二曲线。

比如微信，是由脱离腾讯深圳总部、远在广州的张小龙团队，在应对互联网移动化的变化环境中，摆脱了腾讯这条大船的羁绊，在新兴的独立价值网和心智模式下，创造出来的价值创新成果。它将腾讯面对移动时代的巨大不确定性，转化为以微信为代表的移动社交的巨大确定性。字节跳动大获成功的短视频产品抖音，也是由一个不过十几人的年轻化小团队，在原有价值网产品今日头条之外，为应对移动化、年轻化群体的短视频新需求，以相对独立的组织形态研发出来的。它将字节跳动面对年轻用户、移动时代视频阅读的巨大不确定性，转化为以抖音为代表的移动短视频的巨大确定性。无论是微信还是抖音，对于各自企业来说，都是巨大的价值创新成果。

不过需要注意的是，企业启动和建设创 V 组织进行价值创新的前提，必须是在主营业务或者说第一曲线发展良好。

正如第 5 章所描述的，创新是在原有业务上的创新。第一曲线是企业的主营业务，在其上会产生无数多样性的次级创新，所有的次级创新都在促进企业主营业务的增长。当其中某个次级创新受到消费者、市场或资本的青睐，就有可能成长为新的价值主张——第二曲线（见图 15-1）。

这就要求企业在运作过程中，必须做到“守正出奇”。“守正”是指企业要对第一曲线进行管理，相对保守一些也没有关系。规模越大越好，收入越多越好，可以通过提高管理效率、扩大企业规模来延长第一曲线的区间，推迟“极限点”可能出现的时间。这正是第 14 章所述创 E 组织要解决的核心命题——效率创新的价值所在；“出奇”则是指企业在对待第二曲线创新时，一定要积极进取，通过对新产品、新业务的扶持，为企业赢得全新的增长空间。这则

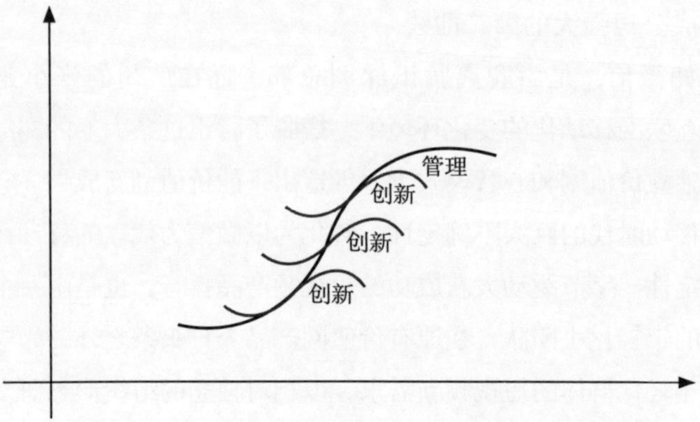

图 15-1 第二曲线创新是从第一曲线中长出来的

是创 V 组织要解决的核心命题——价值创新的用途所在。

因此，所谓价值创新，并不是让企业放弃主营业务去布局新业务，“多元化布局”已被市场多次证明不是一个科学的商业模式。恰恰相反，价值创新是需要企业更沉浸于主营业务中，通过效率创新加强主营业务的发展，从更多的小创新中分形出第二曲线。

创 V 组织的具体适应范围

从价值创新的定义来看，任何带来新的价值主张的创新，都是价值创新的成果表现。如果把范围收拢到商业领域，价值创新的成果主要表现为新产品、新业务。

新产品研发

价值创新的最小价值单元是产品创新，风险小，潜力也小。一个新产品的推出，切口可以很小，往往适应市场需求，满足用户某个痛点，推出某个新的功能，切入某个新的场景，带来新的供需连接方式等，硬件产品则可能表现为引入或开发了某个新的技术等。

在此基础上，以线上或线下产品的形式将这些小切口整合起来，整体面向用户提供服务。这便是最小的价值创新单元，如果符合市场需求，这个小的产品创新将有可能成长为新的业务，给企业带来第二曲线增长。同时因为切口小，风险也可控，调优和迭代的频次会比较快，企业能够动态实时地调整动作以应对市场变化。

新产品研发，一般要经历 PMF（市场契合点）阶段，指的是产品与市场的匹配度。它验证的是产品是否满足市场需求，市场空间是否足够大，是否值得去做后续的规模化商业模式扩张。企业一般需要成立一个独立产品单元，去做这种小切口的产品价值验证，既保证灵活性，又控制风险。

新业务模式开拓

与新产品研发相比，企业开拓全新业务，其创新价值要大得多，当然，价值大，难度也大，风险也大。它一般是在企业新产品研发过了 PMF 阶段，商业模式得到验证后，所进行的以产品为抓手的业务模式探索和扩张。

在这个阶段，企业既需要对更广阔的市场环境保持适应，又要调动更广泛的内部资源和活力，包括资金、技术、人力、管理等等，还应时刻关注竞争对手，保持错位或更优。此外，企业在这个阶段同时需要探索业务的商业模式及资产回报率。比如美团分形出来的每一个产品单元，到店、酒旅、外卖，在 MVP 被验证后，就迅速进入业务模式的验证阶段，为其匹配相应的产品开发团队、品牌市场团队、商业模式资源。

这样一个复杂度极高的业务模式探索，更需要有相应的组织形态与之匹配，需要超强能力的创新人才，组织配以充分的激励机制，最大化地激励团队乘胜追击，将业务发展到行业领先地位。

创V组织价值：满足市场新需求，获得新增长点

市场价值：满足市场需求，带来第二曲线增长

创V组织是为了催生和服务价值创新而存在的组织形态，而价值创新必然是由于提出了新的价值主张，从而满足了新的市场需求。因此，如果价值创新成功，往往会以新的产品和新的业务呈现，那么必然会给企业带来巨大的市场增长，甚至成长为企业的第二曲线。

从价值创新的性质来看，它是现代企业竞争的一个新理念，它不是单纯提高产品的技术竞争力，而是努力发现并满足顾客尚未被满足的需求，通过创造更多的价值来赢得市场的成功，由此开辟一个全新的市场空间。

从价值创新的目的来看，企业为什么要创新？最直接的目的是增长。我们在第5章曾论述过，增长有两种性质：企业级增长和市场级增长。

既然市场的增长速度大于企业的增长速度，何不将市场的创造性破坏模式引入企业？这种模式，就是第二曲线增长的巨大价值。腾讯的微信、阿里的淘宝、搜狐的搜狗、新浪的微博、亚马逊的Kindle阅读器，是经典的价值创新成果，同时给各自企业带来了市场级增长的效果，帮助企业实现了第二曲线创新。

形态功能价值：独立性+灵活性带来组织活力

大方向上，创V组织会跟原有组织切割，以独立小机构的形态出现，这就给它的运转带来了独立性和灵活性。

一方面，面对一个新的市场机会，只有跑在前线、“听得见炮火”的人才有最清晰的体感。创V组织的团队，由于跟原有组织保持了距离，得以摆脱大组织的僵化流程和机制。面对时刻变化的市场环境，能够独立、实时做出判断和决策，动态调整，快速迭代，把握市场机遇。

另一方面，创V组织相对独立的组织形态，没有把整个组织和主营业务牵扯进来，使得企业在探索新机会时，减少了风险，提高了企业对犯错的容忍度。创V组织团队可以在保证方向大致正确的情况下，灵活探索，激发活力；另外，后文将会提到，创V组织所拥有的创新机制，能够最大程度激发组织成员的创新涌现，让创新不再像大组织那样，仅仅是偶发性的活动，而是流程的一部分。

可见，创V组织所拥有的独立性和灵活性，既能帮助企业提升外在适应力，以满足市场新需求，又能激活组织内在活力，帮助企业获得新的增长点。与之相反的，是大组织僵化病，比如柯达曾经是胶片影像业的巨头，但鲜为人知的是，它也是数码相机的发明者。然而，这个掘了胶片影像业坟墓、让众多企业迅速发展壮大的发明，在柯达却被束之高阁了。很重要的一个原因，就是柯达的僵化组织机制将内部长出来的价值创新扼杀了。

创V组织的两种形态：独立产品单元和独立业务单元

为何一定要从主营业务中独立出来?

创V组织与创E组织的最大区别，在于它基于市场需求，提出了新的价值主张。为了实现这一价值主张并发展成为企业第二曲线，它必须与原有的主营业务隔离开来。

我们知道，企业战略的首要目标，是保持持续且高速的增长，但是第一曲线迟早会遇到极限点的挑战。大部分的第一曲线领先企业，几乎无法跨越到新的第二曲线。福斯特在其《创新：进攻者的优势》中说道："一旦遭遇非连续性，原来的领军企业10个中大概有7个要被取代。"诺基亚从功能机到智能机的失败，柯达从胶片到数字相片的缺席，雅虎从门户新闻到搜索引擎的断裂，是已经被颠覆的经典案例。

为什么总是这样？这是因为，在位企业从来不是输给与之竞争的初进企业，而是输给自己内部的既得利益和既有思维。企业的生存结构，受到两方面的制约：（1）外在的生存环境——价值网络。技术、产品、市场、资本、组织等相关要素一旦组合起来，便会形成一张无形的生存之网，它既是维持企业生存的基本保障，又是制约企业进一步创新发展的绊脚石。（2）内在的信念体系——组织心智。由于群体信念禁闭，组织心智一旦形成，不可能由内而外地改变，由此导致非连续性效应——不是外在生存环境的非连续性，而是内在信念体系的非连续性。组织变革之所以困难，是因为60%的心智模式已经自动化。组织心智一旦成形，就很难改变。除非团队有所异动，从而引进了更新、更适当的心智模式，否则难以取得创新突破。

为此，作为服务于企业价值创新的创V组织，必须要与原有组织体系隔离开来。最合适的方式，便是采取独立小机构的组织形态，改变原有流程和价值标准，建立新的价值网和心智模式。它从属于不同的价值网，吸引的是不同的目标客户，拥有独立的成本结构、独立的销售渠道、独立的决策标准、独立的组织文化和心智模式，也不会被原有组织在争夺资源时压制。

亚马逊 Kindle 的成功，是经典的独立小机构案例。那时，贝佐斯为了应对苹果平板电脑 iPad 的挑战，准备推出 Kindle 产品。他直接解除了凯赛尔在亚马逊传统媒体部门的职务，让他去负责 Kindle 项目，并叮嘱他："你的工作就是干掉你的生意！你的目标是让所有卖纸质书的人都失业。"贝佐斯坚持认为凯赛尔无法同时管理纸质媒体和数字媒体业务。如果两种业务都管，将永远不能牢牢地抓住数字化的机遇。凯赛尔在远离总部西雅图的硅谷建立了一个子公司，完全从硬件行业重新组织了一个团队，将之命名为 126 实验室。126 实验室和 Kindle 项目，不但资源、团队、地理位置独立，甚至连项目本身都在总部严格保密。2006 年秋天的一次全体员工大会上，有人站起来问贝佐斯："您能告诉我们 126 实验室是什么吗？"贝佐斯粗略地回答了问题："它是加利福尼亚背部的一个开发中心。请继续下一个问题。"

的确如此，一个价值创新是否有未来，不是企业内部设计出来的，而是试出来的，打出来的。创 V 组织的存在，就是以其全新的价值标准和更加灵活的机制流程，帮助企业快速试验、风险可控地去市场中"打一打"，去做价值验证。如果用一个形象的比喻，那就是，企业允不允许内部出现"一国两制"，让一些新的价值主张在风险可控的情况下去试一试。

独立产品单元

适用场景：产品创新、第二曲线创新、创新业务早期

以产品为核心，单独成立团队，由产品经理或总监负责，适用于为寻找第二曲线探索创新业务的早期阶段。如《创新者的窘境》一书提出，组织内破除组织心智的简单方式是建立独立小机构，在组织、文化和价值观上要与原有业务完全切割开。小机构要有独立的决策权、人事权、财权和渠道，并通过物理隔离，让独立小机构与原有业务分开办公，不受原有业务流程和工作机制的影响，以此来打破创新窘境。

这种早期的创新尝试组织不可能有很多的人进来，通常少到3~5人，多到几十人的小团队，要承担与整个行业内其他企业抢夺创新机会的先驱式竞争。因此，独立产品单元对企业人才的要求有了进一步提升，要求他们具备创业者精神和从0到1建立商业模型的综合能力。

独立产品单元的T-RPC模型方法论

人才（T）：整个团队具备强创新力

人的创新力是组织活力的基础。独立产品单元是创新业务早期的组织形态，这个时期产品的价值主张还未被验证，面临着巨大的不确定性。如果组织内的人都不是具备创新力的人才，都缺乏应对和处理不确定性的能力，价值创新就无从谈起。

因此，要支撑一个新产品探索的成功，整个团队需要有强的创新力。每一个人都能动态分析，独立思考，判断机遇，理性实践，独立负责一摊事，解决复杂问题。为了维持整个团队具备强创新力，以下三个维度的创新力表现尤为重要。

领军人物：一项创新业务要不要开展，怎么开展，都离不开作为领军人物的老板或CEO对趋势和市场的深刻洞察。他们需要对不确定的事物的潜力进行判断和决策，而不是仅仅看当期的确定性收益；同时，在创新业务的早期，很重要的一项工作便是“搭班子，定战略，带队伍”，他们还要有选人、用人、搭班子、带队伍的远见和魄力。

因此，领军人物需要具备战略创新力，以解决企业可持续发展的问题，抓住变与不变，挖掘真问题，构建企业的长期战略，扩大企业边界。领军人物要能够识别长远发展机会，为企业建立支持创新的氛围和机制，将创新融入企业文化。同时，对创新业务要有足够的耐心，兼顾常态与创新，既高瞻远瞩，又脚踏实地。

事实上，大部分创新产品的开端都离不开创始人的操刀，或者强有力的支持。比如涵盖淘宝 70% 收入的阿里妈妈，其最初是来自马云的决策和支持。亚马逊推出 Kindle，更是离不开贝佐斯的强大决心。又比如，如果只有马云而没有王坚博士，阿里云不知是否可以走到今天。也有反面的例子，领军人物的心智固化、创新不足，导致了“微软失落的十年”。正如克里斯坦森在《创新者的窘境》中所说：“我们最令人深省的发现之一是，在众多的公司当中，那些成功地捕捉到了随后的几波潮流，并在行业中成为领头羊的幸运儿，在管理破坏性业务时，绝大多数仍由企业的创始人操刀。”

创始团队：创始团队成员是组织文化、机制的最早生发者。创始团队成员应当是创新力强、能主动探索不确定性的人才，既要有业务创新能力，又要有班子领导力和团队搭建能力。从整体上来说，这个团队可以不用太大，但是整体作战能力要强，单兵突破力也要强。他们应当有自我驱动力和使命感。

创新人才密度：创新型组织的关键是组织中有足够具有创新力的人才。这是组织的活力来源之一，是创新发展的动力，其标志是创新人才的充足率，这便是“基座的力量”。创 V 组织的早期创新人才不在多而在强，密度要大，浓度要高，而不能是分散稀疏的散兵。

资源（R）：风险投资法则

创V组织所服务的价值创新，类似于新的创业创投项目，具有高风险、高收益的特征，适合采取风险投资法则。

对于独立产品单元的资源支持，并不仅仅只有资金，还包括人才、政策等。风险投资法则反映的是企业对于一个新的创新产品项目的支持力度，愿不愿意将其当作一个新的创业项目来对待。一个未经市场验证的产品项目，尤其是处于早期探索阶段的产品，其市场的接受度、产品的有效性、商业模式的成立与否等，都具有巨大的不确定性，资源投入具有很大的风险性。但是，风险高，潜力也大，回报也大。这就要求企业在面对它的时候，需要有风险投资的姿态，要有长期战略眼光，而不能急于追求短期利润等。

资源中很重要的一项，就是冗余资源的投资，应把利润等投入能对公司产生长远影响、培育组织创新土壤的方面，比如研发、人才，而非利息、分红等，更不要投资房地产、理财等，这样将丧失本应有的资源活力。

企业为了降低风险，增加价值创新的成功率，可以选择对企业内部生长出来的多个产品项目进行资源投入，提升创新成功效率。阿里巴巴内部就一直有创投的方法，用于培育创意和新项目的生长环境。淘宝广告系统阿里妈妈的成功，便是因为内部资源风投法则的支撑。当时，阿里内部给阿里妈妈团队投入200万元作为启动资金，同时创始团队也可以投资入股。

机制（P）：孵化机制

创V组织需要独立的机制来处理不确定性。独立产品单元作为价值创新的早期阶段，跟风投法则相配的机制是孵化机制，也就是在企业内部孵化创新项目。

企业内部的孵化机制，通过为创新项目提供资源、服务的倾斜，甚至是物理空间和基础设施的支持，降低创新风险和成本，少走弯路，提高成功率，有助于更快、更好、更大地实现价值创新成果。

适用于创 V 组织的孵化机制，本质上是把具有潜在价值创新的新产品、新业务当作具有生命力的新生却脆弱的事物来看待。通过生物式的孵化机制，帮助其提升应对不确定性的能力和成功率。根据创新项目的实际需求和企业提供孵化支持的力度，企业内部孵化一般会从以下几个方面提供机制保障：初级孵化，包括场地、商务设施等；进阶孵化，包括战略咨询和制度管理、人力资源支持等；投融资孵化，比如协助获得资金支持或者直接给创新项目风投等。

文化（C）：独立 + 理性 + 成长

组织的文化，需要有一定的活力，也就是对不确定性的接受，其作用是鼓励组织期待的结果出现。在打造文化之前，我们需要明确，在此种文化下，什么样的人才会涌现？什么样的行为会涌现？什么样的结果会涌现？

从大原则上来说，独立产品单元的创新文化，往往会支持冒险和改变，容忍犯错，减少控制，全员参与。

独立：相对于强管理、强控制，反对冒险和改变、不能接受犯错的文化，独立产品单元需要相对独立自由的探索空间，能够容忍犯错，鼓励冒险和改变。

理性：相对感性思维文化谈感情、直觉和经验，独立产品单元倡导讲逻辑、讲结构、讲发展，能够理性思考、理性沟通，提出问题，分析问题，提出并实践方案，理性判断，进而进行迭代。

成长：相对于看静态、看安全、看得到什么这样安于现状的文化，独立产品单元的文化更注重看动态、看潜力、看学到什么。

独立业务单元

适用场景：产品/业务创新、第二曲线创新、已验证商业模式扩大化

随着创新的进一步发展，当以独立产品单元形式验证了某一产品的商业模式成立之后，企业需要加大投入，加快步伐扩大市场占有率。这种情况下，企业会采用独立事业部的形式以适应第二曲线创新的加速成长。

以独立事业部建立团队，最为经典的案例之一是微信。腾讯收购了原本在 Fox mail 的张小龙团队，布局做 QQ 邮箱，张小龙团队一直在广州，处于腾讯系统中的边缘地位，相对独立。张小龙看到美国的 Kik（微信原型）软件，给马化腾写了封邮件，申请要做一款类似的软件——微信，马化腾当晚回复同意。而微信在开发过程中，曾多次与腾讯主营业务 QQ 冲突，张小龙默默做，马化腾也鼓励这种良性竞争。正是这种开放和高度独立的管理，才促成了微信的诞生和健康发展。独立业务单元同样需要超强能力的创新人才，组织配以充分的激励机制，最大程度激励团队乘胜追击，将此业务发展到行业领先地位。

独立业务单元的 T-RPC 模型建设方法

人才（T）：团队强创新力

独立业务单元是独立产品单元验证成功后的阶段，它面对的是更广阔的市场、更多的竞争、更大的不确定性，一般情况下，会以独立事业部的形态存在。同样，这个团队也需要强创新力，而且要比独立产品单元的要求更高，以应对独立的市场、独立的客户，提供独立的价值。

整体来说，跟独立产品单元相比，它需要更有开拓力的领军人物，更加能够同频创新的创始团队，对创新人才的密度也有更高要求。通常会面向更大的范围去招募创新人才，不过招募进来的人才要与原有团队保持同频，具有创新力，以保持整个组织的战斗力。

资源（R）：投资回报率法则

当一个新项目通过独立产品单元被验证后，就需要企业加大投入和支持，以放大市场占有率。但是，怎么加大投入？增加多少投入？是增加资金、人力，还是财务投入？这时候，就需要考虑投资回报率的问题。

投资回报率是指通过投资而应收获的价值，即企业从一项投资活动中得到经济回报的能力，由此优化企业的资源利用率。独立业务单元探索的新业务不确定性大、风险大，因此在加大投入的时候，需要考虑到投资和回报的比例问题，平衡规模和效益、回报和风险。

企业放大已验证的业务模式，一般会涉及产品研发投入、人力资源投入、品牌市场投入等，这些都需要考虑投资回报率。

机制（P）：孵化机制

如果说独立产品单元探索的是从 0 到 1 的过程，那么独立业务单元探索的就是从 1 到 N 的过程，它同样需要企业内部的孵化机制，为其提供资源、文化、人才、服务的支持。

相比之下，独立业务单元因为团队规模扩大、业务变复杂、市场规模变大，因此在资金孵化、人才管理、制度管理、战略制定上，更需要来自母级企业的孵化帮助。

文化（C）：自立＋理性＋成长

独立业务单元处于业务探索、商业模式扩大、规模扩张的阶段，同样需要组织创新文化的无形支撑，以建立良好的组织氛围。支持冒险和改变、容忍犯错、减少控制、全员参与等，都是不可或缺的文化活力。

从大原则上来说，独立业务单元的创新文化，是自立、理性、成长。

与独立产品单元相比，它更强调团队文化的自立，因为团队变大，它期待的是具有独立理性思维的人才，能够自我驱动、主动积极界定问题、分析问题、解决问题，而不是凡事听命上级和领导，没有自主能力，不能独自提供建设性解决方案的文化。

典型创 V 组织案例——阿里妈妈

阿里妈妈是阿里巴巴集团旗下的大数据广告营销平台，简单来说，它是一个广告系统，今天的阿里直通、阿里钻石展位、阿里淘宝联盟，其基础都是阿里妈妈，淘宝收入的将近 70% 都跟阿里妈妈有关。

阿里妈妈的价值创新

阿里妈妈是如何诞生的？ 2007 年，阿里巴巴的业务还在高速发展，但是没有专门投入营销领域。当时的淘宝也不知道怎么赚钱，只会“烧钱”，陷入了盈利困境。于是阿里集团开始思考收入的问题。首先想到的，是卖广告创收。

但是那时的阿里没有互联网广告的基因和技术，也没有团队。怎么办？第一直觉是去买一家广告公司，当时阿里已经准备去收购一家公司了，但是过程中因为资金不足，那家公司被其他公司收购了。后来阿里融资 17 亿美元，又去找收购了那家广告公司的公司洽谈，准备出资 10 亿美元再次收购。但此时这家公司知道阿里融了资，就要了一个天价收购额。最终阿里觉得不合适，收购未果。但是，发展广告系统，盘活淘宝资源，进而创造收入，这件事情是必须做的，于是阿里决定内部自主研发，开始做阿里妈妈。

相比于直接收购一家广告公司要花费 15 亿美元，阿里内部孵化阿里妈妈，只投资了 200 万元。就是这区区的 200 万元，辅之以当时阿里内部良好的创新创业组织形态，造就了如今涵盖 70% 的淘宝收入，2018 年便已达到 1340 亿元营收的营销巨无霸！

这一切都是怎么发生的？如今回过头来去分析阿里妈妈的创新发展历程，我们发现，它是一个典型的创 V 组织形态。它对外成就了阿里妈妈对变化环境极强的适应力，对内打造了阿里妈妈极高的组织活力，从而带来了巨大的价值创新成果。它将阿里巴巴面对未知领域——互联网广告以及盈利困境所具有的巨大不确定性，转化为以阿里妈妈为核心的大数据营销平台的巨大确定性，不仅满足了卖家、消费者、媒体的新兴市场需求，更是给阿里巴巴集团带来了巨额营收，成长为阿里实实足足的第二曲线。

阿里妈妈组织活力打造：T-RPC 模型建设方法论

从创新型组织 T-RPC 模型各维度来看，阿里妈妈创立之初，在人才、资源、机制、文化上，均展现出典型的创新型组织特征。正是这些要素和机制的良性互动，催生了阿里妈妈的组织活力，带来创新发展。

领军人物和创始团队的强创新力（T）

如前所述，人的创新力是组织活力的基础。创V组织所进行的价值创新，无论是产品还是商业模式，均未被验证，面临着巨大的不确定性。阿里妈妈创业过程中，无论是团队领军人物，还是创始团队成员，个个都拥有极强的创新力，在发展过程中能够动态解决一个个复杂问题，朝着使命前行，一步步促成阿里妈妈的孕育壮大。

首先，作为阿里妈妈领军人物的马云，一开始就对阿里妈妈的广告营销价值具有深刻洞察，无论是收购广告公司，还是决定自己做阿里妈妈，都是极高的认知。同时，他还抱着资金不足就融资、收购不成就自做的决心，对阿里妈妈的创始团队给予极大的勇气和支持。可以说，阿里妈妈是在马云的直接操刀下成长起来的。另外，阿里妈妈创始团队的主将吴泳铭，也是受到阿里巴巴“让天下没有难做的生意”这一使命的启发，提出阿里妈妈“让天下没有难做的广告”的愿景，并为此搭班子带队伍，带领阿里妈妈走向成功。

其次，我们来看看阿里妈妈的创始团队。我们知道，当时阿里只给阿里妈妈投了200万元的启动资金，这对于要做一个价值15亿美元的广告系统项目来说，实在是捉襟见肘。就拿广告系统所需要的流量问题来说，它既需要内部流量，又需要外部流量。光支撑淘宝内部流量来源，就需要5000台服务器，每台服务器2万元，服务器投入就得1亿元，200万元连租都租不起，怎么办？于是阿里妈妈创始团队想了个办法，在公司内部去找财务上已经折旧、报废了的服务器，一共找到 2700 台。工程师们发挥自己强大的创新力，通过不同的架构，竟然让这 2700 台服务器起到与 5000 台服务器相同的作用！

由此可以看出，创始团队表现出来的独立思考、前瞻洞察、理性分析、解决复杂商业问题的能力，给早期阿里妈妈的成功奠定了坚实的基础人才动力。企业在做价值创新的时候，应当重点考察人才的创新力。正如卫哲所说："一个组织里的最小作战单位有活力、能驱动，那么公司就会有活力、能驱动。"

以风险投资法则为代表的资源运用（R）

阿里巴巴内部一直就有创投的方法，用于培育创意和新项目的生长土壤，把创新效率提高，把创新的成功率提升。阿里妈妈最初孕育成形，便是因为有内部资源风投法则的支撑。当时，阿里内部仅仅给阿里妈妈团队投入 200 万元作为启动资金，这 200 万元是如何催生出这么大一个阿里妈妈广告系统的？当时的资源投资决策是怎样发生的？用意又是什么？

卫哲在混沌学园课程"效率提升带来的新机会"中是这样讲的：大家都在疑惑，到底该给阿里妈妈团队投多少启动资金时，马云伸了两个手指头。马云说，只给 200 万元。他说他是这么算的："1999 年，我们十几个人凑了 50 万元，把阿里巴巴做到 2008 年这个规模，上市部分就价值两三百亿美元。在充分考虑中国的通货膨胀的前提下，我认为 2008 年的 200 万元，还是比 1999 年的 50 万元值钱。如果 50 万元可以，200 万元应该也可以。"

就这样，一个极具风险投资性质的创业项目，用 200 万元就被投出去了，并且配上了阿里巴巴集团当年的创业光环作为佐料。这 200 万元包括所有费用支出，比如创始团队的工资，就连办公室、律师、电脑等，如果用到阿里集团的都要另算费用。另外，股权架构和权益也设计得很明晰，同时也在一定范围内鼓励有创业精神、有创新力的员工主动报名参与阿里妈妈项目：公司只投 200 万元，一定范围内的员工可以参与投资；如果是集团内部员工来申请的话，他在集团原有的级别、工资、股权全部被拿掉；项目做好了，公司用风险投资的方法追加投资。

由此可见，阿里妈妈在草创期，是极致地利用了风险投资法则，并且极度还原了一个真实的创业环境。为什么要这么做呢？这是因为，任何价值创新，面对的都是巨大的不确定性。对待创 V 组织的态度，就需要有风险投资的姿态，既要有长期战略眼光，不能急于追求短期利润，又要破釜沉舟，尽可能激起团队的创新力和勇气。

呵护与鞭策并举的内部孵化机制（P）

虽然启动资金少，但是阿里妈妈仍然是阿里内部强有力孵化机制的成果。在阿里内部大的创新创业环境下，阿里妈妈享受着极好的孵化红利。

首先，阿里妈妈是为数不多的几个在阿里巴巴“圣地”——湖畔花园孵化成长的阿里系产品，这无疑是为阿里妈妈初创团队提供了极佳的创业环境和敢打敢拼的阿里精神，毕竟这里是阿里巴巴的诞生地。同时，这也直接解决了阿里妈妈团队的办公场地问题，节省了资金支出。200 万元的投资条件虽苛刻，却换来了一个更好的创业环境。

其次，阿里妈妈的初创团队，既有马云、吴泳铭为代表的整个阿里集团的高层亲自操刀决策，又继承了来自雅虎的大量计算机人才队伍。创新人才队伍的完备性，孵化出了阿里妈妈早期解决复杂问题的巨大创新能力。

再次，阿里妈妈初创时期，无论是流量的支持，还是诸如前文所述的服务器支持，都直接或间接地享受着阿里集团的资源。

最后，内部孵化不仅仅有呵护，还有知识、经验、文化上的熏陶和鞭策。200 万元的孵化资金虽说有点苛刻，却也在极端环境下逼迫阿里妈妈团队创造了更大的可能性。再加上马云的“耳提面命”和决策团队的长远判断，支撑着阿里妈妈一步步走向成功。

自立 + 理性 + 成长的创新文化（C）

文化本质上是鼓励组织期待的结果出现，即什么样的人才会涌现，什么样的行为会涌现，什么样的结果会涌现。阿里妈妈早期具有典型的鼓励自立、理性、成长的文化环境。

自立

自立文化的表现是能够自我驱动、自我成长、自主积极解决问题。

200 万元资金太少怎么办？为了省租金，主动要求去湖畔花园办公；为了保障现金流，创始高管主动不拿工资；为了保证办公设备，主动找来 2700 台报废服务器……这些艰难的问题，如果没有鼓励自立自主的文化环境，根本不可能被那么多人主动解决掉。就连阿里妈妈的团队组建，也采取主动报名招募的形式。有部分员工竟然真的凑齐了 40 万元，入股阿里妈妈项目。不得不说，涵盖淘宝 70% 收入的阿里妈妈，始于一群胆大者的踊跃报名。这跟阿里软件的失败形成鲜明对比，阿里内部曾做过复盘：阿里软件的创始高管不是自告奋勇、毛遂自荐上任的，拿到的钱也远高于阿里妈妈的人，导致缺乏自主自立的精神文化。

理性

阿里妈妈创始初期，面对的困难大，自身的能力弱，要解决这样的根本性矛盾，需要具有理性思维的人去解决问题，去坚持实践。阿里 CEO 张勇曾分享过阿里人才招聘的偏好，喜欢不安分和能成事的人，他们要找的是“因人成事”的人，而不是“因事成人”的人。什么是能成事？就是能够理性解决问题，带来价值创新。

成长

阿里妈妈具有很好的成长性文化环境。阿里妈妈诞生之初，除了马云有信心，团队成员也动态地看好阿里妈妈的潜力，并随着阿里妈妈的发展而不断自我成长，如今大部分都已成了阿里的干将。

举一个简单的例子。阿里妈妈的初创团队成员以工程师为主，他们连工商税务知识都不懂，卫哲曾提议让阿里集团的法务、财务去帮忙。马云说：“别这样，你这样做，会让工程师都变成圈养动物，但创业需要的是野生动物。”是的，谁说工程师不应该学着办工商登记？谁说工程师不应该学税务知识？就这样，一群工程师被逼出了自己巨大的潜力，收获了成长。

第 16 章
创 X 组织

开放生态，涌现创新

创 X 组织适应范围

前文提到，生命体的底层需求是“以负熵为生”。组织作为一个有机体的集合，其第一性原理同样是“熵减”，熵减的方法之一就是建立耗散结构。耗散结构就是一个远离平衡的开放系统，通过不断与外界进行物质和能量的交换，打破系统平衡的同时，在耗散过程中产生负熵流，保持系统有序、有活力的状态。如定义所述，耗散结构有以下结构特征：

第一，耗散结构是开放的系统。只有开放，系统才有可能与外界做交换，从而获取负熵。

第二，耗散结构系统中各要素、各子系统之间呈现非平衡状态，系统整体上是非平衡的“活”的有序结构。一个平衡的系统，意味着它的任一部分无差别，各部分相互孤立、毫无联系，整体上呈现完全稳定的状态。这种系统内部缺乏活力，是一种死系统。只有非平衡的结构，负熵流才能够流动。

除了以上两点，耗散结构内各元素、各子系统之间的相互作用还呈现一种非线性机制。只有非线性作用才能产生相干效应和协调一致的动作，产生突变和分叉，形成宏观有序的结构。非线性动力学方程有多重解，有稳定解和不稳定解，从而使系统的演化发展可能出现几种不同的结果，产生了进化的多样性和复杂性。

本章主要讲述的创X组织，就是在组织的外围，打造开放的生态环境，组织同其生态环境之间存在持续不断的物质与能量交换。外部生态同组织系统的互动，使组织本身远离了平衡态，其本质上是一种耗散结构。外部生态系统的不确定性，也让整个组织系统呈现时空上的非线性变化，从而让创新持续不断地涌现出来。X，顾名思义，代表着未知与无限可能。可见，创X组织就是当企业需要开放地寻找和发展创新力，从而实现对创新机会的最大化掌握时，采取的一种组织形态。

创X组织价值：广泛适时的创新涌现

如果说创E组织是在企业的第一曲线中做效率提升的创新，创V组织是在企业内部做价值创新，从而生长出第二曲线，那么创X组织就是以开放的视角，综合组织内外，更加广泛地进行创新涌现。

创新：效率创新+价值创新

创X组织的开放性使得组织同其生态环境间持续不断地进行着物质和能量交换，由于创X组织非线性特征的存在，在组织和其所处生态环境所组成的系统中，创新会广泛而适时地自发涌现，因此，创新的形态也呈现不确定性。创新既可能是组织内部的效率提升和价值创造，又可能来自组织所处的生态环境，组织和生态环境之间进行物质与能量交换，从而使组织获益。

任正非提出的“大管道”战略，为华为的“宏观活力引擎”定义了开放的属性：“我们把主航道修得宽到你不可想象，主航道里面走的是各种各样的船。要开放合作，才可能实现这个目标。”在这个过程中，大量效率提升与价值创造式的创新在组织中涌现。

华为在一些具有可选择性的领域内更愿意采用合作伙伴的解决方案，并对合作伙伴持续进行优胜劣汰、吐故纳新，从而长期保持与业界最优秀的伙伴进行合作。因为中美贸易战而轰动一时的华为“备胎”海思，也是站在巨人的肩膀上，在合作伙伴的基础上生长出来的价值创新，经过市场“黑天鹅”事件的选择，最终在世人面前一鸣惊人。

此外，通过厚积薄发战略，华为将大量企业物质财富密集投入科技研发领域，从而将冗余资源最大程度转化为企业发展势能，强化了内生动力。华为在意大利米兰设置了微波技术研究中心，就是为了同 ETSI（欧洲电信标准化协会）毫米波联盟主席雷纳多·伦巴底进行开放交流，而后者也的确帮助华为不断进行第一曲线的效率改进，最终把微波做到了全球第一的水平，这都是创 X 组织开放性的胜利。

组织：孕育创新的土壤

创新要想自涌现，必须有良好的土壤和养料。其实大多数公司都不缺乏创新力，在公司生长的早期，创新力与活力尤其旺盛。但是，很多公司随着规模的增长，逐渐变得体制化与机械化，即通过“人为的秩序”达成组织的目标，组织内的所有要素，所有动作都是为了一个目标服务，从而形成一个封闭的系统。在一个封闭系统内，失去了与外部环境物质与能量的交换，土壤的肥力会很快退化，直至消耗殆尽，导致组织的最终死亡。而擅长创新的组织如腾讯、阿里巴巴、字节跳动等，总是努力营造一种开放、成长、理性的氛围，并极力捍卫这种文化，这种文化就是创新发生的土壤，也是创X组织的文化特征。

生态：打破组织边界

传统的组织总是追求资源的拥有感，追求所有权的完整性，但这一追求在如今快速变化的时代显得不合时宜。拉长时间尺度，事物的发展其实是非线性变化的，这与耗散结构的特征也是一致的。科技的进步加速了世界发展的同时，也加快了非线性变化出现的频率。一个有边界的组织一方面会对环境的变化感知迟钝，有极大的可能性被非线性变化颠覆，如柯达、诺基亚等企业，另一方面也会错失很多分享非线性变化红利的机会。因此，创X组织就是将边界打开，同生态中的各要素、各子系统共生成长。以整个生态中不同要素的不同视角去感知环境中发生的非线性变化，同时共享生态中产生的非线性变化红利。

通过建立创X组织，才能把颠覆的力量变成营养，滋养组织生长。

创 X 组织的两种形态：合作生态和投资生态

基于创 X 组织的开放性特点，其组织形式可分为合作生态和投资生态两种。

合作生态

合作生态一般以商业合作为主，发挥产业链或产业集群各要素或子系统之间的优势，输出创新力，形成合作共赢的机制，整体提升整个产业链或产业集群的创新活力。

人才（T）：团队强创新力 + 生态负责人强判断力

人才作为 T-RPC 模型的核心驱动力，在合作生态型的创 X 组织中起着至关重要的作用。创 X 组织的人才团队应从上到下具备强创新力。

决策团队与新业务的领军人才

首先，合作生态创 X 组织的决策团队及新业务的领军人才需具备强判断力，需要对产业的机会点、产业各要素的优势与互补点有明确的判断。其次，需要决策团队具备强资源整合能力，能够将产业各要素有机地整合起来。

例如，在产业互联网的背景下，大量过去被互联网公司忽视甚至视为阻碍的线下价值得到了重新审视和重视。究其原因，是 C 端用户在线下的小 B 处（承担着需求端销售与服务职能的终端，如社区便利店、社区菜店等）有着大量的价值存储，才导致线下的小 B 在互联网去中间环节的浪潮中“野火烧不尽，春风吹又生”。

只不过基于过去的技术，难以将小B碎片化、微量级的价值整合起来，实现实时在线与智能配对。如今，在ABCD（人工智能、区块链、云技术、大数据）技术已成熟的背景下，海量碎片化的价值实现汇集，从而聚沙成塔，形成海量的价值池。这一新产生的价值池可迅速造就多个独角兽企业，甚至产业互联网巨头，但其整合难度也同传统互联网不可相提并论。

汇通达的决策团队来自传统线下家电零售五星控股，在一个传统的行业中，其创始人汪建国敏锐地洞察到了这一产业机会，迅速对产业链上各要素的优劣势做了判断，在很多企业还没有反应过来的时候，就建立起一个开放的体系，用简单易用的SaaS（软件即服务）工具连接了14万家农村的夫妻店，解决其进销存管理、优质商品进货等痛点。将这14万家夫妻店背后所连接的价值汇聚在一起后，汇通达整合整个产业链上的物流、金融、商品等资源，让其他玩家加入，从而达成整个产业链的降本增效，实现共赢。在这一创X组织的转型升级过程中，汇通达也顺理成章地成为产业互联网领域的独角兽。根据Frost & Sullivan公司的研究报告，2020年汇通达在面向下沉市场的服务零售行业企业客户的交易平台中，排名中国第一。

创新人才密度

合作生态创X组织的团队需要具备强创新力，其基础就是高密度的创新人才。阿里巴巴作为典型的创X组织之一，其组织呈现良将如潮的状态。中国500强的企业中，有超过200家的CXO是从阿里巴巴走出来的。如此多的人才从阿里巴巴出走却并未影响阿里巴巴的飞速发展，阿里巴巴的在职员工仍然源源不断地为组织提供着创新力，使组织保持活力。而阿里巴巴也以开放的心态看待这些从阿里巴巴出走的人，阿里校友会就是为这些人提供的一个平台。从阿里巴巴走出去的人才反过来会成为阿里组织的“外援部队”，通过生态合作继续为阿里提供价值，创造价值。

资源（R）：资源流向强者

合作生态的资源配置要有利于“强者恒强”，既然为合作生态，那么在生态内部应遵循自然选择规律，弱者被淘汰，而不是刚性兑付。只有资源不断流向强者，流向非线性出现的新机会，才能保证整个生态可持续的活力。

例如，在互联网冲击下，传统书店哀鸿遍野，茑屋书店却一直逆势上升，其秘诀在于通过T卡打造的异业联盟合作生态。茑屋书店来自图书售卖的盈利仅占20%，80%的盈利来自T卡的特许经营业务。T卡团结了10万余家加盟企业，100多万家店铺在生态中。如此巨大的生态覆盖了日本50%的消费者，通过T卡消费产生的海量数据又加深了客户的需求洞察，从而将数据和企划能力赋能给企业及店铺，让整个合作生态形成正反馈的增长飞轮。茑屋书店的生态模式会形成资源的头部聚集效应，进而主导整个生态的化学反应，使整个生态保有活力。

机制（P）：利益共赢机制

合作生态是基于商业需要联合在一起的组织形式，因此，生态良性发展的基础之一就是利益共赢。

还是以茑屋书店为例，消费者持有T卡在T卡生态内的各成员处消费，会产生一部分商业利益分成到茑屋书店的母公司CCC。反过来，通过掌握并分析生态内各企业、各店铺的消费数据，茑屋书店母公司CCC又可以赋能给生态内各子系统更好的经营策略，帮助各个子系统获得更多商业利益，从而形成一个正向增长的生态系统。

文化（C）：开放＋使命

开放作为创X组织的底层特征，无论是在合作生态还是投资生态中，其重要性都无须赘述。因为合作生态中的各要素和子系统间的主体相对独立清晰，所以需要一个兼容性强的使命来领导整个生态朝向有序，即熵减的方向发展。

纳德拉主政之前的微软自我定位为开源的激烈反对者，前任CEO鲍尔默甚至将开源操作系统Linux称为技术产权的“癌症”。他认为，开源对微软这样的代码商业生产者构成了生存威胁，因此，在Windows独步天下的很长一段时间内，微软都被视为硅谷公敌，四面树敌。纳德拉上任后最重要的一件事就是让微软重新发现了自己的“灵魂”——重塑微软使命。

纳德拉说：“我们必须要回答的是：这家公司是做什么的？我们为什么存在？我告诉他们是时候重新发现我们的灵魂了，也就是说，是什么使得我们与众不同。”

盖茨时代微软的使命“让所有家庭、所有办公桌上都有一台计算机”被重塑为“予力全球每一人、每一组织，成就不凡”。这一使命让微软变得更为开放，微软甚至选择同其老对手苹果进行合作，将微软的全部软件和应用接入苹果手机。纳德拉说：“今天，我的首要任务之一就是满足我们的数十亿客户的需求，而无论他们选择何种手机或平台。唯有如此，我们才能持续成长。为此，我们有时候会和长期对手握手言和，追求出人意料的伙伴关系，重振长期关系。这些年来，我们更专注于客户需求，因而也就学会了共存与竞争。”

微软的开放推动了其合作生态的共同成长。据IDC调查显示，2017年，微软每收入1美元，其合作伙伴平均可以获得9.64美元的收益；预计到 2022 年，此数字将比 2017 年增长一倍。

投资生态

投资生态是指通过股权合作，以 CVC（企业风险投资）方式进行战略布局，围绕核心组织的核心战略形成的生态系统。投资生态首先考虑的不是财务回报，而是组织的战略目标。组织的战略目标往往分为进攻和防守两类，进攻是指探索新的方向，寻找新的增长点；而防守是指探索边缘的创新，防御被颠覆。

人才（T）：团队强创新力 + 生态负责人强判断力

同合作生态一样，投资生态也需要团队具有极强创新力。此外，由于投资决策同组织战略密切相关，需要生态负责人有极强的判断能力。

中国互联网的每一条赛道几乎都有阿里巴巴和腾讯的影子，正如当年的滴滴和快的、ofo 和摩拜，阿里巴巴和腾讯通过资本的布局，不断寻找新的非线性变化机会，从而带来新的增长点。与此同时，拓宽自身的投资生态，使生态内部产生更多的板块协同效应和化学反应，从而诞生更多的机会。正如阿里加入本地生活大战之后，通过口碑、饿了么与高德地图、盒马鲜生等的战略合作，将出行和新零售的场景接入饿了么，开始加速在本地生活服务的生态布局。

中国投资生态建设如火如荼，国外关于投资生态的布局也屡见不鲜，脸书曾以天价收购 Instagram 和 WhatsApp，在当时不被很多人理解。如今看来，脸书做出这样的选择，一方面是为了主动防御，防止一个可能颠覆自己的物种出现；另一方面，可以优势互补，比如收购 Instagram，可以改善脸书最弱的图片分享体验。最终，脸书坐上了社交网络的头把交椅。

除了 CVC 在构建自己的投资生态外，大量的传统 IVC（独立风险投资）也在逐渐转变思路，整合投资生态。如高瓴私有化收购百丽后，组建了强大的投后赋能团队，以科技、生态资源赋能百丽向数字化、智能化转型，这对传统 IVC 组织的创新能力要求极高。如今百丽的重获新生也印证了这一投资生态布局的正确性，而这样的故事还在不断上演。

资源（R）：风险投资法则、战略投资法则

投资生态既然具有投资属性，必然不可避免地谈到投资回报率。投资本身就是对冗余资源的利用，而用途无非分为两种：第一，追求账面价值的最大化，追求高投资回报率。第二，追求战略价值的最大化，让资源在生态系统内发挥最大的协同效用。

高瓴资本在私有化百丽并对其进行创新赋能不到 3 年之后，就将百丽旗下的滔博国际控股有限公司进行分拆在港交所上市，按照上市当天的市值 574 亿港元计算，已经超过了 2017 年百丽被私有化时 531 亿港元的市值。通过资本化运作，高瓴资本通过百丽国际赚得盆满钵满，“操盘手”高瓴资本的张磊说，这笔投资获得了“3 倍回报”。

而前文提到的产业互联网独角兽汇通达，在 2018 年也以超过 200 亿元人民币的估值被阿里巴巴投资了 45 亿元。一方面，阿里巴巴是为了防御被产业互联网的后来者颠覆，另一方面，也是为了抢夺农村市场这一块大蛋糕，用汇通达手中的下沉市场流量补足阿里生态的短板，同阿里生态内其他版块产生良性互动，放大战略价

值。2021 年 6 月 17 日汇通达向香港证券交易所提交了招股书，准备在香港主板挂牌上市，如上市成功，阿里巴巴将获得相当可观的投资回报。

机制（P）：资本运作机制

资本运作同企业发展之间的关联度越来越明显，它为企业带来了开放性、有效性和可持续性。

资本运作是一个市场化手段，面向市场就注定组织不能囿于自身有限的范围内。2010—2019 年的 10 年间，腾讯和阿里巴巴分别在市场投资了 2073 亿元人民币和 1744 亿元人民币。CVC 投资为整个产业生态抢占前沿科技、布局新兴赛道提供了良好机遇，通过开放投资获得了大量持续的突破式创新。有了大量开放式的布局，财务收益也随之而来，例如腾讯 CVC 投资的企业已有 23 个完成上市，这也为腾讯提供了很多有效的账面收益。

包括阿里巴巴、腾讯在内的大量企业在组织内部都成立了战略投资部门，建立起了长效的资本运作机制，以资本为杠杆，往往能够撬动整个生态持续良性发展，也能获得非线性的成长。

文化（C）：理性 + 成长 + 开放 + 使命

投资生态的组织除了开放性和使命驱动的文化特征之外，还需要具备理性和成长性思维的文化特征。投资是价值的游戏，这就决定了组织需要具备终局视角，站在未来看现在，同时，需要理性分析价值逻辑，不被表面现象迷惑。

如果没有理性和成长性的思考，高瓴资本也无法做出私有化收购百丽的决定，也就没有了后来 3 年取得 3 倍回报的江湖传说。这一决定在当时不被大多数看客理解，就是因为大多数人的思维是静态的，是站在现在看过去的。他们看到的现象是当时那个时点，百丽每况愈下，甚至濒临死亡，因此做出高瓴“人傻钱多”的判断。殊不知，小丑竟是他们自己。

典型创 X 组织案例——小米生态链[①]

小米生态链是典型的投资生态型创 X 组织。小米生态链中的企业其实并不完全属于小米。有一些是小米直接投资创立的企业，有些是小米同原行业中的老牌企业合资创办的企业，比如华米和峰米，还有些则是已经初有成就的创业公司，小米后来对它们进行了投资，比如 Ninebot 和紫米。这些企业虽然不属于小米，但它们通过资本的绑定和对小米价值观的认同而聚在一起，并且它们产品的销售也完全依托于小米的生态。小米联合创始人刘德曾透露，90% 的智米旗下产品都通过小米的渠道出货。这样的关系，与单纯的通过投资收取回报的模式是完全不同的。

小米生态链的人才（T）

生态链的建设极考验决策层的判断力。小米生态链的负责人刘德清晰而合理地规划了小米生态链的发展，将其主要分为三大圈层。

第一圈层：手机周边产品，比如耳机、小音箱、移动电源等。

---

① 案例资料来源：小米生态链谷仓学院，《小米生态链战地笔记》，中信出版社，2017 年。

小米手机作为小米的核心业务，已经取得了很高的市场占有率，积累了庞大的活跃用户群体。因此，手机周边作为离核心业务最近的圈层，也是最具先天优势的一个圈层。

第二圈层：智能硬件。小米的决策层很早就判断了硬件智能化的必然趋势，同时，小米本身的基因也足以支持其打造出色的智能硬件。因此，小米在多个领域都进行了智能硬件的投资孵化，如空气净化器、净水器、电饭煲等传统白电的智能化，也投资孵化了无人机、平衡车、机器人等极客互融类的智能玩具。

第三圈层：生活耗材，比如毛巾、牙刷等。在消费升级的大趋势下，围绕个人和家庭生活品质提升的消费类产品必然会有巨大的市场。生活耗材类生意本身的刚需性和确定性特征，使其可以对科技公司的不确定性起到一定的对冲作用。

基于这样的决策基准，2014 年小米投资了 27 个项目，2015 年投资了 28 个项目，2016 年投资 22 个项目，平均 15 天就投资一家公司。因此，小米董事长雷军也说，小米生态链不仅是一家生产产品的公司，还是一家生产公司的公司。

小米生态链的团队也堪称豪华，创新人才的密度直接拉满，每一个都是产品领域的高手。团队有小米的联合创始人刘德；有被称为 MIUI 早期三驾马车之二的刘新宇和孙鹏，二位也分别是小米的 7 号和 13 号员工；有毕业于美国艺术中心设计学院的李宁宁，她同时也是小米手机最早的 ID 设计师之一；还有《商业价值》杂志前主笔兼编委，并参与创办极客公园的夏勇峰，他加入小米后亲自操刀了路由器的产品定义。这一群人在小米生态链建立的初期，一边做投资人，一边做产品经理，奠定了小米生态链初期很多产品的成功。

小米生态链的资源（R）

小米在自己创业的过程中积累了大量溢出的核心能力，对于组织而言，这些核心能力属于冗余的资源，而小米生态链恰恰为这些冗余资源提供了一个绝佳的用武之地。在小米生态链中，小米就如同航空母舰，为其他船只提供补给，提供空中掩护，同时指挥作战。

品牌支持：小米向生态链公司中符合小米品牌要求、通过小米公司内测的产品，开放“米家”和“小米”两种品牌。其中，向以智能家居、消费类硬件为主和以做“生活中的艺术品”为方向的产品开放“米家”品牌，向科技类、极客类相关产品开放“小米”品牌。

供应链支持：小米借助做手机在供应链领域积累了较高的信誉和议价能力，打通了供应链。这一核心能力在生态链公司做产品的过程中得到了很好的利用，小米发挥其自身产业整合的能力，以高信誉为生态链公司提供供应链背书。

渠道支持：小米向生态链中获准使用“米家”和“小米”品牌的产品开放PC端的小米官网、移动端的小米商城App和米家商城App以及线下店面的小米之家等四大渠道。

投融资支持：小米根据生态链公司的发展阶段，分批进行集体路演，邀请一线投资机构、投资人为生态链公司提供融资。在小米的领投下，资本市场对小米生态链企业持续看好。

除此之外，小米还向生态链公司输出产品定义、ID设计、品质要求等方法论、价值观以及标准。

小米生态链的机制（P）

激励机制在小米的生态中至关重要，制度决定一切。在小米生态链的模式下，每支队伍都是独立的公司，都是在为自己打天下，这样的机制能够保证团队生猛善战。只有用这种“投资+孵化”的方式，才能以最快的速度布局市场。

小米早期就是全民持股制，这一制度保证了个人利益与企业利益的一致性。如果员工不是股东，只是打工人，遇到困难就很容易放弃，事不关己，高高挂起。反之，如果员工是股东，公司的利益与他息息相关，再艰苦、再具挑战，其脑中也会闪过一个“万一成了呢？”的念头，不会放弃，不会退缩。所以，小米生态链最重要的机制就是“投资不控股”，保证生态链创业团队持有绝对的大股权，保证他们是为自己打天下，这样大家才能步调一致，拼命往前冲。

从小米的角度来看，小米生态链的机制对小米有双重利益保障：生态链企业无论是做一个非常成功的小米品牌产品，还是将自己的品牌独立做大，小米都将是受益者。如果有一天生态链企业长得比小米还大，小米作为股东也将享受巨大的投资回报，这就使小米对待生态链中的企业的心态非常开放。

小米生态链的文化（C）

小米生态链中最重要的文化就是“利他即利己”，在同一生态中的物种，互为价值放大器。当生态链中的公司还处于需要很多支持的阶段，小米会投钱，与之共同打造产品，打通供应链，开放平台，帮它们的产品快速放量，使这些公司快速成长，此时，小米就是这些公司的放大器；当生态链公司在一个领域立足，赢得口碑之后，会吸引更多的用户关注小米、喜爱小米，它们又成了小米的放大器。生态链公司之间的关系也是如此。

保持成长也是小米生态链中的重要文化。小米对生态链企业的“保护期”已经不是秘密：小米会对生态链企业承诺，在 2~3 年内不投资其同品类的企业。但开放资源帮助生态链企业快速成功，不代表保护落后，系统的封闭势必会导致熵死。因此，小米刻意在生态链中营造一种微妙的竞争氛围，使小生态内部保持竞争力，这样在面对外部生态的时候，才能保有持续的竞争力。

当然，一致的使命和价值观是生态良性发展最重要的文化。小米和其生态链中的企业都是因为做“感动人心、价格公道的好产品”而聚在一起的企业。在共同奔跑的过程中，有的企业快，有的企业慢，有的企业会轻微偏航，但小米生态链负责人刘德认为“目标一致，即使跑偏，又能偏到哪去呢”，这与华为的“方向大致正确”思路基本一致。

小结

创 X 组织本质上是一种生态型组织，在现在这个时代，几乎每一家企业都在讲生态，那么到底什么才算得上是真生态？

第一，生态内有大量独立的生命体。

第二，生命体之间互相依赖。

第三，生命体自我繁衍。

简单来说就是，共生、互生、再生。共生阶段，创 X 组织同生态环境的子系统共享创X组织溢出的能力；互生阶段，创X组织同生态环境以及生态环境的子系统之间互相依赖、互相增值，互为价值放大器；再生阶段，通过不断创造新的价值，通过遗传和进化，形成新的生命体。无论环境怎么变，适者生存、优胜劣汰的法则不会变，整个生态中自然会有物种存活下来。